超大城市流动儿童的教育与行动策略研究

马晓娜　著

華東理工大學出版社
EAST CHINA UNIVERSITY OF SCIENCE AND TECHNOLOGY PRESS
·上海·

图书在版编目(CIP)数据

超大城市流动儿童的教育与行动策略研究 / 马晓娜著. -- 上海 : 华东理工大学出版社, 2024. 10.
ISBN 978-7-5628-7133-0
Ⅰ. G61
中国国家版本馆 CIP 数据核字第 2024J1H276 号

策划编辑 / 刘　军
责任编辑 / 孟媛利
责任校对 / 章斯纯
装帧设计 / 居慧娜
出版发行 / 华东理工大学出版社有限公司
地址: 上海市梅陇路 130 号, 200237
电话: 021-64250306
网址: www.ecustpress.cn
邮箱: zongbianban@ecustpress.cn
印　刷 / 上海锦佳印刷有限公司
开　本 / 710 mm×1000 mm　1/16
印　张 / 18.75
字　数 / 259 千字
版　次 / 2024 年 10 月第 1 版
印　次 / 2024 年 10 月第 1 次
定　价 / 128.00 元

本书系全国教育科学规划教育部重点课题“新时代超大城市流动儿童教育困境与行动策略的实证研究”（课题批准号：DHA200331）研究成果之一。

基层治理体系和治理能力现代化研究书系

上海学术·专业出版中心

社会工作与社会治理出版中心

荣誉出品

中国式现代化与基层治理创新研究丛书

华东理工大学社会与公共管理学院
上海高校智库·社会工作与社会政策研究院
组织编写

目录

第一章　导　论

第一节　倾听流动儿童：问题的提出

一、问题的提出

刚刚下过小雨的天空稍稍透出些阳光，空气中氤氲着暮春的味道。笔者第七次来到一所以招收流动儿童为主的民办小学，每周一次面向四年级学生的助学活动按时开始。笔者的到来让小朋友们有些激动："老师，今天给我们讲科普知识还是趣味英语？"几个性格外向的小朋友迫不及待地问道。"今天老师先不讲，老师先听你们讲怎么样？你们来'说说我的家乡、说说上海'好不好？"笔者面向全班同学问道。"老师，我生下来就在上海，从来没有回过老家，对老家没有印象，所以我只能说说上海了。"喜欢接话的洋洋的随口一句回答让笔者感到有些意外："还有其他没有回过老家的同学吗？请举手。"笔者数了一下，40 个小朋友中有 6 位同学举起了手。"没有回过老家也没有关系，那你们就说说上海吧。”笔者随机应变地回应道。“给大家二十分钟的自由发言时间。”笔者接着又说道。很快，同学们开始踊跃地发表起自己对两地学习和生活的印象和看法来。

“我出生在上海，学习也在上海。我在上海有很多好朋友，而且不只学校里有好朋友，住的地方也有一起玩的好朋友；我在春节时倒是回过老家，但那里一个朋友也没有。”

“我在老家读的一年级，二年级转来上海读书。我感觉上海的学校与老家的很不一样，上海的学校有很多很多课程，老家的学校课程比较少，主要是语文和数学；老家的学校里的老师上课的时候只知道让我们读书和背书，上海这边学校里的老师上课要有趣很多。”

“我出生在上海，过年的时候才回老家，两边(上海和老家)都喜欢。我感觉上海比较漂亮，科技发达；老家有亲戚，有姑姑和表姐、表弟，回老家比较温馨吧。我的爷爷奶奶、爸爸妈妈都在上海，爸爸妈妈上班，爷爷奶奶管我和弟弟，爷爷有时也会出去工作。爸爸妈妈下班回来会辅导我写作业。”

....

20分钟的自由发言很快到了要结束的时候，但同学们说得意犹未尽。课堂的短暂师生翻转发言让笔者看到了平时在文献研究中看不到的景象，听到了不一样的声音。流动儿童们在流入地的生存状态并不像文献中提到的那样——常见的问题行为重重、受歧视、焦虑及对流入地缺乏认同感等。他们口中说出的鲜活的生命体验引起了笔者长久的沉思。(田野笔记 T-007)

田野调查阶段亲眼所见的画面、亲耳所闻的声音时刻都在提醒着笔者，只有走进流动儿童群体的学习和生活中，才能真正了解当下的流动儿童面临的到底是流入地的融入困难还是回不去的家乡。作为能动的个体，流动儿童们是如何与周围生活环境互动的？流动儿童们自身如何看待流入地亲子之间、师生之间及同伴之间的互动？在流动儿童们的眼中，他们在流入地的日常生活世界真的是移民研究视域中的“边际”状态吗？其实从社会背景看，国内流动儿童的出现有着与国外移民儿童明显不一样的迁移原因和特征。

国内流动儿童的出现是制度安排与行动选择的共同结果。户籍管理制度之下父母身份的代际传承、公民自由迁徙的控制共同促成了生活在城市的流动儿童的出现。梳理自中华人民共和国成立以来的户籍制度变迁历程不难发现，城乡二元分割的户籍管理体制之下，父母身份的代际传承造成了农村儿童生而拥有农业户籍；公民自由迁徙的长期控制形成了城乡之间、城市之间人口流动的层层屏障，也就是说，即使是非农业户籍，也无法实现不同城市之间的自由迁徙。虽然近些年来城乡统一的居民户口登记制度得以建立，但与户籍制度改革相配套的教育、就业及住房等方面的制度安排尚没有同步跟进，再加上超大城市对常住人口规模的严格控制，流动人口在超大城市的落户及市民待遇的落实仍面临诸多限制。在此大背景下，本研究涉及的跟随父母流动到超大城市、生活在超大城市的大批流动儿童出现，这些流动儿童不仅包括来自农村的儿童，还包括来自其他（小、中、大）城市的儿童。虽然流动儿童的出现与户籍制度安排密不可分，但以家庭为单位的流动既符合“儿童利益最大化”原则，也符合国家各项法律法规的要求。

教育部公布的历年“全国教育事业发展统计公报”显示，2018—2020 年全国义务教育阶段进城务工人员随迁子女就读人数分别为 1 424.04 万、1 426.96 万、1 429.73 万，人数持续增长。但此数据仅为义务教育阶段流动儿童群体的不完全统计，因为教育部界定的义务教育阶段“进城务工人员随迁子女”，是指“户籍登记在外省（区、市）、本省外县（区）的乡村，随务工父母到输入地的城区、镇区（同住）并接受义务教育的适龄儿童少年”，很明显，义务教育阶段的“城-城”流动儿童并没有被统计进来。

除了数量上的持续增长，近年来流动儿童群体还呈现出新的特点。

2010 年以来中国流动人口呈现出结构调整的趋势，流动人口在流入地长期居住、家庭化的特征越发明显（吕利丹等，2018）。这也就意味着，流动儿童"外来者"的身份越来越成为一种先入为主的认知，因为他们中的相当一部分人在流入地出生，在流入地学习和生活，即"生于斯、长于斯"。田野调查显示，即使部分流动儿童出生在老家，往往也是在较早阶段比如上幼儿园的时候就来到了身处城市的父母身边。

数量庞大的流动儿童的生存状态一直备受关注，中央及地方政府先后出台了相关政策。国家通过发布系列规章制度的形式来切实保障流动儿童的学习权。2001 年 5 月，《国务院关于基础教育改革与发展的决定》发布，明确了流动儿童义务教育"以流入地区政府管理为主，以全日制公办中小学为主"的"两为主"政策。"两为主"政策对解决流动儿童义务教育阶段异地求学问题一直起着指导作用。上海作为人口集中导入区域，政府在重点保障流动儿童在公办学校就读的同时，还采用政府委托（购买服务）的形式解决流动儿童的义务教育问题，在较早的时候就实现了流动儿童全部免费接受义务教育的目标。流动儿童义务教育阶段的学习问题得到解决后，同样关乎流动儿童学习权的异地中考、异地高考问题随之而来。无论是异地中考还是异地高考，上海地区流动儿童的升学考试均是建立在居住证管理制度基础之上的。持有居住证并达到积分要求（现行标准分值为 120 分）者的子女在中考、高考升学考试方面基本实现同城化待遇；持有居住证，但积分达不到标准分值者的子女初中毕业后只能在沪参加全日制中等职业学校的招生考试，中等职业学校毕业以后可以报考高等职业学校。

政策关照之外，学界也对流动儿童的社会排斥与融合、社会身份冲突、孤独感、歧视知觉、入学机会不平等等问题进行了大量量化、思辨等方面的研究。[①] 但今天生活在超大城市的流动儿童群体有着明显的新形势下政策选择的痕迹。虽然包括各项政策在内的流动人口管理制度"不能完全限定"

① 详见文献回顾部分。

(李友梅等,2011: 9－15)流动儿童的生活,但由于制度与生活之间的张力作用,前者深刻地影响着后者。比如,“严控特大、超大城市人口规模”系列政策①的出台一定程度上改变了超大城市流动儿童群体,因此,新政策环境下超大城市流动儿童群体可能呈现出不同于以往的特点,可能在所面临的教育困境及困境突破的行动策略方面有所不同。同时,作为一个鲜活的主体、一个完整的人,流动儿童是生理、心理、社会的综合体,他们作为二代甚或三代“流动者”的日常生活世界,他们的主观体验、个人感受、生命领悟等往往是通常的思辨研究、问卷填涂、量表测量等无法涉及的。而质性研究则注重解释人群感受与体验,擅长揭示现象背后的本质因素。因此,笔者结合自身的知识积累,遂将本研究明确为流动儿童日常生活世界的质性研究。

二、研究意义

本研究的理论意义有两个。第一,通过对流动儿童日常生活世界的田野研究,深入剖析流动儿童在学习及日常生活中的“能动性”,不再将流动儿童看作由社会结构决定的被动对象,也不再将其看作仅仅是被动学习成人的个体,而是将他们看作日常生活世界中具有主动学习、主动建构能力的个体,从而丰富流动儿童的能动性理论。第二,在中国二元户籍制度、地区人口流动及文化同源背景下产生的流动儿童群体有着诸多不同于西方移民群体的特点,再加上超大城市中父母拥有较高学历的“城-城”流动儿童的占比也在不断扩大,因此中国流动儿童群体有着诸多不同于西方移民理论中的“边际人”的特点,流动儿童日常生活世界的研究有助于本土理论的提出和

---

① 2013年11月,《中共中央关于全面深化改革若干重大问题的决定》提出,“合理确定大城市落户条件,严格控制特大城市人口规模”;2014年5月,《国务院关于进一步推进户籍制度改革的意见》重申,“严格控制特大城市人口规模”;2014年11月,《国务院关于调整城市规模划分标准的通知》明确,“城区常住人口500万以上1 000万以下的城市为特大城市;城区常住人口1 000万以上的城市为超大城市”。2022年7月,国家发展和改革委员会发布《“十四五”新型城镇化实施方案》,进一步强调“积极破解‘大城市病’,推动超大特大城市瘦身健体”;2022年12月,中共中央、国务院印发《扩大内需战略规划纲要(2022—2035年)》,再一次强调,“推进超大特大城市瘦身健体,严控中心城市规模无序扩张”。

发展。

本研究的实际应用价值也有两个。第一，通过对流动儿童群体日常生活世界的田野研究，揭示流动儿童视角的亲子互动、师生互动、同伴互动等对其日常生活的影响、助益或制约，从而为流动儿童家庭、中小学、教育行政部门及相关政府管理部门提供有价值的参考信息，引发家庭、学术界及管理部门对流动儿童生活及发展问题的再思考。第二，通过对流动儿童作为“二代或三代”流动者的日常生活世界进行研究，揭示当前流动儿童管理存在的结构性问题，探讨流动儿童教育困境现状及问题，为下一步流动儿童教育同城化待遇、困境突破等政策的科学决策及推进提供参考。

第二节　国内外流动儿童研究：文献回顾

为保障流动儿童的健康及公平发展，国内外学者从不同学科、不同角度开展了以流动儿童为对象的研究及探讨。接下来笔者将结合本书的研究主题，对国内、国外已有研究成果进行回顾和梳理，在此基础上对流动儿童的研究现状进行分析和反思，从而为本书研究的展开奠定基础。

一、国外学者对流动儿童的研究

西方“流动儿童”在大部分情况下应被更准确地称为“移民儿童”，其迁移的背景与中国流动儿童明显不同，他们往往是由于长辈的“移民”而“流动”（Laoire et al.，2010；Den Besten，2010；Bak and Von Bromssen，2010），少数情况下季节性迁移、土著流动等也会促使“流动儿童”产生（Doyle and Prout，2012）。根据研究的侧重点不同，西方移民儿童研究的主要议题可以分为移民儿童的权利保障与地位获得、移民儿童的社会排斥与融合、移民儿童的教育差异与教育补偿，以及移民儿童的亲子、师生及同伴交往与移民儿童的能动性等几个方面。

移民儿童的权利保障与地位获得。近年来，移民儿童的生命权、参与权、表达权、财产意识、地位获得等受到了西方学界的广泛关注。已有研究表明，第一，与移民来源地相比，新近移民到美国的婴幼儿有更低的死亡风险；此外，移民者的社会经济地位、文化取向、卫生习惯、母亲迁移状态等都对移民儿童死亡率有一定影响（Landale et al., 2000）。第二，随着儿童移民的增加，移民儿童的表达及参与的权利需要受到重视，他们的弹性、能力和优势需要得到承认（Thompson et al., 2019）；对包括移民儿童在内的少数群体权利的日益重视影响了多文化实践的发展和实施（Guo K., 2017）；二代移民的抱负和期望与父母的受教育程度和接受教育的学校类型有关（Portes et al., 2010）。第三，与美国北方本土家庭相比，南部黑人家庭移民到北方城市经历了更多的稳定性，显示出一定的“移民优势”（Tolnay and Crowder, 1999）。第四，移民、流动及异国生活增强了移民儿童的财产意识（Laoire et al., 2010）；有报酬的工作在贫困移民儿童社会化、提高家庭收入中扮演着重要作用（Bey, 2003）。第五，新兴的欧洲社会项目对移民在争取市民权及人权上的影响很大，新的社会项目聚焦普遍的个人权利及权利的有效行使。虽然移民成功的路径各不相同，但移民背景是影响个体在劳动力市场能否成功的重要因素（Pichler, 2011）。

移民儿童的社会排斥与融合。移民儿童经历了怎样的社会排斥，又是如何积极地融入当地生活是西方移民儿童研究中的又一主要关注面向。已有研究发现，第一，移民的子女往往不被视为公民，特别是在城市里，移民及其子女被想象成异乡人，被描绘成格格不入的人（Ugolotti and Moyer, 2016）；移民儿童在移民后往往处于不利地位，但他们通过发展自己的机制来减轻移民对生活的不利影响（Sime and Fox, 2015）。第二，在当地居民对移民的看法方面，家有学龄儿童的父母比没有者更支持移民具有“竞争和威胁”这一看法，工作环境中持续接触移民者会持对移民及移民儿童的积极看法，但肤浅的接触会加重反移民情绪的滋长（O'Neil and Tienda, 2010）。第三，随着时间的推移，移民儿童对移入国文化的融入适应程度越高，他们感知到的种族歧视就越少(Motti-Stefanidi et al., 2018);举目无亲的移民儿童通常在专业人员的帮助下得以融入美国社区(Vidal de Haymes et al., 2018);移民儿童会从自己的角度理解“移动的家”,并努力去适应更多的移动(Hatfield, 2010);移民儿童对社区的地方归属和地理情感本质上是相互关联的(den Besten, 2010);移民儿童会在日常生活中对家庭和祖国做出自己的区分,并会积极维持跨国亲属网络(Bak and von Brömssen, 2010)。第四,由于移民儿童往往已经过了语言学习的黄金年龄,他们在学校适应新环境时,经常处于劣势地位,掌握新语言的效率也较低。部分移民儿童虽然最终能达到较高的受教育程度,但他们在成年后的收入方面还是会受到相当大的负面影响(Böhlmark, 2009)。第五,跨国婚姻作为常见的且在过去有增加趋势的移民方式,提供了配偶及其子女更方便地融入社会及政治一体化的便利(Stevens et al., 2012)。

移民儿童的教育差异与教育补偿。移民儿童的教育因来源地、种族、性别、移入国、父母背景与文化等不同而呈现出明显的差异,且存在教育补偿的现象。已有研究发现,第一,黑人和白人家庭的移民儿童显示出不同的教育轨迹,来自非洲的多种族社会的移民,移民到美国后,迁移前的种族教育差距仍然存在(Thomas, 2012);文化和经济本土主义使移民儿童的入学机会受到了威胁(Davidson and Burson, 2017)。第二,家庭层面的性别歧视与呼唤性别平等、统一的教育形成对比,移民家庭对男孩与女孩的教育支出不成比例。只有来自收入较高的家庭,女孩才能获得较高的学校教育投资(Vogel and Korinek, 2012)。第三,不是移民身份,而是所居住的国家(地方)是移民儿童学校教育成就的一个更重要的决定性因素(Rendall and Torr, 2008);移入国的教师是否愿意与移民儿童合作是今天移民教育面临的关键问题之一(Goodwin, 2017)。第四,移民儿童在与父母互动中的语言选择及英语流利水平受其父母尤其是母亲的语言水平影响最大(Medvedeva, 2012);父母的参与是残疾移民儿童在学校取得成功的关键(Lee et al., 2018);父母的受教育程度和收入水平一般与子女接受大学教育的比率呈正相关。然而，一些移民群体表现出与父母收入的影响相反的模式，研究结果支持低收入家庭的教育补偿策略（Urban，2012）。第五，有研究者认为，移民学生初中毕业时表现出更大的职业路径选择倾向，从而进入职业技术学校学习（Barban and White，2011）；澳大利亚原住民的高度流动给儿童教育带来的影响、对策等也受到研究者广泛的关注（Doyle and Prout，2012；Prout and Yap，2012）。

移民儿童的亲子、师生及同伴交往。移民儿童的成长与家庭环境、师生及同伴交往关系密切。已有研究发现，第一，在移民儿童家庭环境的影响方面，相较于原住家庭，移民家庭背景对儿童入学率和学业成就有显著的负面影响（McKenzie and Rapoport，2011）；父母的移民背景影响子女健康及获得医疗服务的机会（Weathers et al.，2008）；移民家庭的儿童在成长过程中所处的社会人口地位不如本土儿童（De Valk，2010）。第二，在移民儿童师生交往方面，教师可以把移民儿童视为知识的来源，移民儿童可以启发教师，比如向教师传达语言发展和家庭文化认同等方面的重要信息（Keat et al.，2009）。第三，在移民儿童同伴交往方面，移民儿童同伴体验在其心理调适方面具有文化依赖的特征（Song et al.，2018）；班级中移民儿童的比例越高，非移民儿童对教室环境更混乱、更无序看法的比例也就越高（Persson and Svensson，2017）；同伴影响在未成年人的移民决策过程中发挥着重要作用（Ungruhe，2010）。此外，已有研究还表明，成人和同伴支持对移民儿童的生活满意度具有促进作用（Emerson et al.，2018）。

移民儿童的能动性。近年来，儿童能动性的研究越来越为西方理论学界所重视（Lieten，2008：135－145；Wyness，2006：236－237；Corsaro，2011：4），移民儿童能动性的研究也逐步展开。已有相关研究表明，第一，在认知方面，移民儿童能动性的认识经历了一个过程，人们正在试图重新认识和定义移民儿童的能动性，移民儿童的权利、弱势地位、心理弹性及适应能力等都应受到重视（Thompson et al.，2019）；移民儿童被视为“不成熟”和“无能”的观点逐步被移民儿童富有“能动性”的观点所取代，能动性往往由移民儿童试图与他人建立联系和发展归属感所驱动，移民儿童在融入不熟悉社会的过程中展示着能动性(Guo K. and Dalli, 2016)。第二，在能动性的发挥方面，移民儿童在学习中充分发挥着他们的能动性，移民儿童以能动的方式联结他们的学校和家庭，他们以“大使”的角色从传统的亲子关系中脱离出来，从而加强了学校与家庭的沟通及移民家庭内部的代际沟通(Blanchet-Cohen and Reilly, 2017)。第三，移民儿童的能动性还在族裔内外社交网络的构建中发挥着作用，而具有凝聚力的社交网络能够帮助他们渡过难关(Sime and Fox, 2015)。

通过梳理上述国外研究文献可以发现，西方移民儿童在成长过程中的种种问题往往与国别或种族文化差异、家庭经济社会地位等联系在一起，因此西方学术界关于移民儿童的主要研究命题包括社会排斥、社会融合及社会支持等方面。但同时，非常值得注意的一点是，移民儿童能动性的研究在西方学术界也越来越受到重视。此外，近年来西方移民儿童的研究还呈现出研究问题细化、针对性强的特点。

二、国内学者对流动儿童的研究

根据流动儿童研究关注重点的不同，可将国内流动儿童研究的主要内容区分为流动儿童教育、心理发展、社会成长、卫生保健等方面，考虑到卫生保健是流动儿童早期(2000 年以前)研究的主要关注点，因此不再单独列出。

(一) 流动儿童教育

从以学生学习为中心的流动儿童教育出发，现有的流动儿童教育文献可以被归为以下几个方面，即流动儿童基本学习权利的保障、流动儿童学习过程及其影响因素、流动儿童的教育困境及破解之策、流动儿童学习成绩或学业表现。

流动儿童基本学习权利的保障。当今社会，教育已成为社会个体实现阶层流动的主要途径之一，教育对个体成长、未来发展的重要意义不言而喻。在我国，流动儿童学习权利(受教育权利)受到《中华人民共和国宪法》

《中华人民共和国教育法》等法律的保护，“两为主”政策的出台也为流动儿童就近接受义务教育提供了重要的政策保障。但已有研究发现，首先，作为弱势群体，流动儿童的基本学习权利与同住城市儿童相比差距明显，如：无论是在全日制公办学校还是在打工子弟学校，流动儿童都不具备与城市儿童相同的发展权利和发展机会，突出表现在入学机会的不平等上（李敏，2006）；流动儿童在享受义务教育资源的公平性方面受到不同程度的排斥和区别对待（刘鸿渊，2007），流动儿童在公办学校读书难，在公办学校读书遭遇歧视（王玉辉，2010）；“五证”[①]成为当前流动儿童在特大城市接受义务教育的入学门槛（富晓星等，2017）；流动儿童教育公平的政策目标尚未完全实现，政策的设计及执行没有达到预期（Liu S. and Zhao X.，2019）。其次，在流动儿童中，达到上学年龄却不能入学的比例非常高（段成荣、梁宏，2005）。最后，流动儿童教育受户口制度影响明显；城乡分割的户籍制度、地方负责的义务教育财政体制制约流动儿童享受平等受教育的机会（何玲、李兵，2007；程燕、张蕾，2005）；等等。

在解决流动儿童基本学习权利保障的对策方面，不同学者提出了诸多建议，综合来说主要包括以下几个方面。第一，改革户籍、学籍管理制度，创造条件接收更多流动儿童进入公办学校学习（刘鸿渊，2007；王玉辉，2010）。第二，各级政府应确保流动儿童教育经费的投入，采取一系列措施减轻借读生的学费负担（程燕、张蕾，2005）；建立健全流动儿童社会福利保障机制，努力将流动儿童的教育、卫生等社会保障纳入地方日常管理系统（何玲、李兵，2007）。第三，切实降低流动儿童在流入地的入学门槛，保障流动儿童受教育权利（杨东平，2017：16）。此外，有学者研究表明，流动儿童基本学习权利的保障是一个上至国家、下至地方的多方共同努力的结果；地方政府在解决流动儿童的教育问题方面，经历了从被动应对、逐渐改善管理，到扩大公共服务直至制度创新的过程（杨东平、陶红、李阳，2011）。

① 此处的“五证”是指暂住证、实际居住证明、务工就业证明、户口所在地无人监护证明、全家户口本。

流动儿童学习过程及其影响因素。流动儿童学习过程既是其基本学习权利的延续,也是其学习结果的保证,其重要性不言而喻。已有研究表明,第一,流动儿童能否进入好的学校就读,家庭因素起着重要作用。如父母受教育程度、家庭社会经济水平、家庭子女数、社会网络质量、家庭教育期望、流动时间长短、家庭文化资本等都明显影响流动儿童就读学校的好坏(陈钢,2011)。第二,流动儿童与城市儿童相比在学习资源获得上存在很大的差异(燕学敏,2010);流动儿童父母在流动儿童课外学习方面投入很少(侯静,2016:117);流动儿童假期活动的参与质量低于城市儿童,校外劣势加剧了校内不平等(丁百仁,2019)。第三,借读费用太高、所需证件难办、附近公办学校不收等是导致流动儿童选择打工子弟学校的主要原因(王东,2010);同时,虽然很多研究者认为,流动儿童家庭相对较低的收入限制了其在受教育过程中的选择权,但也有研究者通过量化回归分析证明,家庭经济条件对流动儿童学习投入有显著的负向影响(赵敏、辜刘建、朱芷滢,2018)。第四,学校教师也是流动儿童学习过程中的重要影响因素,教师对学生的态度、师生关系等对流动儿童学习的过程公平起着至关重要的作用(谢尹安、邹泓、李小青,2007;周皓、巫锡炜,2008)。第五,流动儿童的学校适应存在性别差异,男生在师生关系、学业行为上的得分显著低于女生(李晓巍、邹泓、王莉,2009)。第六,流动儿童在流入地接受教育过程中面临着语言、生活、文化及制度等方面的嵌入障碍,流入地的方言水平会影响流动儿童的学习适应状况(彭拥军,2018;曾守锤,2012:164)。第七,流动儿童在受教育过程中,很容易碰到不能正常入学、中途转学及升学困难等方面的问题(武向荣,2006)。流动儿童教育的不连续性严重影响了他们的正常学习及受教育质量。

针对流动儿童学习过程中存在的诸多问题,研究者也提出了不同的对策。第一,建议简化流动儿童入学手续,充分发挥公办学校的教育主渠道作用,提高公办学校的接纳能力,努力增加义务教育后入学机会的供给(谢尹安、邹泓、李小青,2007;李晓巍、邹泓、王莉,2009)。第二,改变流动人口弱势的社会经济地位，为流动儿童的家长提供更多发展平台，增加流动儿童家庭的文化资本（陈钢，2011；王东，2010）。第三，鼓励教师增加对流动儿童学习的关注，提高师生关系的亲密性和满意度，鼓励教师采取家校合作方式开展教育（谢尹安、邹泓、李小青，2007）。第四，加强流动儿童电子学籍管理系统的建设，保证流动儿童能够接受系统、完整的义务教育（武向荣，2006）。第五，帮助流动儿童实现不同文化间的理解、交流、融合与发展（彭拥军，2018），等等。

流动儿童的教育困境及破解之策。随着“以流入地区政府管理为主，以全日制公办中小学为主”的“两为主”政策的深入贯彻落实，流动儿童义务教育阶段异地平等享有受教育权得到有效保障。但已有研究发现，第一，新形势下流动儿童的教育困境依然存在，教育获得存在诸多限制（富晓星等，2017）；流动儿童上学不易升学更难的问题仍不同程度地存在（卢伟，2020）；就读公校难、教育花费高、参加中考难、学习适应难等是流动儿童在城市接受义务教育面临的现实困境（邬志辉、李静美，2016）；流动儿童教育困境包括学前教育困境、义务教育过程中的困境及升学困境（徐丽敏，2015）；随迁子女在流入地接受高中教育选择空间有限，在流出地升学面临知识不衔接难题（刘善槐、张源源，2010）。第二，“两为主”政策在执行中出现结果偏差，导致流动儿童“隐形班级”产生（张丹，2018）。第三，流动儿童在家庭教育、学校教育及社区教育中均处于困窘境地（陈钢，2011）；流动儿童面临学校教育的断链、家庭教育的乏力、社会教育的排斥等现实困境（胡恒钊，2019）。第四，流动儿童教育问题决策面临着伦理困境，游离在两个尺度的边缘（文喆，2012）。

如何解决流动儿童的教育困境，已有研究提出：首先，要尽力扩大教育公平，推进教育一体化及流动儿童教育融入，解决紧迫的问题，努力让每个人都有平等接受教育的机会（文喆，2012；胡恒钊，2019）。其次，让流动儿童均等接受学前教育，促进流动儿童教育过程的融入，解决农民工子女升学困难的问题（徐丽敏，2015）。再次，建立城市学位预警系统，扩大城市公办学校学位供给，推进基本公共服务均等化和异地中考制度改革，从根本上破解流动儿童教育公平问题（邬志辉、李静美，2016；卢伟，2020）。最后，理顺流动儿童教育政策执行脉络，引入社会力量参与政策实践与评估（张丹，2018）；建立基于成绩折算的异地考试制度，构建高中阶段教育资源信息平台（刘善槐、张源源，2010）；全社会都应关心随迁子女，推动城市流动儿童社区教育的发展（陈钢，2011）。

流动儿童学习成绩或学业表现。学习成绩或学业表现往往受到流动儿童家长及社会更多的关注，并被认为是衡量公平与否的最重要指标。已有研究发现，第一，流动儿童学业表现或学习成绩受多种因素共同影响，包括流动儿童转学次数、性别、家庭经济状况、学段等方面，其中，流动儿童转学次数的增加会导致学习成绩下降，特别是对女童、初中阶段和在公办学校就读的流动儿童负面影响更大（周皓、巫锡炜，2008）；家庭和学校社会资本水平影响流动儿童学业成绩，家庭和学校社会资本水平越高，流动儿童的学业成绩越好（Wu Q. B. and Palinkas，2010）。第二，流动儿童学校的班级规模过大、师资配备不足及质量参差不齐等均会影响流动儿童的学业表现，同时流动儿童较差的身体健康状况、早期教育的缺乏、课外实践活动的不足以及家长辅导能力的欠缺等共同构成流动儿童学业成绩提高的障碍（张绘，2017）。第三，流动儿童家庭文化资本的缺乏、较低的社会经济地位及父母失败的受教育经历等都会影响流动儿童的学业表现（卢晖临、梁艳、侯郁聪，2015）。第四，有学者在对比研究了流动儿童与本地儿童的学业表现之后指出，家庭教育水平、经济水平和家庭结构等因素影响两类儿童的学业成绩和学业表现，两类儿童的家庭教育行为虽然大多趋同，但流动儿童家庭教育投入明显落后于本地儿童（龚继红、钟涨宝，2016）；也有学者通过随机效应模型分析认为，家庭社会经济背景是导致两类儿童学习成绩差异的关键因素（周皓，2014：137）。第五，有研究者通过对比流动儿童与非流动儿童的表现数据后指出，乡城流动儿童在社会和学术领域的表现优于城市非流动儿童（Chen X. et al.，2019）。此外，有学者从性别差异视角开展研究后发现，受

“重男轻女”传统观念影响，流动儿童群体，尤其以体力劳动为主家庭的流动儿童受教育质量的性别差异最大（张丹，2016）。

已有研究认为，改善流动儿童的学业表现、提高流动儿童的学习成绩需要多方面的共同努力，主要包括建立良好的师生关系、培养流动儿童的学习兴趣和学习效能、减少公立学校接收流动儿童的限制、加大对打工子弟学校的扶持力度、从制度上改善流动儿童的受教育状况（曲可佳、邹泓、李晓巍，2008；张绘，2017）等。

（二）流动儿童心理发展

根据流动儿童心理的组成成分不同，可把现有流动儿童心理研究分为流动儿童心理健康与精神健康、流动儿童歧视知觉与信任知觉、流动儿童心理弹性与人格心理问题几个方面。

流动儿童心理健康与精神健康。流动儿童心理健康与精神健康是学界普遍关注的问题，已有研究表明，首先，与城市儿童相比，流动儿童心理健康与精神健康方面的问题不容忽视，流动儿童的心理健康、精神健康水平总体偏低，主要表现在较强的焦虑抑郁倾向、较强的孤独感等方面（王晓梅，2011），他们更容易出现自信心不足、人际关系障碍、问题行为较多等问题（李怀玉，2009）；流动儿童存在分离焦虑、抑郁、广泛性焦虑障碍等症状（Wong F. K. D. et al.，2009）。其次，流动儿童的心理健康与精神健康受多方面因素的影响，主要包括流动儿童的个性特征、个体抗逆力、同伴关系、亲子沟通、家庭支持等方面（刘玉兰，2012）；年级、学校类型等影响流动儿童的心理需求满足程度（刘杨等，2013：192－193）；流动儿童家庭经济状况、与父母及家人沟通情况、父母关系等对流动儿童的心理健康水平有正向显著影响（杨芷英、郭鹏举，2017）；社会支持也对流动儿童的心理健康水平有正向预测作用（杨会芹、刘晖、周宁，2016）；学校纪律、师生关系等均显著影响流动儿童的精神健康（何雪松等，2008）。此外，还有研究表明，网络成瘾的流动儿童比普通群体对照组的心理健康状况更差，人际关系也更差（金灿灿、屈智勇、王晓华，2010）。

流动儿童心理与精神健康问题的改善需要全社会的共同努力。有研究者建议,首先,消除流动儿童的“心理孤岛”现象,减少学校及社会排斥,加强社会支持,引导流动儿童正确评价自己,充分关注流动儿童成长过程中的积极和建设性的力量,让流动儿童感受到更多的积极情绪体验和主观幸福感(何雪松等,2008;李怀玉,2009)。其次,帮助流动儿童家长认识到亲子沟通的重要性,明确家庭教育的责任,积极开展流动儿童家庭教育指导,引导家长为流动儿童营造良好的家庭环境(王晓梅,2011;杨芷英、郭鹏举,2017)。最后,采取有效措施,通过预防、治疗和行动等一系列手段,减少流动儿童的心理适应问题,引导流动儿童的心理积极发展(曾守锤,2012:77-79),从而全方位促进流动儿童心理和精神健康成长。

流动儿童歧视知觉与信任知觉。歧视知觉与信任知觉直接影响流动儿童的幸福感,从而间接影响流动儿童的学业表现。现有研究表明,第一,个体和群体歧视知觉对流动儿童的幸福感具有显著的消极影响(刘霞、赵景欣、申继亮,2013);流动儿童的歧视知觉与社会疏离感呈显著正相关(张岩等,2017)。第二,流动儿童所感受到的社会歧视在学校类型、流动性、性别上存在显著的差异,打工子弟学校流动儿童的歧视知觉明显高于公立学校流动儿童,流动性高的儿童显著高于流动性低的儿童(范兴华等,2012);流动儿童中男生的歧视知觉高于女生,性别差异显著(刘丽红、刘璐,2018;朱倩等,2015)。第三,随着流动时间的增加,流动儿童的个体和群体歧视知觉显著减少(侯舒艨等,2011;袁晓娇等,2012)。第四,流动儿童信任知觉、社会支持能够显著提升流动儿童幸福感,降低流动儿童的孤独感、抑郁、焦虑等不良情绪(梁丽婵、边玉芳,2013)。

减少流动儿童歧视知觉、增加流动儿童信任知觉是需要方方面面共同关注的问题。因此,研究者们建议,首先政府应逐步推进户籍制度改革,社会媒体应加强正面引导,消除流动儿童被歧视的根源(范兴华等,2012)。其次,社会、学校及家长应通过各种途径帮助流动儿童建立社会支持系统,使流动儿童在需要时可以得到各种帮助,增加流动儿童感知到的父母、教师和同伴的信任，保障流动儿童的情感支持，从而降低歧视知觉对流动儿童学习、生活的消极影响（刘丽红、刘璐，2018；范兴华等，2012；侯舒艨等，2011；袁晓娇等，2012）。最后，在对流动儿童进行心理干预辅导时，应注意利用其自尊的正能量，并教给他们应对歧视压力的技巧，在流动儿童采用积极应对方式后给予其肯定强化等（范兴华等，2012；梁丽婵、边玉芳，2013）。

流动儿童心理弹性与人格心理问题。心理弹性是指个体在危机情景或压力事件中能保持良好适应的能力，是内在保护因素和外在保护因素的结合。对流动儿童心理弹性现有研究的回顾表明，首先，流动儿童积极心理品质的各指标处于中等水平，公立学校的流动儿童个人掌控感及积极情感高于打工子弟学校流动儿童，流动时间对流动儿童积极心理品质发展影响不明显（曾守锤，2011）；有无转学经历的流动儿童在心理弹性上的得分有显著差异（朱倩等，2015）。第二，流动儿童身份认同的矛盾直接影响他们健康人格的形成，并一定程度上阻碍他们与城市的融合，打工子弟学校流动儿童的人格健全状况最差（郑友富、俞国良，2009；王瑞敏、邹泓，2008）。第三，流动儿童心理弹性在社会支持与社会退缩之间具有完全中介效应（李洁等，2018）；流动儿童心理弹性水平显著负向预测孤独感及孤独感下降速率（叶枝等，2017）。第四，与城市儿童相比，流动儿童的内化问题行为比较突出，人格的情绪性、开放性显著正向预测流动儿童的内化问题行为，人格在家庭功能的亲密度与内化问题行为之间起部分中介作用（李晓巍等，2008）。

现有研究表明，第一，以干预促进流动儿童心理弹性提高的方案是可行的。针对打工子弟学校流动儿童心理弹性较弱的情况，可考虑创新学校教育体制，将增强抗逆力的教学嵌入目前的教育体制中。第二，社会各界和各级政府应全面关心流动儿童的成长，构建一个和谐的生态环境（郑友富、俞国良，2009；吴帆、杨伟伟，2011）；尽可能减少流动儿童转学次数，让流动儿童能够比较稳定地学习和生活（朱倩等，2015）。第三，对于流动儿童的健康成长来说，开展幸福教育，培养流动儿童的健康人格非常重要；要帮助流动儿童树立正确的人生观和价值观，以培养流动儿童的健康人格（王瑞敏、邹泓,2008)。

（三）流动儿童社会成长

根据关注重点不同,现有流动儿童社会成长问题研究可归纳为流动儿童社会融合与社会适应、流动儿童社会认同、流动儿童社会支持与社会排斥三个方面。

流动儿童社会融合与社会适应。社会融合概念起源于欧洲学者对社会排斥的研究,整个社会如何团结在一起一直是社会学诞生之后的核心议题。已有研究表明,流动儿童身份认同的缺失、社会身份冲突等因素严重影响其在流入地的社会融合。首先,流动儿童一方面欣赏城市的繁荣与发展,另一方面却又对流入地缺乏认同感,流动儿童的身份认同陷入了一种进退两难的尴尬境地,而社会身份冲突会严重负向影响流动儿童城市适应状况(熊少严,2006;刘杨等,2012;白文飞、徐玲,2009);超过百分之八十的流动儿童会说家乡方言,相比较而言,农村文化纽带坚韧,而城市文化融合水平较低(刘红升、靳小怡,2018)。其次,社会融合不仅具有代际的传承性,而且具有一定的可塑性,尽管时间在整合过程中具有重要的作用,但生活背景、家庭环境、学校类型等都有重要影响作用;亲子及同伴关系对流动儿童的生活满意度有显著影响(Wong F. K. D.　et al., 2010);家庭环境的亲密度和适应性可以正向预测流动儿童的社会融合,亲子交流有助于改善流动儿童的社会融合状况;公办学校对流动儿童城市适应中的整合与融入有积极促进作用,公办学校流动儿童的社会融合程度相对更高(周皓,2012;周皓,2014：211;刘红升、靳小怡,2018)。再次,流动儿童的社会融合总体较好,他们希望扎根并融入城市的意愿明显(何玲,2013),课外体育活动的参与有利于城市流动儿童的社会融合(吴炜,2017)。最后,流动儿童自身的归因风格、应对方式(积极还是消极)、普通话水平、流动时间等都会影响流动儿童的社会适应与社会融合(曾守锤,2010);此外,有研究者认为,居住稳定性对流动儿童的社会适应有显著正向预测作用(张庆鹏、孙元,2018)。

促进流动儿童社会融合同样需要社会、学校、家庭方方面面共同的努力。研究者们提出：首先，政府应加快推进户籍制度改革，打破二元户籍体制，为流动儿童融入城市社会创造公平的制度环境；其次，学校教育应承担多元文化的传承功能，使流动儿童在保留原有文化特质的基础上更好地适应流入地文化；再次，鼓励流动儿童多参加课外体育运动及其他开放式休闲活动，促进流动儿童与本地儿童的交流；最后，加强对流动儿童家庭教育的指导，重视流动儿童家庭环境建设与家庭教育方式的改进（刘红升、靳小怡，2018；熊少严，2006；白文飞、徐玲，2009；周皓，2012；吴炜，2017；龙丁江、陶印华，2016；赵芳，2011）。此外，对流动儿童与社会整合之间的关系研究不仅应关心流动儿童现在的状况，而且应注意流动儿童的成长历程（周皓、章宁，2003）。

流动儿童社会认同。社会认同是个体自我认同的一部分，通常是指“个体认识到他（她）属于特定的社会群体，同时也认识到作为群体成员带给他（她）的情感和价值意义”（Tajfel，1978：63）。社会认同理论认为，社会认同是由社会分类、社会比较和积极区分原则建立起来的。已有研究表明，第一，流动儿童的社会认同大多属于同化和分离模式，其在性别、家庭经济地位、流动时间、教育安置方式等因素上存在显著差异，公办学校流动儿童对流入地认同程度高，流出地认同对流动儿童社会文化适应有负向预测作用（袁晓娇等，2010）。第二，流动儿童对不同层面的城市文化物质认同状态存在差异，并选择性地接受城市文化，在客观社会通道相对封闭、自身信念系统呈多元化的前提下，流动儿童可能会通过转换比较方向、比较维度等策略，来追求高自尊并获得正面的认同（吴新慧，2012；王毅杰、史秋霞，2010）。第三，已有的量化研究结果表明，社会认同影响流动儿童的学业求助，其中心理认同程度越高，越倾向于求助（伏干，2017）；此外，还有量化研究表明，社会认同与流动儿童的学习适应显著相关，流入地认同程度越高，适应越好（王中会、童辉杰、程萌，2016）。

研究者们提出，要提高流动儿童社会认同，首先应消除流动儿童文化认同的制度性障碍，使多元文化在城市空间更好地并存与发展，引导流动儿童形成清晰的文化认同。其次应发挥公立学校的教育主渠道作用，保障更多流动儿童到正规的公立学校就读。最后，要加强大众媒体的正面宣传和引导，消除城市居民及学生对流动儿童的歧视（袁晓娇等，2010；吴新慧，2012）。

流动儿童社会支持与社会排斥。社会支持是指社会各方面给予个体精神或物质上的帮助和支持，包括实际社会支持、领悟社会支持等。虽然学界至今尚未对社会排斥有一个统一的界定，但通常它意味着这样一个过程，即个人或群体被全部或部分排除在充分的社会参与之外。社会排斥不仅违背了社会公正原则，也给被排斥者造成巨大的社会焦虑和心理压力。已有研究发现，第一，流动儿童的社会支持水平低于普通儿童或本地儿童（马向真等，2015）；同时，流动儿童社会支持水平在性别、学校类型及年级等方面差异显著，例如流动儿童中女生的社会支持水平显著高于男生（马向真，2014），公立学校流动儿童显著高于民办学校儿童，小学阶段学生显著高于初中阶段学生（邓小晴、师保国，2013）。第二，流动儿童受教育的社会支持系统由家庭经济环境、自我评价、自我要求、亲子关系、人际交往、邻里关系、父母教育期望、社区环境等因素构成。乡城流动儿童父母努力帮助子女在结构性障碍大于文化/种族差异的社会背景下获得城市教育资源（Peng，2019）；与父母一起生活的流动儿童社会疏离感显著低于曾远离父母生活的流动儿童（邱剑、安芹，2012）。第三，社会支持有利于流动儿童诚信水平提高，即教师与朋友支持可以正向预测流动儿童的诚信水平（刘济榕、王泉泉，2018）。第四，流动儿童在教育方面受到的排斥主要表现为制度排斥和经济排斥（高丽茹，2015）；社会排斥会对流动儿童的幸福感产生影响，同时还会进一步影响流动儿童的精神健康（何雪松等，2008）。

对现有研究成果的回顾表明，减少社会排斥、增加流动儿童社会支持，首先需要家庭、学校与社会合力建立可靠的社会支持网络。具体来讲，流动儿童家庭要提供足够的安全感和幸福感；学校要提供不同群体的学生展示自己才华的平台和机会；社会应向处境不利的流动儿童家庭提供必要的经济和社会支持。其次，要尽可能帮助流动儿童发现和利用社会支持，减少流动儿童的社会排斥知觉(邓小晴、师保国,2013;邱剑、安芹,2012;何雪松等,2008)。

三、对国内外流动儿童研究的反思

上述文献梳理显示,目前国内外学者对于流动/移民儿童的研究从成果来看非常丰富,其中国外移民儿童研究呈现出问题具体、关注细化的特点,西方学界对二代移民的诸多方面进行了广泛研究,但由于西方移民儿童群体的形成、移民儿童的学习生活等方面有着不同于中国的宏观和微观社会背景,因此,我们在学习借鉴时要有所选择。

国内学术界对流动儿童的研究则经历了从单一学科关注,到多学科研究逐步发展,再到多学科研究成果快速增长的过程。毋庸置疑,国内流动儿童研究也已经取得了丰硕成果,但回顾国内以往的流动儿童研究,存在以下四个方面的问题。

一是研究方法过于依赖思辨研究及定量研究。如前所述,流动儿童问题是一个涉及多学科、多方面的复杂问题,因此,可能需要用到不同的研究方法。研究方法本身并没有优劣之分,且往往是互补的。但流动儿童作为一个"人"是生理、心理、社会的综合体,他们的主观体验、个人感受、生命领悟往往是思辨研究、问卷填涂、量表测量所无法企及的。质性研究注重解释人群感受及体验,擅长揭示现象背后的本质因素,但现有的研究因各种原因更多依赖思辨及定量方法,较少运用质性研究方法。

二是流动儿童本土概念构建、本土理论研究较少。"流动儿童"的出现是中国独特的城乡二元社会经济结构、二元户籍制度及二元社会保障制度等的产物。但对已有研究成果的回顾表明,我国现有流动儿童研究的理论依据大部分来自西方发达国家,二十多年来的研究并没有建立起我们自己的概念及理论体系,我们更多的是引用西方的概念及理论来解释中国的"流动儿童"现象及问题。众所周知,西方流动人口的相关理论的产生有着完全不同于中国的社会背景,其对中国特殊问题的解释度是值得怀疑和商榷的,因此,建立符合我国国情的流动儿童概念及理论体系已成为当务之急。

三是流动儿童研究“问题视角”明显。对现有流动儿童研究文献主要研究内容的回顾表明,我国流动儿童研究“问题视角”明显,比如:在心理研究方面,研究者更多是测量流动儿童与城市儿童相比之下更强烈的焦虑抑郁倾向、孤独感、歧视知觉等方面,而较少注意流动儿童抗逆力的增强;在社会问题研究方面,研究者往往更加关注流动儿童身份认同的缺乏、社会身份冲突、社会排斥、社会融合的代际传承性等方面,较少注意流动儿童能动应对方式的发现及培养等;在教育问题研究方面,研究者往往更多关注流动儿童入学机会不平等、进入公办学校难以及中途转学、升学困难等问题,较少研究流动儿童在流动过程中受教育机会增加、学业表现改善、教育满意度提高等积极方面。

四是对流动儿童日常生活世界的研究较少,能动性及政策环境视角的研究不足。笔者分别用“流动儿童”加“能动性”、“流动儿童”加“政策环境”为检索词,“篇名”搜索为条件,在中国期刊全文数据库中搜索至 2023 年 12 月 31 日为止,符合条件的文献(含中文期刊、硕博士学位论文、报纸等)为零。当然,不可否认的是,虽然没有找到此搜索条件下的研究成果,但并不能说明国内在此方面的研究空白,因为数据库普遍存在收录范围、收录时间段及检索条件等方面的限制。比如,可以确定的是,国内研究者已在儿童能动性研究方面迈出了步伐,虽然不是专门针对流动儿童的研究成果,但该研究在考察能动性、结构和文化三个概念发展脉络及相互关系的基础上,提出了儿童能动性的“整合解释框架”(肖莉娜、袁园,2019),对流动儿童的研究有一定的启示意义。

另外用“流动儿童”加“日常生活世界”为检索词,“篇名”搜索为条件,在中国期刊全文数据库中搜索至 2023 年 12 月 31 日为止,符合条件的文献(含期刊、硕博士学位论文、报纸等)为零;将检索词“日常生活世界”替换为“生活世界”,在其他检索条件不变的情况下,符合条件的文献(含期刊、硕博士学位论文、报纸等)仅 2 篇,均为硕士学位论文。其中一篇是《从生活世界看流动儿童的教育问题》(刘广东,2010),该论文运用质性研究方法对流动儿童的学校教育、家庭教育、社会教育中的“问题”进行了探讨;另一篇是《生活世界视域下的城市儿童和流动儿童》(韩娟,2010),该论文运用定量研究方法对流动儿童与城市儿童的生活世界进行了对比研究。

综上所述,国内学术界对流动儿童日常生活世界的质性研究较少,流动儿童日常生活世界中能动性及政策环境视角的研究不足,且本土概念构建、本土理论发展匮乏,本研究努力尝试在这些方面做出些许突破。具体来讲,主要包括以下四个方面:第一,采用质性研究方法,走近流动儿童、倾听流动儿童声音,以流动儿童的视角探讨其对日常学习及生活的主观体验和感受;第二,通过对流动儿童亲子、师生及同伴间交往互动的考察,探究能动性在流动儿童成长、结构制约及教育困境突破中的意义;第三,通过对影响流动儿童日常生活世界结构要素的考察,揭示政策环境既施加限制又提供机会的意义;第四,通过对流动儿童在交往互动中展开的日常生活世界的质性考察,尝试发展流动儿童研究的本土概念。

第三节 理论视角

当代与人口迁移、流动有关的移民理论众多,但无法找到一种宏大理论来解释流动人口的每一个问题和层面,研究者需借助一个个“中层理论”,为具体的实证研究提供理论视角(Portes, 2003)。流动儿童研究属于流动人口研究的一个细分领域,笔者根据流动儿童日常生活世界实证研究的需要,拟借助儿童社会学理论、能动性理论等相关理论展开研究。

一、儿童社会学理论

儿童社会学作为社会学研究的一个分支学科,无论从国际还是国内看,这个分支都非常弱小和边缘化(胡全柱、葛蓓蓓,2011),但学科的弱小并没有影响感兴趣的国内外儿童社会学研究者对其持续投入热情。综观目前儿童社会学理论，大致可以划分为两大类，即传统的社会化理论和新儿童社会学主张的社会建构理论。

在今天看来，"儿童是国家的未来、民族的希望"的观念深入人心，世界各国普遍重视儿童的成长和发展，但在人类发展的历史长河中，人类并不是一开始就发现并重视未成年群体的。法国著名的社会史学者菲力浦·阿利埃斯(Philippe Ariès)在考察了旧制度下的儿童生活后提出"传统社会看不到儿童，甚至更看不到青少年"(阿利埃斯，2013：1)的论断，阿利埃斯认为：直到17世纪儿童才有了属于自己的服装和与成人区分开来的游戏；儿童回归家庭是17世纪家庭最基本的特征(阿利埃斯，2013：80、136、320)。这也就意味着，17世纪之前，儿童很多时候是被当成了低龄、能力低下的"成年人"来看待的。

伴随"儿童"的被发现，17世纪以后以儿童为中心的意识逐渐发展起来，父母开始为儿童的教育、未来和职业操心，但观念的转变总是漫长而又缓慢的，很长一段时间甚至直到今天，在很多情况下儿童仍被当作"不称职、不合格的成人"(Mayall, 2008)对待，因此社会学、心理学、人类学等领域都十分关心儿童的社会化问题，重视儿童学习社会文化、实现由生物人转变为社会人的过程。"社会化理论"作为儿童社会学的传统理论(Corsaro, 2011：9)，非常强调儿童的适应和"驯化"过程，儿童通过对成人认可的社会价值观和社会规范的接受、适应和学习，逐步增强社会性。不难看出，"社会化理论"背景中儿童群体的客体性、被动性突出。

随着实践领域问题的不断涌现及个体与社会二元论神话的打破，"社会化理论"受到了前所未有的挑战。儿童的能动性逐渐被理论学界发现并重视，"儿童是主动的，是主体，不是成人政策的无能对象；人们需要把孩子看作一种社会关系"(Hood-Williams, 1990)。社会建构理论逐渐成为新儿童社会学的主要理论流派。在描述和探索"新儿童社会学"时，艾利森·詹姆斯(Allison James)、克里斯·詹克斯(Chris Jenks)和艾伦·普劳特(Alan

Prout)以当代社会学的观点提出了“社会建构的孩子”的观点(James and Prout, 1997; James, Jenks and Prout, 1998),在社会建构儿童社会学的理论框架中,儿童不只是社会结构决定的被动对象,而是具有主动建构能力的对象。儿童所感知的社会是自己建构出来的,不再仅是从成人那里被动学习来的。贝瑞·梅奥尔(Berry Mayall)和迈克尔·弗里曼(Michael Freeman)等则更进一步,提出了与儿童权利有关的儿童社会学理论(Mayall, 2008; Freeman, 1998),他们强调童年是一种社会建构,但儿童参与构建自己童年的权利很多时候被剥夺了,因此需从父母、家庭和专业人士那里解放儿童,因为儿童有权利发表意见,儿童的观点应该被倾听;儿童是社会过程的参与者,而不是社会问题。很明显,儿童权利社会学理论可以看作对儿童建构社会学理论的拓展和进一步深化。

本研究借用新儿童社会学主张的社会建构论视角,考察流动儿童对自己日常生活世界的能动性建构。双重身份在现实生活中确实给流动儿童的学习和生活带来了一系列的问题,比如与出生相伴随的留守与流动的生活抉择问题、流入地与班级内的融入问题、小升初阶段学习道路的选择问题等,但这些问题往往是成人或研究者根据自己的生活经验进行的预判,流动儿童作为具有能动性的主体是如何建构自己对学习及生活的认知的呢?他们又是如何看待自己的这些所谓“问题”的呢?这正是本研究想要努力揭示的。

二、能动性理论

能动性是指个体“对周围环境做出合适反应,进而采取相应行动的特性。能动性的完整内涵既包含与行动者相关的主观因素,也包含作为客观限制的结构因素”(陈德中,2018)。英国当代著名社会学家安东尼·吉登斯(Anthony Giddens)在批判“社会”与“个人”及“客体”与“主体”二元对立的基础上提出了个体能动性与结构制约性相统一的结构化理论。在吉登斯看来,在人们对传统二元对立社会理论批判的一片混乱声中,有些方面却是较为清晰一致的，这些方面主要包括："个体的行为具有主动性和反思性；个体的认知能力和语言角色至关重要；经验主义哲学在自然科学中的地位不断削弱。"（吉登斯，2016：5）这三个方面正是吉登斯结构化理论的主要关注点。

吉登斯认为，个体行动者所特有的反思性特征，是社会实践循环往复的前提，而个体行动的反思性监控正是日常行动的惯有特性。能动作用不仅指主体在做事情时所具有的意图，更指主体做事情时的能力（吉登斯，2016：2、5、8）。很明显，社会结构是由个体的行动建构起来的，而个体在行动过程中的能动性（反思性特征）确立了其在社会实践活动中的主体地位，同时，社会结构也是个体行动的依托，因此吉登斯实现了对传统二元对立模式的超越，建立了以反思性为机制、以实践为基础（王远，2012）的主观与客观相统一的结构化理论。

与吉登斯同时代的英国哲学家伯纳德·威廉斯（Bernard Williams）区分了"理性能动性"和"道德能动性"，并主张回到能动性概念本身，强调使用能动性概念时不仅应基于能动者本身的能力，还应注意人们做出或不能做出行动的结构制约性因素，同时他认为反思性、平等性是现代人类生活的基本特性（陈德中，2018）。很明显，伯纳德·威廉斯同样强调行动者的能动性与结构的制约性。

近年来，能动性理论被广泛用于儿童研究领域，并逐渐成为儿童社会学的重要内容，"儿童是积极的、创造性的社会行动者，他们不仅积极地生产了他们自己特别的儿童文化，还参与到成人社会的生产之中"（科萨罗，2014：5）"，"儿童的成长受结构的制约，但儿童作为社会环境中的能动主体，他们对社会生活有着清晰的认识。……儿童们一次又一次地证明了他们作为家庭和社会生活能动贡献者的巨大潜力（Lieten，2008：137－138）"。科萨罗（William A. Corsaro）和利滕（G. K. Lieten）等儿童社会学家从不同角度阐述了儿童的能动性，并注意到了儿童能动性与结构制约的关系。

本研究借用能动性理论视角，考察流动儿童在流入地的学习及生活状况。流动儿童的日常生活世界主要由学校、家庭及社区等场域构成。户籍管理制度及与其附着在一起的教育制度等共同构成影响流动儿童日常生活世界的一系列规则和资源。对于流动儿童来说，这些规则和资源（结构）既制约着他们的学习和生活，同时也是他们的学习和生活得以展开的桥梁和中介。本研究正是基于对流动儿童和周围生活环境互动的考察，探究流动儿童的能动性发展，以及流动儿童的能动性对教育困境的突破状况。

三、边际人理论

"边际人"概念从起源上看，最初来自社会学家格奥尔格·齐美尔（Georg Simmel）对"陌生人"的表述，齐美尔1908年在《陌生人》中提出"陌生人不是今天来明天去的流浪者，而是今天来明天留下来的人，虽然没有继续游移，但尚未完全克服来和去的脱离"（齐美尔，2002：341）。齐美尔的学生罗伯特·埃兹拉·帕克（Robert Ezra Park）在研究城市人口流动的基础上，于1928年在《人类的流动与边际人》中正式提出"边际人"概念。帕克认为，"交通及通信方式的改善、教育和阅读能力的普及、货币经济等极大地增强了现代人的流动性。……流动工人是迟来的拓荒者"（帕克等，2016：24、25、181）。帕克对"边际人"的界定为，"边际人是一种新的人格类型，是文化混血儿，边际人生活在两种不同的人群中，并亲密地分享他们的文化生活和传统。他们不愿和过去与传统决裂，但由于种族的偏见，又不被他所融入的新的社会完全接受，他站在两种文化、两种社会的边缘，这两种文化从未完全互相渗入或紧密交融"（Park，1928）。

在帕克笔下，流动是现代社会的重要特点，但文化及种族差异使流动中的人们很难完全融入流入地的社会，从而产生了立于流出地与流入地社会边缘的"边际人"。同时帕克与其合作者伯吉斯（E. W. Burgess）认为，人口流动虽然产生了徘徊于社会边缘的"边际人"，但毫无疑问的是，流动促进了个体及社会的发展，流动性往往意味着变化和新经验，此外流动性也是测度城市新陈代谢的最好指标（帕克等，2016：25、71、72）。

帕克提出"边际人"概念之后，社会学家斯通奎斯特（Everett V.

Stonequist)的阐述使“边际人”这一概念得到了社会学界的广泛认同(Golovensky, 1952)。斯通奎斯特认为,“边际人往往要承受心理和神经问题的负担,他们的文化和人格常常是一种二元论模式。……多种族个体往往混合着骄傲与羞耻、爱与恨,以及其他矛盾的情绪”(Stonequist, 1935)。但“边际人”理论随后受到戈德堡(Milton M. Goldberg)、格林(Arnold W. Green)、戈洛文斯基(David I. Golovensky)、安东诺夫斯基(Aaron Antonovsky)等学者的挑战,他们对边际人概念的精确性、理论支持证据、在实际生活中的运用等方面提出了怀疑,并对边际人概念进行了部分限制和修改(Goldberg, 1941; Green, 1947; Golovensky, 1952; Antonovsky, 1956),但帕克和斯通奎斯特“边际人”理论的基本前提得到了保留。

国内学界也围绕陌生人及边际人等概念进行了探讨。有研究者对陌生人的相关论断进行了述评(陈蓓丽、何雪松,2012);还有研究者运用边际人理论对现当代青年的心态、生活形态及婚恋观等进行了探讨(孙玉杰,1994;叶南客,1990;秦晨,2017),其中叶南客还针对中国现代社会的转型,深入分析了大过渡时代边际人的转型人格(叶南客,1996: 11-60)。叶南客提出,“边际人既是不同文化体系对流后的产物,也是新旧时代接触后的文化结晶,其身上不仅具有两种以上的文化期望和冲突,其角色行为也常常是矛盾和边际性的”(叶南客,1996: 7)。基于边际性产生的文化冲突类型,叶南客将边际人区分为“历时态边际人”和“共时态边际人”,前者是指因跨越新旧体制、不同时代而产生的边际人,后者则是指同一体制、同一时间段内因跨越不同地区、不同生活方式而产生的边际人。此外,叶南客指出,人格边际化往往与失范、失控及创新等效应相伴而生。

本研究借用边际人理论中的“边际”概念,考察跟随父母流动迁徙的11—13岁儿童的跨地域生活状态。依照已有研究的分类,流动儿童的日常生活在某种意义上处于“共时态”的边际状态。但流动儿童与漂泊在外的成年人以工作为主的交往互动明显不同,流入地亲子、师生、同伴之间的交往互动能否对流动儿童日常生活世界边际性的突破带来可能?另外,部分流动儿童体验不同地区不同生活方式的经历非常有限，在流入地出生并成长的研究对象并不少见，对于这部分流动儿童来说，户籍所在地的家乡可能是仅仅每年春节才会回去的旅居地，还有少部分流动儿童春节也不返乡。那么，又该如何看待很少或几乎没有两地生活体验、文化差异体验的流动儿童的边际性呢？本研究尝试对以上问题做出回答。

四、分析框架

在前期田野调查及文献研究的基础之上，本研究基于能动性理论、儿童社会学理论、边际人理论，提出本研究的分析框架（见图 1.1）。需要特别说明的是，基于质性研究的性质和特点，此分析框架非限定性框架，仅为引导性框架，便于丰富而庞大的田野资料的分析及研究主题的聚焦。

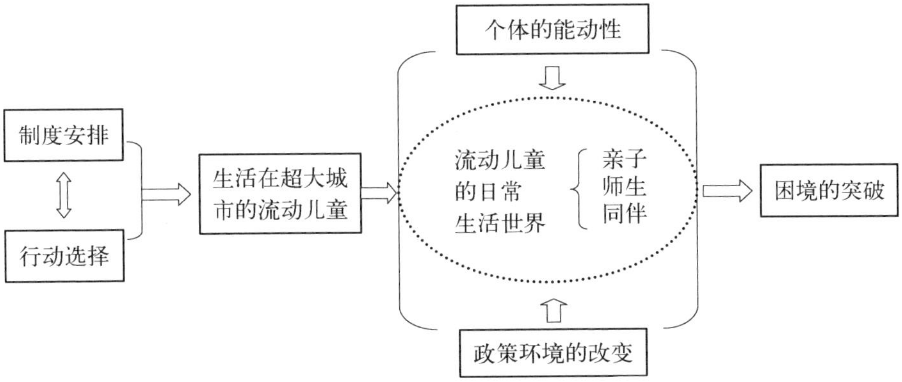

图 1.1 本研究的分析框架

流动儿童的出现是二元户籍制度安排与流动家庭行动选择共同作用的结果。当下生活在超大城市的流动儿童群体有着明显的新形势下政策选择的痕迹。"严控特大、超大城市人口规模"政策的出台一定程度上改变了超大城市流动儿童群体。超大城市流动儿童视角的日常生活世界是本研究的分析重点，流动儿童家中的父母（及祖辈）、学校的教师、一起学习与游戏的同伴等共同构成了流动儿童日常生活世界的主要交往互动对象。已有的文献研究表明，双重身份往往造成流动儿童学习及生活交往中的种种困难，但事实上，流动儿童并不只是被动地适应自己的双重身份，也不仅仅是由制度安排决定的被动对象，流动儿童对于自己的日常生活世界具有主动建构的能力。

依据上述分析框架，本研究尝试回答的主要问题包括：

1. 流动儿童眼中的亲子、师生及同伴之间的交往互动是什么样子的，他们身在其中的感受及体会如何？在个体能动性发挥、政策环境改变等的共同作用下，流动儿童的教育困境是否可能突破？

2. 流动儿童教育困境突破的路径有哪些？结构性突破、个体能动性的发挥等给流动儿童增加了哪些可能的选择？

3. 流动儿童教育困境突破的程度如何？在多方面因素的共同作用下，生活在超大城市的流动儿童群体能否实现教育困境的超越或一定程度的突破？

第四节　概念界定

一、流动儿童

与家庭流动相伴随的未成年流动人口的称谓在国内学界一直口径不一，"农民工子女""随迁子女""农民工随迁子女""外来务工人员子女""流动儿童"等叫法不一，其中"农民工子女""农民工随迁子女"因带有一定的歧视性而在学界逐渐被弃用，相对来说，"随迁子女""外来务工人员子女"及"流动儿童"在当下使用得较为普遍，不乏将不同称谓等同使用①的案例。从研究范围及研究侧重点出发，本研究采用"流动儿童"这一概念，但就"流动儿童"本身的界定来看，国内学术界也不太一致。

有研究者提出，"流动儿童是指 6 周岁到 18 周岁，具有农业户籍、随父母

① 详见张敏、韩楠楠《外来务工人员子女的城市适应》，载《教育研究》2018 年第 2 期 147—153 页。

到城市学习生活的儿童青少年”(孙晓红、韩布新,2018),很明显,此界定中的“流动儿童”仅限于由农村流动到城市的儿童。此外,部分研究者采用了《流动儿童少年就学暂行办法》中的界定,即“流动儿童少年是指6至14周岁(或7至15周岁),随父母或其他监护人在流入地暂时居住半年以上有学习能力的儿童少年”,此界定中的“流动儿童”主要指义务教育阶段的儿童。更多研究者借用了国家统计局第六次全国人口普查公报中关于“流动人口”的界定,即流动人口是指居住地与户口登记地所在的乡镇街道不一致且离开户口登记地半年以上的人口(不含市辖区内人户分离),由此流动儿童则是指“随作为流动人口的父母或其他监护人外出且居住半年以上的未成年子女(不含市辖区内人户分离)”。此界定下的流动儿童从年龄段上来看涵盖了随父母一同外出的所有未成年人,且不仅包括从乡村流动到城市的儿童,还包括从某一城市流动到另一城市的儿童。从概念界定的角度看,笔者更倾向于最后一种人口普查角度的界定,即流动儿童是指“随父母或其他监护人在与户口登记地不一致的流入地居住半年以上的18岁以下儿童(不含市辖区内人户分离)”,但从研究的着力点考虑,本研究中的流动儿童主要是指处于小升初阶段的11—13岁“乡-城”及“城-城”流动儿童。

二、日常生活世界

“生活世界”最初由德国学者胡塞尔(Edmund Husserl)在其著作《欧洲科学的危机和超验现象学》中提出,“现存生活世界的存有意义是主体的构造,是经验的,是前科学的生活的成果。世界的意义和世界存有的认定是在这种生活中自我形成的”(胡塞尔,1988:81)。“我们所发现的这个世界是一切已知的和未知的实在的东西的世界。时空形式以及一切以这种形式结合起来的物体的形状,都属于这个实际的经验直觉的世界。”(胡塞尔,1988:60)胡塞尔所说的“生活世界”有两种含义:一是作为经验实在的客观生活世界,二是作为纯粹先验现象的主观生活世界。二者之间隔着一道先验还原的界限。不同意义上的“生活世界”与科学及人的生存的关系也不同,在胡塞尔看来，前者是近代科学产生的基础，也是造成科学"危机"与人的"危机"的根源，后者则有可能为我们提供一条克服这种危机的途径。

胡塞尔的学生舒茨（Alfred Schutz）使"生活世界"成为社会学的重要概念，他抛弃了胡塞尔生活世界中的先验因素，使之成为现象学社会学中的解释性和描述性概念，将生活世界理解为"日常生活世界"，"这不是一个已构成的世界，而是在我的生命流程中构成，且不断在重新形构的世界，不是一个一成不变的世界，而是一个在每个当下不断生成变新、流逝甚或是反生成的世界"（舒茨，2012：40）。"它既是一个自然的世界，也是一个社会文化的世界，它不仅在我出生以前一直存在，而且在我死后仍然会继续存在。"（舒茨，2001：410）。

当代社会学家哈贝马斯（Jürgen Habermas）在继承和批判的基础上系统提出了生活世界的社会批判理论，"经济的和行政管理的合理性的形式，渗入反对转变为货币和权力媒体的行动领域，才导致交往日常实践的片面合理化或物化"（哈贝马斯，1994：427），"交往参与者在已得到解释的客观世界、社会世界和主观世界中找到它们之间的联系"①，他明确界定生活世界是由文化、社会和人格构成的。文化是储存起来的知识，社会是规范人们行为的总和，而人格则涉及人的主观体验，它促使主体能够言说并且作为一定行为的动机和能力。生活世界可以通过语言及交往行为而得到解释，这三者在某种程度上对应着语言行为所涉及的客观世界、社会世界和主观世界，"在任何一个言语行为中，交往参与者同时与客观世界、社会世界以及主观世界中的事物发生关系"（哈贝马斯，2004：314）。

美国社会学家、符号互动论倡导者布鲁默（Herbert Blumer）认为，"社会互动是任何社会定义的核心，……人是行动有机体，社会生活是可解释的，并且相互联结的"（Blumer，1969：6－21）。这也就意味着，人类日常社会生活是由交往互动构成的，日常环境中的交往互动使人们的行为变得有意义、

① 该表述来自哈贝马斯《交往行动理论》英文版，转引自夏宏：《面向生活世界的社会批判理论》，中国社会科学出版社2011年版，第66页。

可解释。美国儿童社会学家科萨罗(William A. Corsaro)提出,“儿童是积极的、创造性的社会行动者,他们积极地生产了他们自己特别的儿童文化,同时也参与到成人社会的生产之中。……他们(儿童们)通过与成人世界的协商,与其他儿童一起进行同辈文化的创造性生产”(科萨罗,2014:5、6)。因此,在日常生活世界中,儿童通过与成人、同辈的交往互动,创造性地生产了属于自己的儿童文化,而家庭中的长辈、学校的教师、校内校外的同伴则是儿童日常生活世界的主要交往对象。对于流动儿童来说,在日常生活世界中,其交往互动同样主要在亲子、师生和同伴之间展开。为便于对流动儿童日常生活世界的理解,本研究拟从流动儿童与家长、教师及同伴间的交往互动展开研究。

基于此,本研究中的日常生活世界主要是指流动儿童在与家长、教师及同伴交往互动过程中的生活世界。为更好地考察流动儿童日常生活世界的内在建构,在延续已有研究的生活世界不同层次的基础上,笔者对流动儿童日常生活世界做了进一步的操作化,试图以此来考察流动儿童的日常生活,同时也通过对流动儿童日常生活状态的考察实现对流动儿童视角的生活世界实证层面上的研究。因此,在本研究中,流动儿童日常生活世界主要通过亲子间、师生间及同伴间的交往互动来考察。

三、边际

边际,字面上理解是边缘、界限,它被广泛地用于经济学、社会学等领域,在经济学中主要用于边际效益的探讨,在社会学中则主要用于边际人、边际文化的研究。本研究中边际的概念主要指“边际人”的“边际”状态。如前文所述,“边际人”的概念最早于1928年由美国学者帕克提出,在之后的研究中,根据迁徙的先后及代际,边际人又被细分为“一代边际人”和“二代边际人”。帕克基于对西方城市人口流动的研究,将边际状态表述为“两种文化、两种社会的边缘,且从未完全渗入或紧密交融”(Park, 1928)。边际的概念经帕克提出之后,虽在后人的研究中得到了部分限制和修改,但该概念的上述基本内涵得以保留。

近年来,西方学者围绕边际和边际性等问题做了进一步的探讨。比如,布拉德利·T. 卡伦(Bradley T. Cullen)与迈克尔·普雷特斯(Michael Pretes)提出,"我们需要从边际群体和边际区域自身的角度来研究边际性和边际区域,随着中心开始模糊,我们可能最终会发现边际也变得模糊"(Cullen and Pretes, 2000);西蒙·程(Simon Cheng)与凯瑟琳·J. 莱弗利(Kathryn J. Lively)认为,"从社会心理学的角度来看,自我选择的社会类别和身份可能会影响多种族群体成员之间的认知边界,从而导致不同的心理和行为特征"(Cheng and Lively, 2009);露西娅·马利科娃(Lucia Máliková)等学者则认为"边际和边际性的感知非常复杂,很难量化"(Máliková, Farrell and McDonagh, 2016);斯坦科·佩尔克(Stanko Pelc)提出,"边际性可以被视为极端贫困的一个重要原因,或者至少是那些陷入边际处境的人生活质量较低的一个原因"(Pelc, 2017: 13 - 28)。由此可见,西方移民及人口迁移背景下边际群体的主观感受、边际与中心的相对性、边际性的难以量化、边际性对生活质量的影响等方面受到了研究者的关注。这些研究的开展对边际概念做了一定的拓展和深化,对中国流动儿童的研究有一定的启示意义。同时,我们还必须清醒地认识到,与西方流动人群主要由于移民及文化差异产生的边际性不同,中国流动儿童群体有着自己独有的特点。

虽然中国的流动儿童从概念上讲有一个从家乡到流入地的"流动"过程,但我们必须看到传统上对国内流动儿童"外来者"的观念已与当前流动儿童群体的基本特征相背离(吕利丹等,2018)。今天相当一部分流动儿童在流入地出生,在流入地成长,户口所在的家乡反而成了每年春节期间才会到访的"异地";同时超大城市中父母拥有较高学历的"城-城"流动儿童的占比也在不断扩大,流动儿童与户籍儿童之间的文化差异正在不断缩小乃至消失。今天生活在超大城市的流动儿童们面临的最大问题往往不是两地生活差异等带来的挑战,而是二元户籍制度下双重身份带来的挑战,这种挑战主要体现在学习及生活的门槛和选择性等方面。

因此，与国外相关研究中对“边际”内涵和外延的界定不同，本研究尝试在已有研究的基础上将“边际”界定为“二元户籍制度下双重身份给流动儿童带来的教育困境”。同时本研究中“教育困境突破”则主要体现为流动儿童有了更多的机会或替代性策略，且“困境突破”在本研究中是一个过程性概念，也就是说可能有突破，也可能没有突破。笔者拟以流动儿童的视角来考察其日常的学习和生活，努力以“更直接听到儿童声音”的研究方法来揭开流动儿童学习生活状态的当下面貌。

四、政策环境

国内外学者对“政策环境”概念的界定大致可以分为两种。一种界定倾向于从“政策的环境（背景）”角度展开，比如，美国政策分析学者威廉·N.邓恩（William N. Dunn）提出，“政策环境是指围绕一个政策议题的事件发生的具体背景，它影响政策利益相关者和公共政策，也被它们所影响”（Dunn，2002：79）。在邓恩看来，通货膨胀、种族歧视、城市污染、犯罪及失业率等方面都是政策环境的内容，政策环境是政策系统中的背景要素，政策环境与政策利益相关者、公共政策是相互影响的关系。国内部分政策研究者也倾向于从背景的角度对政策环境进行界定，比如，“政策环境是指作用和影响政策的外部条件的总和”（谢明，2010：90），“政策环境是指影响政策产生、存在和发展的一切因素的总和”（彭富国等，2005：77）。很明显，这些界定同样将政策环境理解为政策的背景条件或背景因素。

对“政策环境”概念的另一种界定倾向于从整体、系统的角度展开，比如，美国政治经济学者埃莉诺·奥斯特罗姆（Elinor Ostrom）提出“政策环境是动态演化的社会生态系统的组成部分”（Ostrom，2009）。奥斯特罗姆认为，政策环境是复杂的、动态演化的，且与社会、经济系统相互关联、彼此影响。政策环境影响经济发展和人口趋势，反之亦然。国内学者对政策环境的限制、制约作用也进行了论述，“政策行动的要求产生于政策环境和政治环境，并从政策环境传到政治系统；同时，政策环境和政治环境限制、制约着人们的行动"（钱再见，2007：169）。

从整体、系统的角度出发，政策环境被作为"一个不可分割的词"使用，在这种情况下，政策环境是指各个层面政策的集合，它深刻地影响着人们的行动和生活，是日常生活的结构性要素。本研究的研究对象为新政策环境下生活在超大城市的流动儿童群体，政策环境正是影响流动儿童日常生活的结构要素。

基于此，本研究中的"政策环境"是指影响流动儿童日常生活各个层面政策的集合，是为流动儿童日常生活既提供机会又施加限制的结构要素。同时，"政策环境"对于流动儿童来说是动态的和发展变化的。

第五节　研究方法

一、方法选择

本书致力于流动儿童日常生活世界的研究，并尝试回答以下问题：流动儿童如何看待自己的日常生活世界，流动儿童眼中日常生活世界的交往互动是什么样子的，流动儿童在日常生活世界的交往互动中能否实现对双重身份带来的教育困境的突破等。众所周知，研究方法的选取通常是由研究问题决定的，那么什么样的研究方法适合探索流动儿童的日常生活世界呢？

有学者指出，质性研究方法特别适合于儿童的研究，这种方法使人们能够更直接地听到儿童的声音、看到儿童的参与（James and Prout，1997：8）。"质性研究的最大特点是具有强烈的关怀和平民意识，在自然情境下对个人的'生活世界'及社会组织的日常运作进行研究，……对研究对象的生活故事和意义建构做出'解释性理解'，对事物的复杂性和过程性进行长期、深入及细致的考察。"（陈向明，2003：1）本研究的研究对象是生活在上海的流动儿童群体，研究主要在流动儿童学习、生活的主要场所——学校和家庭展开，而这些场所都是自然情境，而非科学实验所要求的人工控制环境，因此从研究问题及研究对象来看，质性研究明显更适合本研究。

生活世界是可经验的、可理解的，是建立在人们交往活动的基础之上的（哈贝马斯，2018）。艾尔·巴比（Earl Babble）也曾指出，“在社会学研究中，定性和定量研究方法都很实用，你会发现有一些研究情境和议题最适合使用定性方法，另一些则适合用定量方法，……定性研究比较倾向与个案式解释模式结合，而定量研究比较容易达到通则式的解释”（巴比，2009：25－26）。本研究努力通过对流动儿童视角的日常生活经验和生活理解进行考察，以此为基础对流动儿童的日常生活世界进行深入细致的研究，目的不是找到可供推广的普适性规律，而是重在对流动儿童视角建构的日常生活世界进行解释。本研究主要通过对流动儿童日常生活世界田野资料的分析、归纳和总结，尝试提炼流动儿童日常生活世界的概念和相关理论，从研究过程及研究结论的得出方式来看，质性研究也明显更适合本研究。因此，综合以上多方面的考虑，本研究决定采用质性研究方法开展研究。

二、研究对象、研究地点的选择及进入研究现场

本研究的研究对象为生活在上海的11—13岁“乡-城”及“城-城”流动儿童。此年龄段的上海地区流动儿童处于小升初的过渡阶段（上海九年义务教育实行“五四”学制）。小升初是流动儿童学习路径分化的关键时间点，也是流动儿童争取未来通过升学实现“阶层旅行”的关键时间点，因为受初中阶段各地教材、考试内容差异及义务教育后升学政策等的影响，初中阶段尤其是中考前后流动儿童学习路径的选择已非常有限。在研究对象的选择方面，本研究采用非概率取样中的目的取样，即按照研究目的选取能够为研究问题提供最大信息量的研究对象，由于质性研究注重对研究对象获得比较深入细致的解释性理解，因此研究对象的数量一般比较小（陈向明，2000：103）。鉴于此，本研究在研究对象的选取上不追求数量上的庞大，而是以达到数据饱和为准，即新的个案不能再增加对本研究的理解。

研究地点的选择需考虑研究计划推进的可行性，因为确定好的研究地点不仅要保证研究对象的可获得，还要保证研究现场的可进入。同时，由于义务教育阶段流动儿童日常生活世界涉及多个场域，其中主要包括学校和家庭，因此本研究的研究地点不仅包括流动儿童读书的学校场域，还包括流动儿童日常生活的家庭场域。

综合多方面因素，本研究选择第一步先在上海市 M 区、F 区、J 区招收义务教育阶段流动儿童的 QM、ZX、XF 学校展开，其中 M 区位于上海市的近郊，F 区、J 区则位于上海市的远郊，这三个区无论是公办学校还是民办学校，流动儿童的招收比例都比较高，尤其是小学阶段招收的流动儿童比例很高。QM、ZX 学校，笔者可以通过中间人介绍进入研究现场，XF 学校则是笔者所在学校志愿者助学点，因此方便进入现场；其中 QM 与 XF 学校是以招收流动儿童为主的民办学校，ZX 学校则是户籍儿童与流动儿童同招的公办学校。第二步，在与学校流动儿童建立信任关系的基础上，在自愿报名的前提下将研究空间拓展至流动儿童家庭场域。

研究初始阶段，笔者跟随志愿者团队按照事先约定准时到达 XF 学校，开展新学期的首次助学活动。学校校长亲切接待了志愿者一行六人，志愿者团队负责人介绍完一学期的助学活动安排后，笔者将自己的身份、研究目的及研究计划向校长做了详细说明，校长对笔者的研究表示支持。在获得校长的准许后，笔者定期跟随志愿者一起到 XF 学校参加助学活动，时间是相对固定的，即每周五下午 1：00—3：00，助学活动的内容主要包括趣味英语、科普、中文/英文演讲、诗歌朗诵、作文辅导等。紧接着，笔者通过中间人牵线先后进入 QM、ZX 学校，在向学校负责人说明情况并征得同意后开展助学工作，这两所学校分别隔一周去一次，时间为周二下午 1：00—2：30，助学活动的内容主要是负责兴趣课上的英语绘本阅读。此外，笔者在与学校教师熟悉后，在事先征得教师同意的情况下还会不定期旁听流动儿童们的班会课。但笔者在三所学校刚开始工作时均以助学活动为重心，并不急于开展研究，与流动儿童们熟悉并建立充分的信任之后，才开始着手资料的收集。而从学校拓展至流动儿童家庭的研究则是在与流动儿童接触大半年之后才陆续开始，但由于流动儿童父母工作时间的限制及疫情防控的影响，进入家庭场域的工作推进得较为缓慢，因此田野研究周期相对较长。笔者在征得流动儿童及其家长同意的基础上，重点对23名流动儿童及其父亲或母亲进行了半结构式访谈，访谈主要在双休日进行，每次访谈大约2个小时，获得了大量的访谈资料。

三、资料收集的方法

参与型观察。观察是人类认识世界的基本方法之一。通常质性研究中的观察又可分为参与型观察与非参与型观察，本研究采用参与型观察。参与型观察的情境比较自然，观察者不仅能够得到比较具体的感性认识，而且可以深入被观察者文化的内部，了解他们对自己行为意义的解释（陈向明，2000：228）。因此，参与型观察可以帮助研究者了解流动儿童们的日常学习和生活，通过流动儿童们的言行，研究者可以了解流动儿童视角的日常生活世界原貌。本研究通过参与型观察，以田野笔记的形式记录了流动儿童日常的言行举止，参与型观察的方法贯穿于整个田野研究过程。

首先是对流动儿童课堂课下表现的观察。笔者通过亲自参与的助学活动，详细观察流动儿童各方面学习表现，包括：上课的听讲、发言、小组讨论情况；课间的小群体游戏、局部的冲突；运动场上的挥汗如雨及奔跑跳跃；流动儿童与教师和同学的交往互动情况；等等。

其次是对流动儿童在家庭中表现的观察。笔者通过深入家庭的田野研究，详细观察流动儿童在家庭中与长辈及兄弟姊妹交往互动的情况、自觉完成家庭作业的情况，以及与校外同伴游戏的情况、社区活动的参与情况等。

最后是对流动儿童在参与访谈过程中的外在特征的观察。笔者非常注意对参与访谈的流动儿童的身体语言的观察和记录，重视流动儿童访谈过程中的态度、情绪和语气语调等的变化。比如访谈过程中的突然情绪失控（抽泣或哽咽等）、语调的突然提高或压低、语气中的迟疑等都会被如实地记录下来，以作为后续访谈资料整理和分析的依据。

半结构式访谈。半结构式访谈作为访谈类型中的一种，主要指研究者访谈前备有一个粗线条的访谈提纲，对访谈过程有一定的提示作用，但允许受访者积极参与或提出自己的问题（陈向明，2000：171）。本研究对 23 名流动儿童及对应的 23 位家长（父母中的一位）进行了半结构式深入访谈（访谈对象基本信息见表 1.1），同时以流动儿童学校相关管理人员及教师的开放式访谈作为补充。

表 1.1　访谈对象基本信息

编号	化名	年龄	来沪年龄	年级	户籍	排行	编号	化名	年龄	受教育程度	工作性质
F-S01	浩浩	12	7	五	江苏泗阳	2/3	F-P01	浩浩妈	40	初中	个体户
F-S02	含含	11	出生	四	安徽巢湖	1/1	F-P02	含含妈	40	本科	化工公司会计
F-S03	卫哥	12	7	五	湖北麻城	1/1	F-P03	卫哥爸	41	高中	私企合伙人
F-S04	依依	12	出生	五	四川资中	1/2	F-P04	依依爸	40	初中	修理工
F-S05	康弟	12	出生	五	安徽怀远	3/3	F-P05	康弟妈	46	初中	换工作中
F-S06	跃跃	11	3	四	江西南昌	1/1	F-P06	跃跃爸	36	自考本科	电子厂工人
F-S07	飞飞	12	8	五	安徽芜湖	1/1	F-P07	飞飞妈	36	自考大专	公寓管理
F-S08	震哥	11	出生	四	安徽凤阳	1/1	F-P08	震哥妈	33	初中	酒店管理
F-S09	龙哥	11	出生	四	安徽蚌埠	1/1	F-P09	龙哥爸	30	高中	流水线操作工
F-S10	云哥	12	3	五	江西吉安	1/2	F-P10	云哥妈	38	初中	饭店员工
F-S11	峰哥	11	4	五	安徽寿县	1/1	F-P11	峰哥妈	36	初中	电子厂工人

续 表

编 号	化名	年龄	来沪年龄	年级	户 籍	排行	编 号	化名	年龄	受教育程度	工作性质
F-S12	涵涵	12	8	五	江苏沭阳	1/2	F-P12	涵涵妈	35	中专	玻璃厂工人
F-S13	淇淇	12	出生	五	江西上饶	2/2	F-P13	淇淇妈	36	初中	包装公司工人
F-S14	恩哥	12	出生	五	江西上饶	1/2	F-P14	恩哥妈	32	初中	流水线操作工
F-S15	思弟	12	出生	五	四川巴中	3/3	F-P15	思弟妈	42	小学	保洁工人
F-S16	杰弟	11	3	五	安徽寿县	1/2	F-P16	杰弟爸	37	初中	化纤纺丝工人
F-S17	逸逸	11	3	四	湖南怀化	1/2	F-P17	逸逸妈	40	高中	流水线操作工
F-S18	好妹	12	出生	五	四川中江	2/2	F-P18	好妹爸	47	初中	公司值班长
F-S19	江弟	13	8	五	重庆云阳	2/2	F-P19	江弟爸	43	小学	抛线条工人
F-S20	雨弟	12	出生	五	江苏启东	2/2	F-P20	雨弟妈	42	初中	修理厂合伙人
F-S21	聪聪	11	0.5	五	安徽合肥	1/2	F-P21	聪聪爸	36	中职	印刷工人
F-S22	君君	12	5	四	甘肃庆阳	1/2	F-P22	君君妈	36	初中	化妆品销售
F-S23	琪弟	12	8	五	云南大理	1/2	F-P23	琪弟妈	37	初中	复印机组装工人

由于一周或隔周去一次流动儿童们所在的学校，笔者在参加助学活动两个月左右的时候与流动儿童们逐渐熟悉起来。不少流动儿童在听了笔者的研究计划和方案后，自愿报名参加访谈活动，但由于助学时间的限制及学校正常教学秩序的要求，访谈活动并不适合在学校内开展，再加上本研究尚

需要考察流动儿童家庭日常生活世界情况，因此能在流动儿童家中开展访谈是最好的选择。

综合考虑之后，笔者决定先进入流动儿童家庭现场进行考察，与流动儿童家长建立良好的互动关系之后再开展访谈。在完成一个学期的助学活动后，适逢暑假，笔者以家访的形式探访了自愿报名参加本研究的流动儿童家庭。为了打消流动儿童家长的顾虑，初次上门，笔者着重对家长进行学生参加助学活动情况的反馈，最后才介绍本研究的基本情况，并签署拟参加访谈的知情同意书，对于部分不同意参加者不作强求。受部分流动儿童父母工作时间不规律、居住较为分散及疫情防控等多方面因素的影响，为访谈做铺垫的深入家庭的观察及交流陆续开展了半年，主要在假期及双休日进行。在深入访谈的各方面条件相对成熟的情况下，笔者先后对 23 名流动儿童及对应的 23 位家长进行了半结构式深入访谈。

实物收集。这里的实物主要包括与研究问题有关的文本、照片等。任何实物都是一定文化的产物，是人们在一定情境下对事物看法的体现（陈向明，2000：257）。本研究中，笔者在征得流动儿童及其教师、家长同意的前提下，收集了流动儿童的作文、周记、主题班会报告等非正式个人实物类文本，进行实物分析。

笔者借助在流动儿童学校开展的助学活动，在不同年级举办了征文比赛，感兴趣的学生都可以参加，作为对参加比赛同学的鼓励，征文比赛评出各个组别的一、二、三等奖，颁发奖状和奖品。征文活动既锻炼了流动儿童的写作能力，又为本研究提供了实物素材。征文比赛结束后，研究者会征求参加者的意见，愿意提供自己的文本作为研究素材者的作文才会作为实物材料出现。笔者在助学及访谈期间，还在参与者同意的情况下拍摄了大量照片，这些照片为后期资料的整理和分析提供了现场研究者没有注意到或没有记录下来的诸多细节。当然，我们必须同时看到实物分析存在多重解释余地的缺陷。因此，本研究将文本、照片等实物作为参与观察及深度访谈的补充资料。

四、资料整理与分析

质性研究的资料整理与分析是一个持续、开放和创造性的过程，它往往起始于资料的收集过程，且整理与分析同步进行(陈向明，2000：270)。本研究的资料整理与分析即从资料的收集开始，并且资料的整理和分析同步开展。资料整理主要包括田野观察笔记、实物及访谈录音的整理。其中访谈录音转换成文字及其整理工作花费时间较长，通常 2 个小时的录音要花 4 个小时左右才能完成文字转换工作，虽然科技的发展使得音频与文字的快速转换成为可能，但出于质性研究的严谨性考虑，笔者既没有借助音频处理软件，也没有找他人代劳，而是全部由本人完成录音的文字转换工作，从而防止非语言信息等的损耗和丢失。

首先笔者对庞杂的质性资料进行了编号，不同的资料类型赋予不同的代号，比如用 F 表示访谈资料，T 表示田野笔记资料，SH 表示实物资料，每种类型的资料再分别给予序列编号。随后笔者对编好号的原始资料进行了反复的通读，并在通读过程中悬置一切价值判断，寻找原始资料蕴含的意义和"本土概念"。比如笔者在整理流动儿童及其家长关于亲子交往互动部分的访谈资料时，发现了一个很有意思的本土概念——"管孩子"，流动儿童及其家长口中反复出现的"管"带有明显的个性特色，与学术界通常使用的概念不大一样。其次，笔者尝试在对资料进行初步整理编号的基础上进行编码，比如通过逐行编码(贴标签)及初步概念化，笔者发现参与访谈的 23 人中相当一部分人"生于斯、长于斯"，有明显的"家乡方言交流障碍"，当然整理分析阶段首次建立的编码只是一个初步的尝试，新的码号伴随分析的过程可能随时出现。

在对质性资料进行初步编码之后，紧接着就需要考虑下一步的资料归类和深入分析问题。通常来说，资料的归类和深入分析主要包括类属分析和情境分析两大类(陈向明，2000：289－317)。正如陈向明在研究中指出的那样，类属分析和情境分析各有利弊：前者的优点是将一部分资料或概念从它们所处的情境中抽取出来，通过比较凸显关系，但缺点是容易忽略资料的连续性及其所处的具体情境；后者的优点是贴近当事人的生活现实，叙事结构本身与当事人的日常生活类似，但缺点是可能会忽略一些相同或相似的意义关系。由于本研究重在对流动儿童视角的日常生活世界进行剖析，就质性资料来说，既有访谈资料，又有观察记录和实物，情境分析明显更加符合流动儿童的意义建构方式；但同时，本研究中的原始个案又有明显的类别属性，比如本研究中流动儿童日常生活世界的交往互动按照交往对象可以分为“亲子交往互动”“师生交往互动”及“同伴交往互动”三大类，因此本研究在资料的归类和深入分析上有机结合上述两种方法，以最大限度地发挥两种分析方法的优点。具体来说，本研究资料的深入分析主要包括以下三个方面。

第一，流动儿童日常生活世界的情境分析。首先是与研究对象出生相伴随的“流动”的故事线，这可以说是一条主线，正是因为“流动”的特性，不管流动儿童是出生在城市还是乡村，他们日常生活世界中的学习和生活在他人眼中变得不一样起来，但流动儿童视角的学习和生活的意义建构到底是什么样的，他们真的如外人眼中那样认为自己身处困境之中吗，他们自己述说、展示的真实故事是什么样子的，这是本研究所要梳理和揭示的重点所在。其次，关于流动儿童学习权保护的制度变迁的梳理是一条辅线，先后出台的“两为主”政策、居住证制度以及“积分入学、落户”政策等给流动儿童带来的到底是结构性困境还是结构性突破，这些“补救性”政策能否帮助流动儿童突破户籍制度带来的限制，政策环境的改变为流动儿童的日常生活世界提供了机会还是施加了限制，本研究对这些问题进行了分析。

第二，流动儿童日常生活世界的类属分析。本研究在流动儿童日常生活世界情境分析得出的核心故事线的基础上，通过对质性材料进行持续深入的整理，寻找反复出现的概念，并进一步识别概念之间的因果、先后或包含等方面的类属关系，形成流动儿童日常生活世界的类属分析框架（详见图1.2）。在该分析框架中，围绕流动儿童一级类属，资料分析后发现义务教育阶段流动儿童的日常生活世界可区分为三个维度；而户籍制度与流动儿童之间存在因果关系，同时户籍制度还与后面的“两为主”等一系列政策存在时间上的先后关系；在对质性研究资料二级分类的基础上，本研究进一步提取了“流动儿童的主体性”“制度的变迁”“多样化的出路选择”等关键概念。

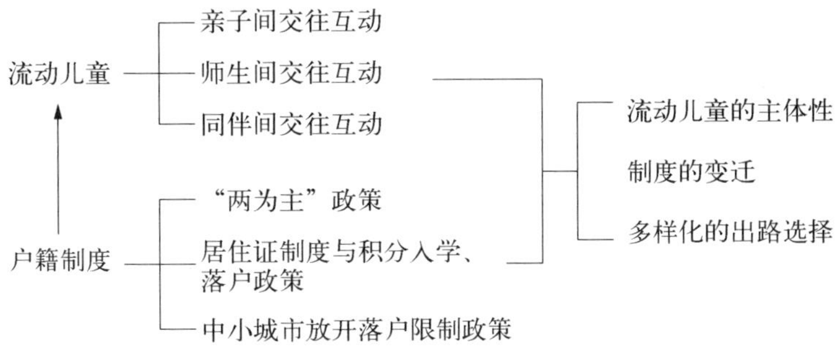

图 1.2 流动儿童日常生活世界的类属分析框架

第三，本研究依据流动儿童日常生活世界情境分析的核心故事线及类属分析框架，结合流动儿童文献研究和理论视角，将从质性资料中提取出的“制度的变迁”“流动儿童的主体性”“多样化的出路选择”转化为“政策环境”“个体能动性”“教育困境突破”三个核心概念。

五、研究过程中的伦理问题

质性研究的一个重要特点是以人本身为研究工具，人要去观察、访谈和诠释。因此，在这个过程中对研究者、研究对象的保护等伦理问题就显得格外重要。一方面，质性研究具有非常重要的伦理规范；另一方面，其伦理规范又是一个十分复杂的问题，国内一些学者围绕质性研究中伦理问题展开了多方面的探讨。比如有研究者通过对东西方道德伦理和思维习惯等方面的对比分析，探讨了西方伦理规范在中国的适应性（李玲，2009）；有研究者通过回顾自己在民族志研究中的经验，借助反身性思考，揭示了跨越虚拟与真实的伦理雷区，并为行动研究提供了一些“经验性智慧”（王熙，2009）；还有学者指出，考虑伦理道德问题应随机应变，不太可能事先设定固定的法则和规范，研究者需对可能出现的伦理道德问题保持足够的敏感（陈向明，2000：444）。

本研究从预调查开始，就非常关注研究者与被研究者之间的伦理道德问题，在正式调查及整个研究过程中始终保持高度的伦理问题敏感性，并一如既往地坚持自愿和不隐蔽、尊重个人隐私和保密、公正合理、公平回报等质性研究的基本原则。具体来讲，第一，无论是进入流动儿童学习的学校，还是流动儿童生活的家庭，笔者都会向流动儿童、学校的管理者及教师、家长等详细介绍本研究的计划和安排，让被研究者有充分的知情权；第二，在访谈开始前，笔者会与每一位访谈对象签署知情同意书，确保流动儿童及其家人均为自愿；第三，笔者通过对质性资料的编码实现对流动儿童、学校及流动儿童家长等的匿名化处理；第四，笔者充分尊重流动儿童及其家庭的生活习惯，不对他们的生活习惯擅自发表意见和建议；第五，在每次访谈结束后，笔者会向参与访谈的流动儿童及其家庭赠予礼物等。

第二章 “管”与“亲”：流动儿童与父母

对于流动儿童来说，和父母等家人一起生活，通过家庭关系，关心那些和他们一起生活的人是至关重要的。他们（儿童们）通常把家庭放在感情的第一位，亲子关系是儿童们幸福的关键（Mayall，2008）。流动儿童的核心家庭或主干家庭亲子关系的相对完整对于他们的成长意义非凡。田野研究阶段，笔者在与流动儿童及其父母的接触过程中，频繁地听到一些有意思的“乡土”词语。在访谈资料的初级编码过程中，“管”与“亲”这两个流动儿童及其父母在表述彼此关系时最经常使用、带有鲜明本土特色的概念进入笔者的视野，那么“管”与“亲”对流动儿童及其父母来说究竟意味着什么呢？

第一节 “管”与“被管”

在助学活动课间休息时，坐在最后面的个子高高的男生小轩给笔者讲述了自己在家中最开心和最不开心的事。“我最开心的事是过生日，亲戚朋友可以聚在一起，一起玩，一起吃东西，一起聊天。我爸爸的弟弟和妹妹、我妈妈的哥哥都在上海，平时不在一起，但我过生日的时候，他们只要有空就会过来。最不开心的事是成绩考不好的时候，老爸老妈都会‘管’我、‘修理’我。我考80多分的时候，老妈会骂我，老爸会用皮带抽我；我只有考到90多分才不会挨打。”听到小轩考80多分就要挨打，笔者感到有些震惊，但当笔者看向述说此事的小轩时，他倒显得一脸轻松，仿佛早已习惯了父母严苛的管教。（田野笔记T-015）

受中国传统文化影响，流动儿童从出生那刻起，长辈的抚育管控一直与其成长伴随，甚至一直延伸到其成年之后，“被管”与“管”成为流动儿童与父母交往互动的主要内容。与母亲负责照顾生活、父亲负责管教的传统分工不同，今天的流动儿童抚育模式变得多样化起来，负责“管”的长辈可能是核心家庭中的父母双亲，也可能是其中的一个，还可能是主干家庭中的祖辈。当然，谁“管”是一个相对的概念，区别原则是田野对象表述家中哪位或哪几位成人对其学习、生活等方面参与更多；如何“管”也是因家庭而异，有些流动儿童的长辈是身体力行地“管”，有些则主要是在言语嘱咐中实现对流动儿童的“管”，还有些是在日复一日、夜复一夜的辛苦劳作中无暇顾及对流动儿童的“管”等。

一、无暇的“管”与流动儿童的自觉

虽然当下生活在超大城市的流动儿童群体有着明显的新形势下政策选择的痕迹，虽然他们的家庭能办得出子女接受义务教育所必需的证件，但不可否认的是，相当一部分流动儿童父母仍然以从事底层劳动为主。生活中的辛苦劳作常常使得流动儿童父母没有太多的时间花在孩子身上，再加上自身学历及知识储备的限制，流动儿童父母对孩子的“管”通常主要落在生活照料方面，学习方面的“管”很多时候无暇顾及，或者有心无力。但家庭生活的艰辛并没有成为流动儿童们成长的阻碍，反而成为他们自觉向上攀登的动力来源。他们或“长大后不想走父母的老路”，或“相信未来的成功取决于今天的努力”，自觉走上了积极进取的道路。

长大后不想走父母的老路。好妹出生在上海，后回老家留守了一段时间，幼儿园大班时又转来上海，现就读于 M 区一个以招收流动儿童为主的民办小学，家中还有一个大她 8 岁的姐姐。在好妹眼中，父母职业生涯的辛苦深深地刺痛着她，她直言长大后不想“像父母那样”，同时对父母满怀感恩。虽然父母的“管”对好妹来说主要落在生活性抚育方面，在学习等社会性抚育上并不能提供太多直接帮助，但好妹还是在很早的时候就明确了自己的人生理想及发展目标，且这个发展目标的确立正是来自对父母生存状态的反思。

> 我妈妈在食品公司上班，是里面的工人，爸爸在某分子筛公司工作，爸爸经常要上夜班，我看到他们每天都很辛苦。我长大后不想像他们那样，我想当一名医生，治病救人。（我有这个想法）是受爸爸妈妈的影响，我看他们每天好累，满身的伤痛还得坚持上班，不知有多心疼（说到这里的时候，好妹情不自禁地开始哽咽，难过得不能自已，眼睛中泛着泪光）。……我大概刚开始上学就有这个长大后做医生的想法了。关于我的未来，爸爸妈妈不会也不知道怎么给我指导；作业，我基本上都是自己完成，爸爸妈妈没有时间管我（写作业），再说爸爸妈妈根本看不懂我的英语作业。（访谈资料 F－S18 好妹）

与好妹家庭情况有所不同的是，依依平时的“被管”主要由爸爸负责，妈妈“管”的缺席是因为其虽与孩子们共同生活，但却“没有时间”管孩子。依依是个乖巧、善谈的小姑娘，生在上海，长在上海，家里有一个小她 2 岁的弟弟，跟笔者一起吃午饭时，依依详细介绍了她眼中爸爸妈妈的日常辛劳，并直言长大后不想走爸妈打工的老路。

我平时大部分时候是爸爸照看的，妈妈没有时间。我爸爸自己开个小门面，做家电维修；我妈妈是某乳业公司的牛奶搬箱工。我感觉他们的工作都是很累的：妈妈每天都在做体力活，上夜班，根本没时间管我；爸爸更不用说了，又累又危险，他不是装空调、修空调嘛，总要爬到很高的地方搬空调，很辛苦、很危险的。我长大后不想像爸妈这样(打工)，我想考大学，当作家。我爸妈学历不高，他们都是初中(毕业)，无法对我进行(学习)指导，再说他们也没有监督我学习的时间，只能给(我)一些鼓励吧。不过，爸爸很乐观，他有空的时候就带我和弟弟出去玩，见世面，比如我们一起去过东方明珠、外滩、游乐园等地方。(访谈资料 F－S04 依依)

对依依爸爸的访谈也证实了依依所说的家里的实际情况，依依爸爸从四川来沪打拼已近二十年，由于妻子工作时间上的限制，他主动承担起两个孩子的日常照料和“捉襟见肘”的学习辅导。对孩子的未来期望方面，依依爸爸明确表示并不介意两个孩子将来读职业技术类学校，而且很有意思的一点是，与以往人们“农村家庭更重男轻女”“农村家庭对女孩子的学业期望较对男孩子偏低”的刻板印象不同，依依爸爸在理性比较女儿、儿子的不同特点后，对女儿的学业期望明显更高。

我家两个孩子都是在上海出生，他们是不会回老家去的，打他们也不会回去。本来说过让他们回(四川老家)去，我父母照顾他们，但他们不愿意回去。两个孩子一直都是我们自己带的，我父母也确实带不动了，他们年纪都比较大。我平时与孩子交流最多，都是我在管，不管生活还是学习都是我在管，他们妈妈没有时间管，因为要上夜班。可能的话，我希望我的两个孩子学些技术，有一些创造精神，别的方面感觉他们姐弟俩也走不通。当然，大的(依依，田野对象)如果有能力读大学就让她去读，小的(儿子)性格方面跟姐姐不一样，有些内向，不太愿意跟

> 别人接触，我准备让他去学技术。我对他们要求不高，应该能实现的吧。我能给孩子们的帮助嘛，就是尽可能给他们一些自由和空间。我努力在大方向方面引导他们，具体事情还得靠他们自己。我很多时候没时间管他们（学习），我又要当爹又要当妈，再说学习上的事情我越来越没有他们懂得多了（自嘲地笑着）。他们平时上下学是我接送的；学习的话，现在基本上是大的（姐姐）检查小的（弟弟）作业，大的（姐姐）自己管自己学习。说实话，现在让我检查姐姐作业也不现实了。姐姐刚上学的时候我还在旧书店买些资料，自己翻翻，现在题目越来越难了，我已经检查不了啦（再一次自嘲地笑了）。（访谈资料 F－P04 依依爸）

中国传统上有“严父慈母”的分工安排，即由父母分别担任社会性和生理性的抚育工作，同时还强调“子不教、父之过”的连带责任（费孝通，1999：143、144），父亲在子女社会性抚育中的地位及重要性不言而喻。但伴随着现代社会工作节奏的加快、压力的增大及“男主外、女主内”性别偏见的作祟，“丧偶式育儿”的研究及报道经常见诸报端，既要做得了职场精英又要教育得了“牛娃”的妈妈们的抗争在家庭内部也愈演愈烈。近年的一项研究也表明，仅有四分之一的家庭（参与调查的两千余户均为有固定职业的城市家庭）由父亲作为家庭教育的主要承担者（张琼、郑倚天，2017）。城市家庭里的父亲在抚育子女过程中的角色缺失现象较为普遍。不过，在参与本研究的流动家庭中，“父亲管”（9 例）的家庭抚育模式超过了“母亲管”（6 例）的家庭抚育模式。当然，质性研究并不以数量作为证据，但此类流动家庭的家庭抚育模式非常值得深入地研究和探讨。依依家是典型的母亲无暇“管”、父亲为主“管”的类型。不过依依爸爸的“管”从目前来看主要局限于生活上的照料，学习上的“管”他虽然很用心，但随着孩子年级的升高，依依爸爸明显已有心无力。

相信未来的成功取决于今天的努力。琪弟来上海之前有一段留守经历，小学二年级第二学期才转学到上海，琪弟家中有一个大他 3 岁的姐姐。

琪弟在留守期间主动要求到父母身边来。转学到上海之后，父母的“管”也同样主要落在生活性抚育方面，但琪弟相信能否成功取决于自己，为了实现长大做航天员的梦想，他明确提出“先读好书”。因此琪弟成长过程中的能动性较为明显。

> 我一年级和二年级第一学期跟姐姐一起在老家读书，爸爸妈妈没说要带我们来上海的时候，我和我姐就经常要求(他们)带我们来。我妈妈在制造复印机的某公司上班，是做复印机组装的，爸爸在某电器公司工作，他们都是流水线上的工人。他们(爸爸妈妈)很辛苦，晚上下班很晚，双休日只能休息一天。我相信努力(学习)就可以不像他们那样打工，我长大后想做航天员，这个目标是我自己想的，我是看电视的时候受的启发，三年级的时候我就有这个想法了。我觉得要实现我的这个梦想的话，必须得先读好书。爸爸妈妈不怎么懂航空航天方面的知识，他们都是初中毕业吧，他们主要管我的生活。(访谈资料 F－S23 琪弟)

与琪弟家的情况不同，峰哥家的情况有些特别，峰哥爸爸妈妈虽然都在上海工作，但却是两处分居的模式，一个居住在上海的东南角，另一个居住在上海的西南角，只有周末的时候一家人才可能聚在一起。峰哥幼儿园中班时转到上海来，他是家中独子。峰哥的妈妈一直在峰哥学校旁边上班，两人长年一起生活，峰哥中途转学到爸爸工作地附近学校的计划没有成功，因此，峰哥眼中自己日常的学习、生活均由妈妈一人打理，爸爸无暇顾及。此外，峰哥表达流利，言语自信，在访谈中对母亲既要工作又要照顾自己的辛劳付出表达了无限的感恩，并相信自己通过努力学习将来可以让父母过上好日子。

> 我爸爸在 HN 那边的菜场卖菜，我妈妈在 MH 这边的电子厂上班，

他们都是临时工。爸爸妈妈平时都很忙，相比较爸爸是更忙的，他星期六、星期天也不能休息，根本没有时间管我。我妈妈管我比较多，又要照顾我又要做工作也是很累的。妈妈白天大部分时间都在工作，我放学的时候她刚好下班接我回家，接我到家后她就急急忙忙地做家务。爸爸平时一直没空到我们住的这个地方来，他住在菜场附近，早上5：30就去卖菜了。通常是我和妈妈（周末的时候）过去找他，他没时间到我们这边来。本来爸爸是想让我从MH这边转学到他上班地方的附近学校去，但那个学校说转学手续办得太晚了，不能转，所以我和妈妈就跟爸爸一直这样分开住。爸爸妈妈真的很辛苦，我会好好学习，等我长大以后让爸爸妈妈不再这么辛苦。（访谈资料F－S11峰哥）

思弟家的情况与峰哥家有些相似，同样是爸爸无暇“管”，以妈妈“管”为主。思弟的爸爸在建筑工地上工作，妈妈在公司做保洁，爸爸的工作性质决定了他长年不在家的事实，抚育孩子的担子全落在了思弟妈妈一个人身上；不同的是，思弟生于斯、长于斯，没有留守的经历，且思弟生活在多子女家庭，上面有两个姐姐。在田野访谈过程中，思弟妈妈对思弟的自觉成长深感欣慰。

我生下他（思弟）后一直做保洁（工作），他平时都是我管的。他爸爸一直在工地上（工作），有时还要去上海以外的地方干活，管孩子是指望不上他爸爸的，小孩子（思弟）一直带在我身边，刚上学时我还要接送，现在大了能自己上下学了。“穷人家的孩子早当家”，俗话说得没错，我们家这个孩子虽是个小的（排行第三），但还是比较独立的。他一直说要好好学习，不管是上大学，还是学技术，一定让我和他爸以他为荣（开心地笑起来）。（访谈资料F－P15思弟妈）

田野研究结果表明，对于部分流动儿童来说，父母的辛苦劳作、父母双方或一方无暇的“管”并没有给他们的学习和生活带来明显的难题，反而成功推动了他们的自觉成长。自觉成长对于不同年龄段的人们来说都非常重要，对于流动儿童来说，更是难能可贵。某种意义上，自觉成长为新时期“寒门出贵子”、流动儿童最终突破二元户籍制度带来的教育困境奠定了良好的基础。

二、身体力行的“管”与教育代际补偿

一方面，欠发达地区家庭经济条件的限制在早年中断了一部分人上大学的梦想；另一方面，地区发展不平衡正是人口流动的主要原因之一，因此他们中的相当一部分人在接受高等教育的梦碎之后，流动到了发达地区谋生。时间的流逝似乎并没有带走这些当年留有遗憾、现如今举家生活在超大城市的人们的梦想。他们将如何在下一代的学习生活中扮演自己的角色？同时作为他们血脉延续的流动儿童又如何看待上一代对自己学习生活的不懈努力与付出呢？

完成父母的未竟之志。卫哥是独生子，出生在湖北老家，在老家有一段长达六年的留守经历，该上小学的时候，父母带他来上海，来上海的原因其自述是读小学之前学习不太好（很多幼儿园通常设有学前预备班，会有考试和排名，区分学习“好”与“不好”）。爸爸妈妈把卫哥带到上海来上学，就是为了方便辅导他作业。在卫哥眼中，爸爸对自己学习的辅导和帮助更大，且爸爸非常期望自己将来能考上大学。

> 我当时感觉上海是个大城市，去（上海）是不错的（开心地笑）。我爸爸是和别人合伙开加工厂的；我妈妈原来在某空调公司工作，后来工作不顺心了，她就换了一个地方工作，但过了一段时间，空调公司又让她回去上班了。上个月吧，妈妈又正式回到原来那个空调公司工作了。我感觉爸爸更辛苦，妈妈还行吧，因为爸爸有时候需要自己送货，而妈妈正常情况下是不需要加班的，最近一段时间需要加班是因为她不是

离开了一段时间吗，接她工作的那个人好多事情都没有做，所以她需要把那些耽误的活儿都赶回来，估计她把这些做好之后就不用加班了。爸爸在家里管我多一些，我跟爸爸的交流也更多一些，爸爸每天辅导我写作业，如果我不会的题目他也不会的话，我们就一起上网查一下。没能上大学是爸爸最大的遗憾，他把希望都寄托在我身上。我长大后想做科学家，我首先得多观察，然后好好学习、考上重点大学。爸爸有空的时候会带我去金山、奉贤、浦东玩，还去过公园，他送货的车可以拉我。（访谈资料 F - S03 卫哥）

从卫哥的叙述中可以明确看到爸爸“管我更多”“跟爸爸的交流也更多”，但卫哥眼中父母的工作情况却是爸爸似乎更忙些，爸爸更忙反而“管”得多，爸爸在对孩子的培养上倾尽全力到底是为了什么？对卫哥爸爸的访谈进一步解开了笔者的疑惑。原来一方面卫哥爸爸高中毕业，自述当年因家庭经济困难与大学失之交臂，因此，卫哥爸爸将上大学的梦想寄托在了孩子身上，以弥补自己当年的遗憾；另一方面，卫哥爸爸感觉卫哥妈妈的知识水平没有自己高，个性也不太适合管孩子，目前妈妈主要负责父子俩的生活照料。

我高中毕业，他妈妈初中毕业，我们就这一个孩子。我平时管孩子更多，主要是我管他的学习，他妈妈管他的生活。现在孩子大了，生活上能自理了，所以主要是我在管他。我倒没有想过希望他长大之后做什么，但我有一个要求，那就是将来他一定要上名牌大学，如果是上海的高校的话，一定要上复旦（大学）、（上海）交（通）大（学）。我所能提供的帮助支持方面，我一直跟他讲，我会给他提供学习方面的一切经济支持。学习方面，小学阶段我能辅导，像现在老师讲的知识、方法他不理解的话，我就先查“作业帮”自己吃透，用我的方法给他讲，但到了初中，有些科目我可能就辅导不了啦。我自己是高中毕业，英语方面我辅导到高中不成问题，因为我读书的时候英语最强。当初如果不是家里条件不好，我坚持复读一年的话，肯定能考上本科。我(19)96年参加高考连报考费都是借的，可惜的是我只考上了一个专科，没去上，复读又没钱，只能放弃读书。所以我现在跟我的孩子说，学习方面的经济支持一点儿不成问题，关键是他要好好学，我会尽全力支持他的学习。我这也是没办法，他妈妈的学历水平及个性都不太适合管他学习。（访谈资料F－P03卫哥爸）

卫哥的爸爸所讲的对孩子学习的关注及帮助给笔者留下了非常深刻的印象，从对孩子的超高期望，到为了辅导孩子学习而先行自学，知识分子家庭的父母恐怕也很难做到如此尽心尽力。虽然父母对子女学习的过度参与可能会降低子女学习的能动性，但卫哥家庭的田野研究展示给我的却是这种担忧是多余的。访谈中卫哥的思路清晰，言语中充满自信，并主动向笔者提出几个问题，其中一个是“研究生和博士哪个大”，在听了笔者“博士教育是研究生教育两个阶段中的高一级阶段”的解释后，他立即表示一定要读到博士。从这里也可以看出，卫哥已正在将爸爸的期望逐步地内化为自觉的内在驱动力，正在从“要我学”向“我要学”转变，考上大学也早已成为卫哥自身努力奋斗的目标。

感悟父母的身体力行。与卫哥的情况类似，跃跃也是独生子，出生在老家，并在老家留守了三年，在老家时跟爷爷奶奶一起生活，该上幼儿园的时候被父母带来上海。跃跃表示更愿意跟爸爸妈妈在一起，父母带他来上海读书他很开心。在跃跃眼中，爸爸更能够胜任“管”学习的社会性抚育“重任”，妈妈则主要“管”一日三餐。跃跃对爸爸为自己当下和未来学习的身体力行的付出已有所感悟。

我爸爸在造电灯泡的工厂里上班，妈妈也上班，但她工作具体是什么我有些说不清楚，好像是送货吧。我长大后想做老师，我知道要实现这个梦想的话，得先好好学习。我作业不会的时候大人会辅导一下，作业方面，爸爸管得多一些，妈妈主要管做饭。上学时，爸爸送我去学校，放学后我自己回家。爸爸在我的学习上对我有很高的期望，为此他付出了很多，他不仅在努力提高自己（自考成人本科），前几年还在上海的旁边（周边小城市）买了房子，这样我就有可能考大学了（开心地笑着）。（访谈资料 F－S06 跃跃）

对跃跃爸爸的访谈进一步揭示了为什么其更能够胜任“管”，也更愿意“管”。原来一方面跃跃爸爸边工作边自考了成人本科，学历提升大大增强了跃跃爸爸在孩子学业辅导上的自信心和责任感；另一方面，跃跃爸爸心中同样有一个郁积已久的未竟心愿，那就是自己高中毕业后因家庭条件限制没能上大学。跃跃爸爸对孩子的“管”已不仅仅停留在学业和生活方面，甚至已经扩展到对孩子心理健康方面的关注。

我（跟孩子）交流得最多，基本上都是我在管（孩子）。我在（辅导孩子）学习上面尽我所能吧，我感觉辅导到高中应该没有太大问题，我边工作边自考了成人本科，这样辅导孩子学习方便多了。我感觉外面的辅导班还没有我教得好呢（自信地笑着），他的作业基本上都是我负责检查的。怎么说呢，当年我因为家庭条件限制，没能上正规大学（没能接受全日制本科学历教育）。如今，我绝不允许这样的事情发生在我孩子身上，我们出来挣辛苦钱就是为了孩子。他的学习、生活方面我会尽我所能（来管），但我觉得还得关注心理方面，小孩子的心理状态也是很重要的。（访谈资料 F－P06 跃跃爸）

田野研究毫无争议地向我们展示出这样的事实，即部分流动儿童父母在孩子学习上的全身心投入、身体力行的“助攻”中寄托了自己未竟的“上大学”梦想，以此来弥补自己当年高中毕业后因经济条件限制未能进入大学学习的遗憾，也就是学术界所讲的“教育代际补偿”。上一代的教育如果因为外部因素影响而被迫中断，那么父母倾向于增加子女教育投入，从而产生教育代际补偿效应（刘愿，2016）。其中，上一代的投入既包括经济方面的投入，也包括精力等方面的投入。对于流动儿童来说，身体力行的“管”主观上是流动家庭实现教育代际补偿的尝试，客观上也为流动家庭突破双重身份带来的困境提供了可能。

三、言语嘱咐的“管”与改变命运的抗争

相当一部分流动儿童父母既要完成繁重的流水线体力劳动，又要应对子女抚育问题，再加上自身知识水平有限，他们对流动儿童学习、生活等方面的“管”，尤其是学习上的直接指导大多时候是力不从心的，更多时候是以言语嘱咐的形式向流动儿童传达自己的期望和看法。那么，流动儿童父母是如何在言语嘱咐中实现对孩子的“管”的？流动儿童又是如何看待父母的谆谆教诲呢？

不能“漂”在大城市。震哥是生于斯、长于斯的流动二代，说话声音软绵绵的，典型的南方小男生的样子。震哥就读于近郊的公办小学，在家中是独生子。震哥表述日常学习生活以妈妈“管”为主，“爸爸抽烟，我不想跟他靠得太近”，因此妈妈的“管”是全方位的，既要管生活，又要管学习。妈妈总是嘱咐震哥“一定要好好学习，考上大学”，这样才不会像他们这一代那样因为文化水平低而“漂”在大城市。

> 我爸爸是卖二手车的，他自己开的店，我妈妈在酒店上班，她是管客房的。他们很辛苦，经常教育我要好好学习，才对得起他们的辛苦。平时主要是妈妈管我，我爸爸抽烟，我不想跟他靠得太近。我早上上学妈妈负责送，下午放学我自己回家，回到家后吃些东西我就开始写作业。妈妈下班回家吃好饭后给我检查作业，其实她也只是看看做完了没有，做得认真不认真和对错她是吃不准的，但妈妈总是嘱咐我一定好

> 好学习，否则以后只能像她和爸爸那样“漂”在大城市，妈妈的话还是让我有些紧张的。（访谈资料 F－S08 震哥）

震哥妈妈初中毕业，有一份较为稳定的工作，虽然学历不高，但孩子学习、交友、生活等方方面面的事情都由她打理，震哥妈妈在受访中叙述了选择把孩子带在身边而不是像很多人那样让孩子留守在老家的原因。可以看出，震哥妈妈对于全面管孩子没有任何异议，其最关心的是孩子能否就地参加中考高考、能否长期留在上海等问题。

> 他（震哥）长年生活在上海，对老家没有什么印象。我们老家那边留守的孩子很多，像我哥哥家的儿子就是留（守）在老家的，但我感觉那样不好，不利于孩子的（健康）成长。我平时与孩子交流很多，他方方面面都是我照料的。我对他的学习、交友、生活都关心吧（笑），他平时的家庭作业也都是我检查的，不过我不管对错，主要看他完成了没有。为了让他有学习的自觉性，我经常跟他叨叨，“如果到时我们积分达不到，不能在上海参加中考高考的话，你就得回老家上初中、高中。你要真的很喜欢上海的话，就得靠自己努力考回上海，你想长期在上海的唯一办法是考大学考到上海来”。他可能听得都要背下来了，但没有办法啊，这可是关系他前途的事情，我得时刻提醒他。（访谈资料 F－P08 震哥妈）

与震哥情况有所不同的是，淇淇出生在上海，后来回老家留守了一段时间，读幼儿园的时候又回到上海，家中还有一个大她 2 岁的哥哥。淇淇的叙述表明，其生活的家庭结构为主干家庭，爸爸妈妈爷爷奶奶一起生活，很多时候爷爷奶奶负责生活照料部分。虽然淇淇的父母限于文化知识水平，在低年级的时候尚能够直接参与学习指导，到了高年级已力不从心，但在淇淇心目中，父母一直很关心她的学习，他们虽然现在已无法进行直接的知识方面的指导，但这并不妨碍父母每天反复嘱咐和叮咛，同时淇淇也对父母方方面面的付出非常感恩。

我爸爸在电机厂工作，早中晚班轮流上；我妈妈在包装公司工作，做化妆品的外包装那些东西，早班晚班轮流上，妈妈不上中班。他们蛮辛苦的，爸爸妈妈都去上夜班的时候就让爷爷奶奶管我，我们租了两间房间，爷爷奶奶住一个房间。哥哥回老家读书是外公外婆管他，不过他平时都是住宿的，只有周末的时候才回去。我长大后想做老师，小学三年级就有这种想法了。爸妈总是告诉我，“好好学习，长大后才能有出息，考上大学才能在城市真正落下来”，我一、二、三年级家庭作业不会做的时候，爸爸妈妈会教教我，但现在我的作业他们已经不会教了，不过，他们还是很关心我的学习，总喜欢在我面前念叨，考上大学是他们对我最大的期望。我会努力不让他们失望的。（访谈资料 F - S13 淇淇）

淇淇妈妈在访谈中坦陈，限于自身知识水平，目前已无法辅导孩子作业，但她并没有因此放弃对孩子学习的言语督促。一方面，淇淇妈妈考虑自己家庭来自农村，对于孩子来说，家庭出身是没有办法选择的，而升学是孩子实现身份转变的重要乃至唯一途径；另一方面，淇淇妈妈也深感文化水平低对自己方方面面的限制，不仅是对自身工作选择的限制，还包括对下一代“管”的限制。对于淇淇妈妈来说，孩子小学的学习已无法完成一般意义上的辅导，甚至看都看不懂，这种切身的想帮助但又无能为力的感受无疑深深地刺痛着她。因此，淇淇妈妈转而主要通过言语嘱咐的形式不时提醒孩子。

我初中毕业，在包装公司流水线上工作，像我们农村来的，总归要让她（淇淇）好好学习吧，我们打算没有太长远，还不知道她长大后会是什么样子（笑）。当然，教育她的时候我总是告诉她要好好学习，最好能考上大学，不管今后做什么，上了大学才能有保障一些，才能真正成为城里人。怎么说呢，她的作业我们是想帮着检查检查的，但是像我们这个水平，很多时候检查不了（不好意思地笑着），我们自己也不会做，顶多也就是看她写得工整不工整，所以说上学少的话是真的不行，像我们这样子连辅导孩子作业都没办法胜任（摇头苦笑着）。（访谈资料 F-P13 淇淇妈）

增加未来发展的可能性。涵涵在田野研究阶段显得有些紧张，说话较慢，反应有些迟缓。涵涵自述小学二年级转来上海读书，来上海是自己要求的，之前与爷爷奶奶一起在老家生活。涵涵有一个小她 2 岁的弟弟。涵涵认为平时主要是妈妈在“管”自己和弟弟，因为爸爸“太凶”了，母亲和姐弟俩之间的沟通交流更为顺畅。同时，母亲也在对姐弟俩的嘱咐中寄托了通过读书来谋求命运改变的希望。

我来上海是自己要求的。我爸爸妈妈都在玻璃工厂里做玻璃，妈妈现在没有上班，她在养病，之前她做了个手术，还在康复中。他们的工作经常要上晚班，很辛苦。妈妈有时候会给我讲一下作业，辅导一下我（的学习），妈妈平时管我们更多一些；爸爸太凶了，我和弟弟都怕他，弟弟是最怕他的，我还敢偶尔跟爸爸开玩笑，弟弟是一点都不敢。妈妈总是嘱咐我和弟弟一定要好好学习，否则以后只能走他们打工的老路，学习太差的话甚至连打工也没得打。我想妈妈说的有一定道理吧。（访谈资料 F-S12 涵涵）

涵涵妈妈中专毕业，原本在流水线上工作，近期因生病在家休养。她在访谈中倾诉了自己无尽的烦恼：一是自己虽然有一定的专业知识和学历背景，但两个孩子的生活照料及学习辅导重担全压在自己一个人身上，她已完全没有时间和精力考虑自身继续教育的事情，在家里个人时间完全被挤占；

二是丈夫管孩子的主动性很差，随意性太强，完全不能依靠；三是对孩子学习自觉性也不太满意，孩子时常需要自己盯着；四是对孩子的未来表示担忧和不安，她已经很清楚地认识到未来两个孩子即使选择打工也是对知识储备有要求的。

> 我已不准备报考高一级的成人学历教育了，平时要管两个孩子的吃喝拉撒，根本没有多余的时间，除了上班，我在家里根本没有个人时间，完全是围着两个孩子转，吃啊、烧啊、洗啊，每天事情真的好多，他们姐弟俩的作业基本上也都是我负责检查。孩子们的方方面面都是我在管，爸爸管得很少，他是想起来就管，想不起来就不管。说实话，她（女儿）玩心比较大，你别看她很安静，她玩起来很能玩的，学习上还是要盯的，否则她就会心不在焉。我倒也没说让她一定要考上哪个大学什么的，就是想让她以后回想起来不要后悔。我经常告诫两个孩子，在学校能多学还是要多学些知识，不管他们将来做什么，即使打工，像我当初进工厂，也是要考试的，第一关笔试，第二关面试，笔试不过关就没有面试的机会了。农民工打工也不是那么容易的，所以我说让他们多学一些知识，不管最终他们走哪条路，现在都得好好学习，书读得越多，将来工作起来越不辛苦。当然，他们能考上大学是最好的路了，也许这样才能彻底改变他们的命运（眼中流露出无限的惆怅）。（访谈资料 F－P12 涵涵妈）

与涵涵相似，云哥在田野阶段给笔者留下的第一印象也是说话慢，有些木讷。云哥爸爸小学毕业，妈妈初中也仅上了一年，所以云哥父母对他学习上的辅导是无能为力的。在云哥眼中，爸爸脾气暴躁，喜欢动用武力，处理问题的方式过于简单粗暴，因此，云哥日常与爸爸的交流很少，再加上妈妈工作时间比爸爸更规律，日常生活的照料主要由妈妈负责。但限于知识水平，云哥妈妈对云哥的“管”主要体现在生活照料和口头嘱咐上面，作业检查及学习上的直接指导的的确确是有心无力。

> 我爸是锅炉厂的电焊工，妈妈是饭店的服务员。爸爸周末只能休息一天，妈妈是有双休的。在家里我更愿意与妈妈交流，妈妈喜欢听我的意见，我不对的时候她会给我指正，爸爸是我一有错误就打我，他在的时候我很少说话。我的作业爸爸妈妈是不检查的，因为他们都看不懂。不过，妈妈会经常告诫我“一定要好好学习”，她说她出去辛苦工作，就是为了挣钱给我和弟弟上大学用。所以，有时候我就感觉如果不好好学习的话，是对不起妈妈的（不好意思地低下了头）。（访谈资料F－S10云哥）

云哥妈妈在访谈中较为详尽地叙述了自己的辛酸和无奈：一方面，自己不仅要照顾两个孩子生活，还要工作，努力为两个孩子今后可能的学习深造提供经济保障；另一方面，限于学历和知识储备，云哥妈妈为无法辅导孩子的学业而烦恼，很多时候心有余而力不足。此外，云哥妈妈并没有从云哥爸爸与子女沟通方式的角度反思孩子与父亲日常交流方面有所欠缺的原因，仅是从“可能在照顾两个孩子时间上分配不均”“带他出去少”方面找原因，并用“爸爸比较忙”解释“管得比较少”。但云哥妈妈希望两个孩子通过学习走出原生家庭的意识和愿望十分强烈，她频繁以嘱咐的形式告诫自己的孩子“一定要好好学习，我在为你们未来上大学而努力赚钱”。

> 他（云哥）跟我交流比较多，他爸爸比较忙，平时管得比较少，他还有一个弟弟，所以我上班的时间并不多，大部分时间在照顾两个孩子（笑）。他的学习嘛，我关心是关心，但他现在不是一年比一年大了嘛，我发现这孩子交流方面差一些，这也有我们的原因，因为不经常带他出去交流，他说话方面有些欠缺，他在家话不是很多，可能我和他爸爸在家的时候关心小的（儿子）更多一些吧，有些把他忽略了。他学习方面，

现在已经五年级了，我和他爸爸实在也管不了啦(边说边自嘲地笑着)，我们读书太少了，为此吃了不少的苦，现在这个社会，文化低到哪里都不行。像我和他爸爸作为家长，因为自身文化水平不高，孩子学习就帮不上什么忙。虽然我和他爸爸工作收入不高，但只要他们肯学，能考上大学的话，我们一定会想方设法供他们读书的，经济上不会让他们担忧。我总是跟两个孩子说，你们要听话，妈妈出去赚钱，赚了钱给你们上大学(用)。(访谈资料 F－P10 云哥妈)

具有相似性的是，涵涵与云哥均对爸爸的“凶”、暴脾气提出了控诉，并认为这正是妈妈一人主管自己的最主要原因。但涵涵妈妈与云哥妈妈的表述却都对配偶的坏脾气只字未提，不免让人有疑问：在她们眼中，配偶的脾气并不坏？还是认为暴躁的脾气对孩子没有什么影响？

事实是，明确表示爸爸很“凶”、无法沟通的受访对象都在田野阶段给笔者留下了轻重不同的“交流障碍”印象。除了前面提到的两个孩子，还有一个孩子——杰弟——也有类似的情况，杰弟给笔者的整体印象是“胆子小，说话紧张不自信”。

妈妈平时管我更多一些，爸爸太凶了，我更愿意跟妈妈交流。爸爸日常很凶很凶，没法跟他正常交流。(访谈资料 F－S16 杰弟)

失效的言语嘱咐。飞飞的情况与前面几个家庭完全不同，飞飞是独生子，在老家留守长达七年，小学一年级在老家就读，二年级的时候主动要求来上海，最后成功转到上海就读。在飞飞眼中，爸爸比妈妈更忙，但爸爸对自己的“管”却更多一些，之所以这样，飞飞的说法是妈妈平时“不怎么讲道理”“只会说些没有用的东西”，但事实上到底是因为什么呢？

我爸在上海某轮胎厂工作，我妈在上海某学院做公寓管理工作。

我爸比较辛苦，有时要上夜班。妈妈工作还好，只上白班，还有双休日。但我爸平时管我更多一些，我也比较喜欢跟爸爸交流，因为我妈不怎么讲道理。我平时喜欢玩游戏，因此我想长大后开发游戏。妈妈不会给我任何方面的正面指导，她总是指责我，每天尽说些没有用的东西，因为她不想让我玩游戏。“你要好好读书，读书好才能有出息，天天玩游戏能玩出什么出息来”，我不喜欢她这样说，我认为游戏里的学问可大呢，说不定我以后开发的游戏能赚大钱呢（情不自禁地笑了）。（访谈资料 F－S07 飞飞）

飞飞妈妈的讲述回答了因为什么“不讲道理”，原来问题正是出在飞飞玩游戏上。飞飞妈妈在受访过程中反复提到了孩子的“叛逆”，并详述了对孩子“对抗”态度的无奈和伤心，在无法有效沟通的情况下，虽然自己时间比较充裕，但教育孩子的任务也只能由飞飞爸爸承担了。

我和他爸爸好不容易想办法把他（飞飞）转到上海读书，可他现在不想好好读书了。一天到晚玩游戏，我回家就说他，他就不高兴，唉，孩子现在太难管了。我们同意并想办法把他转到上海来读书的目的就是想让他把学习搞上去，考上大学就不用走我和他爸爸打工的老路了。我现在看他这个（天天玩游戏的）情况，真的是急死我啊，我天天管、天天说他好像也没有用（满面愁容）。（访谈资料 F－P07 飞飞妈）

飞飞主动要求来上海，来上海后在玩游戏的过程中给自己确立了未来“开发游戏”的发展目标，但飞飞爸爸妈妈尤其是妈妈对此并不认同，且一直没有找到有效的引导和沟通办法，母子之间的对抗与冲突由此引发。

田野研究表明，虽然部分流动儿童家长限于自身知识水平，无法直接指导孩子的课业，他们更多是以言语嘱咐的形式对孩子进行管理，但从流动儿童的视角或者说他们自己的叙述中不难看出，言语嘱咐形式的“管”似乎并没有降低流动儿童父母对子女的影响力。父母的嘱咐一样能在流动儿童心中激起涟漪，可能是紧张，可能是感恩，可能是亲情体味，当然也可能是不认同。流动儿童改变命运的抗争意识在父母的反复嘱咐中逐渐被唤醒，而抗争意识和实际行动为流动儿童最终突破双重身份带来的困境提供了可能。

四、代理的“管”与流动“三代”的顽强生长

通常情况下，祖辈以代理双亲的角色出现更多发生在留守儿童群体中，流动儿童当中此种情况并不多见，但本研究的田野对象中出现了一个非常典型的祖辈“管”——祖辈代理双亲的案例。那么，流动儿童如何看待祖辈代理的“管”呢？

由祖辈抚育的龙哥是生于斯、长于斯的小小新上海人，同时也是名副其实的流动“三代”，现就读于以招收流动儿童为主的某民办小学四年级，他给笔者留下了非常深刻的印象。龙哥目前是家中独子（但从其家庭实际情况看，不排除后面会成为多子女家庭），非常健谈，活泼好动，自称话痨。

> 爸爸妈妈是做什么的从来没告诉过我，我也没有兴趣问，我只知道爷爷奶奶是做什么的。我爷爷在工厂里榨芝麻油，奶奶也工作，她在附近打扫卫生，他们两个年龄差不多，都50岁出头。我上学的时候爷爷送我，放学的时候，奶奶接我，但暑假很多时候是我一个人在家，他们都去上班了。听爷爷奶奶说，我爸妈只照顾了我十个月，其余的时间都是他们照顾的。爸爸妈妈平时都上班，根本不会管我，下班回来要么在吃饭，要么在看电视，要么在玩手机，再要么去叔叔家串门。我感觉爸爸妈妈每天都很忙，他们总是早上出去上班，中午休息一会儿，晚上又要去上班，有时候早班晚班并在一起上。（访谈资料F－S09龙哥）

从龙哥的叙述中不难看出：第一，龙哥虽然与爸爸妈妈生活在一起，但却对他们的工作一无所知，这也就意味着亲子间的交流非常有限，如果存在

有效交流的话，即使不专门询问父母的工作，茶余饭后无意间的谈话也总能多少带到工作的相关内容，龙哥不至于完全不知道父母是做什么的；第二，以现代社会的年龄段划分标准看，龙哥的爷爷奶奶尚处壮年，都只有50多岁，照顾孩子的精力较为有保证；第三，爸爸妈妈下班后的空余时间，对龙哥的关注很少，吃饭、看电视、玩手机、串门等都是他们打发时间的手段，但唯独没有留出与孩子互动的时间。

> 我长大后想从事唱歌的工作，我想当歌星。我有这个想法是受音乐的影响，我听到音乐就忍不住地要跳、要唱。即使在骑车，听到音乐我也要扭一扭。我觉得要实现我的这个梦想的话，首先就是要在音乐课上好好学啊。（访谈资料F－S09龙哥）

从龙哥的言语中丝毫看不出对爸爸妈妈不管自己的不满和抱怨，也许是天生的乐天派，他在不用长辈、老师与他人启发的情况下，自己听音乐确立了未来发展目标，虽然不一定现实，但他已给自己明确了先要上好音乐课的实实在在的行动指南。

> 我平时虽然跟爸爸妈妈爷爷奶奶一起生活，但我最愿意跟爷爷交流。奶奶是一言不合就要打我（吓唬吓唬，开心地笑起来），爷爷不喜欢打人，基本上是听我说话。爷爷辅导我学校作业，还会时不时带我去其他地方长长见识，玩一玩，奶奶因为早上要烧饭，晚上要工作，所以没时间陪我出去玩。（访谈资料F－S09龙哥）

爷爷管学习、陪玩陪聊的角色定位甚得龙哥喜欢，奶奶主要负责做饭等生活方面的照料，因此，爸爸妈妈在龙哥口中完全成了一笔带过的存在，俨然成了“熟悉的陌生人”。龙哥也许从小就习惯了这种形式的家庭结构安排，并没有感到父母缺位的不自在，但刚到而立之年的龙哥爸爸又是如何看待自己在抚育孩子中的地位和作用的呢?

我父母(龙哥爷爷奶奶)二十世纪九十年代就来上海打工了,所以当年我(龙哥爸爸)7岁的时候就流动到上海来读书了(笑),后来我又转回老家读高中,但没有考上大学,之后我就来上海(打工)了。他(龙哥)已经是"第三代新上海人"了(自嘲地笑着),他现在只知道老家是安徽,蚌埠肯定说不出来,我们每年只有过年的时候回老家,开车回,开车来。(访谈资料F-P09龙哥爸)

不难看出,首先,在龙哥爷爷奶奶早年到上海打拼的背景下,龙哥爸爸经历了家乡留守—上海流动—家乡再留守—上海打工的历程;其次,龙哥作为"第三代新上海人",与爸爸早年不同的是,他没有留守过,生于斯、长于斯;最后,龙哥一家人常住上海,家乡对于全家人来说只是过年才会回去的地方,对于龙哥来说,家乡尤其显得陌生,家乡的名称都不一定说得准确。

我们家的情况怎么说呢,我爸弟兄三个,一大家子前面十多年都没有小孩子出生,他(龙哥)是大家庭这一代的第一个小孩子,所以大家都特别宠他,特别是我爸。再加上我爸虽然只有初中文凭,但他接受过函授教育,所以懂得比较多,基本上能辅导孩子学习吧。且现在小孩子都比较顽皮,我和他妈说轻了他不听,说重了我爸又不乐意,我爸说管孩子的事情就交给他了,但事实上他最不怕的就是我老爸。(访谈资料F-P09龙哥爸)

龙哥爸爸从侧面承认了爷爷代管孩子的事实,他给出的理由是:第一,联合大家庭中龙哥是孙子辈的第一个,全家人都特别宠爱他,爷爷更甚。当然,我们需要看到,"隔代亲"是一个老百姓口中经常出现的词汇,"你打你儿子,我就打我儿子"就是一个典型的与"隔代亲"有关的祖辈袒护孙辈的民间笑话。这种“亲”从生命周期理论来讲，是祖辈看到了自己家族生命的延续，看到了勃勃生机和希望，但很多时候“隔代亲”也与“溺爱”联系在了一起，并被当成有碍孩子健康成长的存在。第二，爷爷接受过成人继续教育，辅导孩子的知识储备方面没有问题。第三，龙哥比较顽皮，爷爷之外的人管不了，也不敢管。不过，虽然龙哥爸爸给出的不管孩子的理由似乎都是客观原因，并不是自己主观故意不管孩子，但到底有没有主观的成分，恐怕只有龙哥爸爸自己心里最清楚了。

> 我希望他能考上大学啊，做梦都想啊（笑）。我的重心肯定还是在小孩身上的，我前面在（老家）市中心花高价买了房子，就是想让孩子受好一些的教育。老家市里面的教育水平跟农村是不一样的。我认为，不管小孩子以后能不能成才，接受好的教育对他的成长总会有帮助的，所以为了小孩的成长，我们大人苦一些是不要紧的。我听我爸（龙哥爷爷）说他（龙哥）现在学习还可以，在班里算前几名的学生，老师和同学也蛮喜欢他的。（访谈资料 F－P09 龙哥爸）

龙哥爸爸认真地告诉笔者，他其实是很关心孩子的未来发展的，这种关心主要体现在高价在老家市区买学区房，为接下来孩子可能因（父母）积分不够而转回老家继续求学做准备。对于龙哥家庭来说，虽然他们在二十世纪九十年代已流动来上海，历经了流动“一代”、流动“二代”，直到今天的流动“三代”，但作为流动“三代”的龙哥，其未来的升学依然会受到双重身份带来的限制，他们依然需要考虑流动变留守的可能。为此，龙哥爸爸早早地在家乡做起了准备。龙哥爸爸认为接受好的教育对孩子的成长很重要，但始终没有提到父母积极参与到孩子教育及陪伴中的重要性。当然，孩子的健康成长离不开一定的物质基础，但物质基础与精神心理方面的支持相比，却又往往是相形见绌的。

他（龙哥）上学的学校跟我爸爸上班的公司是同一个方向，所以上学爷爷送，奶奶下午2点钟就下班了，所以放学奶奶接。他的家庭作业大部分时候是爷爷检查。我白班夜班两班倒，有时再加个夜班，比较忙，所以不怎么有时间管他，我回到家很多时候他已经睡了，他的作业也早完成了。（访谈资料F-P09龙哥爸）

龙哥爸爸又进一步解释了为什么自己既不接送孩子上下学，又不辅导孩子作业，一切看上去都是那么“顺理成章”——孩子上学爷爷顺路送，放学奶奶顺路接，自己下班回到家，孩子作业已做完并睡下了。但自己五十岁的父母每天既要上班又要照顾孩子的事实他似乎并不怎么介意。

虽然本研究中完全由祖辈“管”的案例仅此一例，但从龙哥目前的发展状况来看，他学习成绩优秀，自信乐观，善于交流，并没有把成长中父母的缺位当成问题来看待，从容地实现了通常意义上“不利处境”下的顽强生长，个体综合发展水平从某种意义上说远超前文提到的因“爸爸凶”而导致的被妈妈总揽性抚育的孩子们。但这并不足以说明祖辈“管”更有利于孩子的健康成长，龙哥今后需要接受的挑战还有很多，至少他对父母角色的认知和想象是不完整的。

田野研究表明，虽然三代人共同生活在一起，但在流动儿童龙哥眼中，自己的生活照顾及学习等方面的管理完全由爷爷奶奶负责，父母在日常生活中如同隐形人一样。理论上讲，抚育的责任虽主要由父母承担，但并不仅限于父母（费孝通，1999：219）。抚育孩子时常需要父母之外的人帮助，而最容易给予帮助的就是具有亲密情感和合作习惯的祖辈（费孝通，1999：231）。隔代抚育是广泛存在的一种现象，祖父母作为代理双亲的角色完全参与到孙辈养育中的成因、利弊、对孙辈心理及学业的影响、对祖辈自身的影响等方面已有学者进行了较为全面的综述（段飞艳、李静，2012），但隔代抚育的优势和弊端仍众说纷纭，仁者见仁，智者见智，同样是祖辈代理的“管”，不同的个体成长轨迹差异很大，利大于弊还是弊大于利无法一概而论。

五、全方位的“管”与同步竞争的焦虑

负责接待的×老师提醒我说，学生下午3：45放学，开车前来学校者3：30′之前不走的话(放学的时候)就走不出去了，因为不少家长开车过来接孩子，整条路像是被封掉了一样。全校统计下来，接送孩子的车有300多辆(虽然开家长会时强调不提倡开车接送)，最多的班级统计下来有18辆车接送。×老师还补充说，部分孩子的家长已不是传统意义上的农民工了，他们中有些人会送孩子到校外学二胡、小提琴、舞蹈等，不仅仅是看重文化课的学习。有些家长在上海有几套房，有些家长是开公司的，有些家长学历也不低，甚至本科生、研究生也有。本科以上来沪的外来人口在2004年之前落户是好办的，2004年之后就不好办了。该学校去年有两位老师被评上了上海市优秀农民工(其中一位相当于副校长)，才刚把户口转过来(包括孩子的户口)。(田野笔记T-001)

这是笔者初到一所以招收流动儿童为主的民办学校开展田野工作时的笔记。很明显，在严控特大、超大城市人口规模宏观背景下的今天，不仅就读公办学校的流动儿童家庭经济社会文化背景普遍较好，就读民办学校的流动儿童的家庭条件也与过去相比有明显提高，从而为流动儿童的抚育提供了更好的物质和文化基础。因此，不得不注意的是，今天部分流动儿童的家庭经济社会文化背景早已远远超出了人们传统对“农民工”低学历、低收入、工作不稳定的认知。流动儿童中的一部分人只是没有上海户口而已，家庭背景及父母对子女抚育的投入程度并不比户籍儿童差，比如含含就是其中的一个典型代表。

在含含眼中，父母的“管”是全方位的，学习、交友、生活等方面爸爸妈妈都“管”，且其生涯理想及发展目标正是深受爸爸妈妈的影响的。含含出生在上海，后回老家短暂留守了一段时间，读幼儿园的时候又重新回到上海，

现就读于户籍儿童与流动儿童同招的一所近郊公办小学。含含是独生子女，在学校表现优秀，其谈吐、见识及自信心在田野研究阶段给笔者留下了深刻的印象。

我爸爸妈妈一直在上海工作，爸爸是建筑公司的监理，妈妈是化工公司的会计。平时我的学习、生活、交友等方方面面爸爸妈妈都管，主要看谁有空。我长大后想做画家，或者公司职员，有这个想法正是受爸爸妈妈的影响，他们以前都是美术专业的。关于我的未来方面，爸爸妈妈平时会给我一些指导，比如他们会教我画画。我当前的小目标是小学毕业后考上××初中（一所知名的民办初中，面向全市招生，入学竞争非常激烈），所以我现在在上各种校外（补习）课程，奥数、英语什么的都在学，我相信我有实力考进去（自信地笑着）。（访谈资料F－S02含含）

对于本地户籍适龄儿童来说，能考进××初中者也是凤毛麟角，含含为何能定下如此高的“小目标”？含含的父母为何能如此全面地参与到孩子的抚育过程中？原来，含含的妈妈和爸爸都是外地高校本科毕业，含含爸爸一毕业就到上海工作，含含妈妈毕业后先是在外地中学做美术老师，结婚后转来上海工作。

我和她爸爸是大学同学，我结婚后就跟她爸爸来上海了，然后就在这边工作，但后来她（含含）出生后总是生病，我照顾不过来，她大概一周岁的时候我就把她送回老家她外婆那里，然后她该上托班的时候又回到了上海，之后就一直在上海（上学）了。我之前是想让她小学阶段多阅读，有自己的童年，后来到三年级我就发现形势完全不容我们这样做，所以我们从三年级开始报各种辅导班。她从三年级开始就是“三道杠”，一直担任大队委，她说五年级想成为大队长。我和我老公每天（工作结束后）回家基本都是以她为中心，我们和她各方面都会有些交流，学校里的、学校外面的（事情）都会交流。她的学习我们肯定是要关注的，成绩不能有太大起伏，要能维持在一定水平上，还有她的心情啊、对一些方面的认识啊什么的我也比较关注，毕竟她是女孩子嘛，尤其是心情方面，只要她有些不高兴，我肯定就会非常关注。她这种孩子吧，我觉得有些方面可能是好也可能是不好，因为她对自己方方面面都有要求，一旦有一些小事情，她思想上就会有些波动，所以我会经常跟她就某些方面聊一下、开导一下。她长大之后的打算方面主要看她自己吧，希望她能做自己喜欢的事情。她未来具体发展的方向我们倒没有给她框起来，比如说我们没有给她明确一定要她学医啊、学美术什么的。因为我觉得让一个人做自己不喜欢的事情是一件很痛苦的事情。她一、二年级的作业我们是检查的，三、四年级尤其是现在校内的（作业）我们已经不怎么检查了，我们只看她的学习计划完成情况，因为她每天是有个学习计划表（含校内校外）的，我们每天晚上主要看她各项计划的完成情况，其中她校外的作业我们会重点批改一下，看她哪些方面掌握了，哪些方面还有一些薄弱项。（访谈资料 F－P02 含含妈）

根据含含妈妈的口述，再结合含含对父母职业的介绍，笔者明显看到了家庭经济社会文化背景在子女抚育上的显著烙印：首先，含含父母接受过高等教育——本科层次教育，与大多数流动家庭相比，文化资本明显偏高；其次，他们所从事的职业基本上属于白领，工作时间比较规律，与孩子共同相处时间较多；最后，含含虽然没有上海户籍，但其父母的积分应该能达到就地参加中考、高考的要求（后续的田野工作也证实了这一猜想）。这也就意味着，含含家庭的教育焦虑不同于大部分流动儿童家庭，后者的焦虑主要在于孩子能否继续在上海读书，而前者的焦虑主要在于孩子能否与户籍儿童同步竞争，孩子学习的内容早已从课内拓展到了课外，家长辅导的重点也已经转向了拓展部分。因此，我们看到了含含父母的“管”是全方位、全过程与全包容的。

田野研究表明，对于家庭经济社会文化背景较好、达到上海居住证积分要求（120 标准分）的流动家庭来说，二元户籍制度下双重身份给流动儿童学习及生活方面带来的障碍已不明显，这部分流动儿童已经站在了与本地户籍儿童同步竞争的起跑线上，他们与大部分本地户籍儿童一样，双休日和寒暑假的相当一部分时间奔波于不同的校外补习机构。追踪研究显示，含含在“硝烟弥漫”的“小升初混战”中成功脱颖而出，凭自己的实力进入了“重点小学”[①]毕业生也难以进入的心仪初中，此初中对于上海任何一个小学毕业生来说都是梦寐以求的好学校。

第二节　“亲”与“不亲”

亲子关系在社会学意义上与家庭场域紧密相连，费孝通先生曾指出，父母子女所形成的团体称作家庭，……婚姻契约缔结了两种相连的社会关系，夫妇和亲子，而亲子关系以夫妇关系为必要条件（费孝通，1999：107、112）。从流动儿童的视角看，他们如何理解、如何建构与父母之间彼此的关系很值得探讨。根据流动家庭结构中亲子关系的亲疏程度，流动儿童与父母之间的亲子关系可以区分成亲密、疏离、对抗三种类型。国外学者的研究表明，儿童认识到亲子关系的核心重要性，他们强调相互依赖和互惠，而不是孤独的自主（Mayall，2008）。国内流动儿童作为被父母带出原籍地的广大儿童群体中的一分子，他们是如何能动地建构属于自己的亲子关系的呢，他们对当前的或亲密或疏离或对抗的亲子关系有哪些自己的认识和想法？

一、“亲”：积极正面的互动

从田野访谈及观察的整体情况来看，大部分流动儿童与自己的父母或

① 此为民间说法，上海教育管理部门目前并没有对义务教育阶段的学校进行重点及非重点的区分和认定，但民间一直有“×大公办小学（初中）”“×大民办小学（初中）”等重点学校的说法。

父母中的一位保持亲密的亲子关系。那么，流动儿童与父母亲密的亲子关系是如何形成的呢？陪伴、沟通以及家庭作业的辅导等日常交往行为在亲密亲子关系的形成中又分别扮演着什么样的角色呢？

跟父母都“亲”。含含与爸爸妈妈平时交流互动频繁，亲代与子代相处融洽，含含将这种亲密互动归因为“相处时间比较长”。不难看出，含含爸爸妈妈很注重亲子陪伴，闲暇时间的安排较为丰富多彩，亲代与子代之间既实现了有效陪伴，又一起增长了阅历和见识。

我跟爸爸妈妈的关系很亲，因为我们相处的时间比较长吧。平时和周末只要爸爸妈妈有时间，他们就会接送我（去学校或校外补习机构），只有他们都没有时间的时候，爷爷才会接送我。爸爸妈妈在节假日且我又没有（校外补习）课的时候还会带我去图书馆、博物馆、科技馆、音乐厅、电影院、植物园、动物园等这些地方，其中音乐厅去过一次，电影院、动物园、植物园去得多一些，博物馆、展览馆也去得比较多。（访谈资料 F－S02 含含）

含含妈妈表示，含含在校学习优秀，自己对各方面均有较高要求，在班级里一直是班委成员之一，孩子回家后很乐意与父母分享各种见闻，父母也会积极回应孩子的各种想法，并加以积极引导。

我们平时聊得蛮多的，她很愿意把学校里面外面所见所闻所想的（内容）和我们聊一聊。我经常遇到别的小朋友家长到我这里来打探消息，因为那些家长知道我们家的（孩子）回来什么都说（开心地笑）。我和她爸爸就会借着聊天的机会给她进行三观（世界观、人生观、价值观）的教育、引导。（访谈资料 F－P02 含含妈）

不难看出，含含家庭的亲密亲子关系的建构既有亲代的付出，也有子代的不懈努力，子代与亲代积极主动的沟通为两代人亲密互动关系的建立创造了条件，亲代的积极回应则提供了保障。亲密的亲子关系不仅为亲代和子代带来了美好的体验，还产生了积极的促进作用，含含在校表现优秀，含含父母则在家长群体中很有影响力。

淇淇同样也与父母有着亲密的亲子关系，父母的接送、闲暇时间的娱乐陪伴、平时的有效沟通都为良好的亲子关系的构建创造了条件。淇淇妈妈对孩子回家后的主动交流也表现出了足够的肯定。因此，亲代与子代的积极互动共同打造了亲密无间的亲子关系。

> 我在家里跟妈妈交流得比较多，我的作业爸爸妈妈都会管。我平时上学接送有时是爸爸，有时是妈妈，看他们谁有空。总的来说，我跟爸爸妈妈都是很亲的关系（笑）。爸爸妈妈空闲的时候带我去过电影院、植物园等地方。（访谈资料 F－S13 淇淇）
>
> 她（淇淇）放学回来经常跟我们讲学校里的事情，她各种事情都会讲，我们的关系是很亲密的。（访谈资料 F－P13 淇淇妈）

与父母中的一方“亲”。在卫哥眼中，自己与父母双亲中父亲的关系很亲密，跟妈妈的关系他用的是“还行”这个词。

> 我跟爸爸的关系是很亲的，我跟妈妈的关系还行吧。爸爸经常去我所在的学校，参加学校组织的一些活动，所以我们关系更亲些（笑）。（访谈资料 F－S03 卫哥）

在卫哥看来，妈妈从不管自己的作业，平时只管饮食及家里的卫生，跟妈妈沟通时间比较少；而爸爸是家委会成员，经常参加学校的各项活动，所以更亲密些。

在卫哥爸爸看来，卫哥平时更乐意与自己聊学校的学习，而生活方面还是会和妈妈交流多一些,这与卫哥口中爸爸主要负责社会性抚育、妈妈主要负责生活性抚育相一致。

他(卫哥)平时会和我聊学校里面外面开心不开心的事情,不过我们两个聊得最多的还是学习这一块,生活方面他跟妈妈会聊得多一些。(访谈资料 F-P03 卫哥爸)

卫哥从一个自述在老家留守期间学习有困难的学生,到转至上海读书后成为班上唯一的大队委员,除了自身努力,亲代的支持也起了很大的作用。

跃跃同样也是跟爸爸的关系更为亲密。跃跃认为是因为妈妈爱看手机,所以才导致母子之间的交流较少;另外,爸爸对作业的辅导大大增加了父子之间的互动交流,亲密感倍增。跃跃爸爸也表示跃跃很喜欢与自己交流,而且父子之间什么事情都可以聊,可能是学习方面的,也可能是生活、交友方面的,因此,跃跃与爸爸之间的关系非常融洽。

妈妈爱看手机,我更多时候是与爸爸交流,我跟爸爸的关系是很亲的。爸爸经常检查我的学校作业,我遇到不会做的题目、想不明白的问题,就会去问爸爸。(访谈资料 F-S06 跃跃)

他(跃跃)很喜欢跟我聊天,什么事儿都会跟我讲,我们的关系很亲的。(访谈资料 F-P06 跃跃爸)

相比之下,依依眼中自己也是与爸爸的关系更亲密些。如前所述,因为依依妈妈工作时间的黑白颠倒,依依爸爸几乎挑起了照顾孩子生活、学习各方面的抚育任务,父亲的辛勤付出换来了女儿的正向反馈,父女之间的关系非常亲密,女儿和父亲之间无话不谈。父女之间的良性互动为女儿的学习生活提供了良好的家庭环境支撑,依依在学校的综合表现颇为优秀。

妈妈很多时候要上夜班，她白天要休息，所以我大部分时间是与爸爸交流，我跟爸爸关系是很亲的。（访谈资料 F－S04 依依）

她（依依）会和我聊学校里面外面开心不开心的事情，什么事情都会和我聊。（访谈资料 F－P04 依依爸）

与依依情况相反，震哥爸爸主要在外奔波，震哥总是和妈妈在一起。妈妈对其生活学习上的全面照料大大增加了母子之间的交往互动，母子之间亲密无间，震哥主动与母亲的交流非常多，多到让妈妈感觉他有些“话痨”。当然妈妈语气中透着的骄傲说明她并不是真的嫌烦，而是从侧面表明母子之间的亲密。

我跟妈妈的关系是很亲的。妈妈总是在生活学习上照顾我，爸爸有时也会管我，但他大部分时候负责赚钱（笑）。妈妈经常带我去电影院看电影，博物馆、植物园、动物园也去过。上海博物馆、上海科技馆、辰山植物园这些地方我主要是假期里跟妈妈一起去的。（访谈资料 F－S08 震哥）

我和孩子的关系很亲的。他（震哥）的话非常多，有时我都嫌烦，他的话太多了（开心地笑着）。（访谈资料 F－P08 震哥妈）

因为爸爸妈妈虽同在上海却分居两地（东南与西南面）的现实情况，在峰哥眼中，与妈妈的关系更为亲密些在所难免。峰哥与妈妈平时的相互照顾使得其在表述与妈妈的亲近时用了一个“缠”字，足以说明母子关系的亲密和融洽。

我平时更愿意跟妈妈交流，因为我从小跟妈妈在一起，爸爸都不怎么见到，所以我跟妈妈更亲近一些，我总是缠着我妈。（访谈资料 F－S11 峰哥）

田野研究表明，流动儿童亲子之间的亲密关系既有子代与双亲之间均较为亲密的情况，也有子代与双亲中的一位更为亲密的情况，但不管是哪一种情况，亲密的亲子关系对流动儿童的学习、交往及生活都产生了积极的正面影响，从而为流动儿童突破双重身份带来的困境奠定了良好的基础。已有研究也表明，父母情感支持对儿童精神健康有直接作用（肖莉娜、梁淑雯、何雪松，2014），父母的支持对于促进流动儿童的情绪和行为适应发展起重要作用，亲子关系越好，流动儿童问题行为越少，亲社会行为越多（王晖、熊昱可、刘霞，2018）；同时亲密的亲子关系也是亲代和作为子代的流动儿童积极互动的结果，子代的积极交流、亲代的努力回应都非常重要。

二、“不亲”：疏离的关系

“不亲”的亲子关系在社会学意义上通常是指亲代与子代在日常生活方面正常关系变得疏远，从而其中一方或双方感到冷漠、无沟通及孤独等消极情感。消极情感无疑会对流动儿童的成长生活带来不利的影响。因此，流动儿童与其父母之间“疏离”的消极情感因何而产生，流动儿童及其父母分别如何看待疏远的亲子关系等方面非常值得进一步探讨。

陪伴缺失造成的“不亲”。江弟虽然与父母生活在一起，但江弟眼中父母的有效陪伴很少。

> 我跟爸爸妈妈姐姐奶奶一起生活，但日常我跟爸爸妈妈能接触的时间并不是太多。奶奶会管我的生活，姐姐会教我一些不懂的题目，有时候姐姐还会带我出去玩，她带我去过佘山。（访谈资料 F－S19 江弟）

江弟的表述表明亲子之间接触较少，再加上江弟父母只有小学文化水平，因此江弟与父母有限的接触也仅限于对自己生活上的照料，学习等方面的沟通则主要由姐姐承担。江弟有一个大他 8 岁的姐姐，姐姐边工作边读上海某高校的成人高等教育，因此，学习方面姐弟两个更有共同语言，平时交流自然也就多一些，而亲子之间的沟通和陪伴明显偏少。

江弟爸爸也明显感觉到了江弟与他们的疏离，以至于认为孩子相比较之下对学校的教师更为关心，但对父母却不太关心。

> 我感觉这小孩子（江弟）跟我和他妈妈的关系没有跟老师那么亲，老师只要说有点不舒服，他可关心了，也许是因为他跟老师待在一起的时间更长些吧（自嘲地笑了起来）。我和他妈妈大部分时间都在上班，回来见到他后基本上就要睡觉了。所以我们跟他的关系还没有他跟老师的关系亲，我们之间总有那么一些距离感。（访谈资料 F - P19 江弟爸）

江弟爸爸从自身方面找了亲子疏离的原因：一方面，是因为孩子白天大部分时间与老师在一起，一周中有五天是在一起度过的；另一方面，自己和江弟妈妈每天下班后几乎没有时间与孩子沟通和交流，久而久之，亲子之间的疏离感越来越明显。

从某种意义上说，江弟家庭中亲代比子代的疏离感受更明显，对子代来说，毕竟家中还有奶奶和姐姐的陪伴，但父母角色的缺失终归是一种遗憾，且亲代还会由此感到强烈的角色被替代的危机感。

恩哥与父母的沟通也是十分有限，恩哥明确表示，自己更多时候是与小自己 3 岁的弟弟在一起，两人一起游戏、一起学习。很明显，恩哥混淆了玩伴的陪伴与父母陪伴的本质差异，但他可能仅仅是按照自己日常生活世界的事实表述了出来，并没有刻意地区分交流的对象层次。

> 我跟爸爸妈妈的交流都不是特别多，爸爸有时会检查一下我的作业，平时我更喜欢跟弟弟交流，因为我跟弟弟更合得来些，且他经常缠着我，我走到哪儿，他跟到哪儿。我通常会跟弟弟一起下五子棋，我们会一起窝在床上看书，我们还会一起看电视，有时他还会把我的手机抢

走玩。（访谈资料 F－S14 恩哥）

恩哥父母又是如何看待目前的亲子关系现状的呢？恩哥妈妈表示，因工作时间的安排，自己之前一周都没有跟孩子有过有效交流，孩子下午要放学的时候，自己去上班了，等自己下班的时候，孩子早睡下了。

我跟他的交流真的不太多，比如这个星期，（我工作）两班倒，就没有怎么跟他讲过话。因为我是中班，从下午 3：30 上到凌晨 1：00，我回到家时他们早就呼呼睡了，我不知道他什么时候做完作业的，也不知道他什么时候睡觉的（边说边无奈地笑着）。（访谈资料 F－P14 恩哥妈）

在恩哥家中，这种母子“完美”错开的作息时间安排是经常发生的，久而久之，亲子之间的距离感倍增，以至于造成了孩子口中“平时交流最多的是弟弟”的结果。

龙哥的基本情况前文详细介绍过，他与父母虽同在一个屋檐下，却几乎无任何交流沟通，事情看起来有些不可思议，但是真实地发生了。

我平时跟爸爸妈妈几乎没有交流，因为大部分时间我是跟爷爷奶奶在一起，上学爷爷送我，放学奶奶接我。爸爸妈妈天天上班，我都不容易见着他们，他们有时还上夜班。（访谈资料 F－S09 龙哥）

虽然龙哥也将亲子之间的疏离归因为爸爸妈妈天天上班、没有陪伴时间，但从前文的叙述中不难看出，爸爸妈妈用看电视、玩手机、串门等打发时间，却唯独没有留出与孩子沟通互动的时间，以至于生于斯、长于斯且“天天生活在一起”的唯一的儿子龙哥在小学快要毕业的时候，丝毫不知道爸爸妈妈在工厂里面是做什么的，但龙哥却对爷爷奶奶的工作情况一清二楚。

教养方式不当造成的“不亲”。如果说前面几个流动儿童主要是因为父母工作时间上的安排造成了亲子之间交流时间缺失的话，那么云哥家则是另外一种情况。云哥爸爸小学毕业，管教孩子的方式是一言不合就动用武力，云哥敢怒而不敢言，虽然不敢公然对抗，但深深的疏离感横在了父子之间。

> 我一犯错误爸爸就打我。因为我的字写得不是很好，他总是批评我，他在的时候我很少说话。我跟妈妈的关系很亲，跟爸爸的关系有些疏离，但我不敢和爸爸对抗。（访谈资料 F－S10 云哥）

云哥妈妈表示自己与云哥的沟通是比较正常的，孩子从学校回家后会多少和自己交流白天在学校的所见所闻所想，但基本不与爸爸进行主动的交流。

> 他（云哥）平时会和我聊的，他会说一些今天学校里发生了什么事情啊，开心不开心啊，老师讲了什么之类的，他会多少跟我说一些事情的。但他基本不跟爸爸交流，他爸爸平时对他比较严（厉）一些。（访谈资料 F－P10 云哥妈）

虽然云哥妈妈似乎没有把父子疏离当作什么严重的事情来看待，但事实上，云哥在田野阶段给笔者留下的整体印象是其与人交流过程中说话很慢，反应较为迟缓。因此，从某种意义上讲，父子之间的这种“不敢对抗的疏离”已经给孩子的健康成长造成了无法挽回的损失，青少年很多时候由于情感支持和沟通的缺失，往往会对他人的情感相对淡漠。

田野研究表明，流动家庭亲子之间疏离关系的形成既有亲代工作时间不合理安排的客观影响，也有亲代不愿意积极参与亲子沟通的主观影响，更有部分家庭是由亲代教养方式不当引起的，结合亲代子代的表述及田野观察，教养不当尤其是亲子间暴力引起的亲子疏离对子代成长与发展的负面影响巨大。

三、权利与对抗

对抗在社会学意义上通常是指社会个体由于认知、情感、意愿或行为的冲突而产生的一种对立关系。亲子关系中的对抗是亲代与子代沟通不畅、关系恶化的极端表现形式，也是个体、家庭乃至社会均不希望发生的一种亲子关系，因为紧张的家庭环境往往具有破坏性，会增加青少年越轨的风险（翟进，2012），从而给子代的成长及“家庭三角关系的稳定”（费孝通，1999：107－111）带来无法估量的隐患。那么流动儿童眼中亲子之间的对抗是因何而产生的呢？他们又是如何看待、如何应对的呢？田野研究表明主要有以下两种情形。

平等权利的抗争。飞飞虽然只有12岁，但站在妈妈面前时，已然跟妈妈一样高了，观察飞飞家庭成员之间的位置及表情不难发现，飞飞与妈妈总是保持着距离，与妈妈的主动交流很少，妈妈一讲话他似乎就气不顺，笔者尝试与母子两人分别进行了交谈。

> 我比较喜欢跟我爸交流，因为我妈不怎么讲道理，比如我不小心把碗打掉了，她就会不停地批评我，但她把碗打掉时，我学着说她，她就说“我是大人，你不能这样说我”。再比如我妈天天在我耳边说不让我玩游戏，她自己却一直低头玩手机，所以她不让我玩游戏，我偏要玩。（访谈资料F－S07飞飞）

飞飞举了两个妈妈不讲道理的例子，从中可以明显看出，飞飞十分看重自己应该享有的“平等的权利”，提出“妈妈能这样做我为什么不可以这样做”。飞飞对“平等权利”的诉求无意中与西方儿童权利社会学所倡导的“重塑儿童的合法权利，使他们或多或少与成年人一样”不谋而合，儿童权利社会学认为，儿童不应该只是“社会结构决定的被动对象”，儿童是社会行动者，是他们自己权利的主体，而不仅仅是社会干预的对象（Freeman，1998）。

伴随年龄的增长，流动儿童的平等权利意识也在逐步地增强，但限于自身眼界及知识水平，相当一部分家长并没有认识到这一点，仍然在沿用传统简单粗暴的家长式管理，因此对抗与冲突在所难免。

怎么说呢，我其实跟他(飞飞)讲不了几句话就要斗嘴了。他现在处于叛逆期。他跟他爸爸关系好一些。(访谈资料 F-P07 飞飞妈)

飞飞妈妈的话进一步说明她并没有认识到孩子在成长过程中对家长权威的挑战及对平等权利的诉求，她只是将其简单归结为儿子处于“叛逆期”。正是在这种情况下，亲代的管教对于子代来说意味着约束和枷锁，子代努力在对抗中挣脱束缚——不要我做什么我偏要做什么——成了不少困境家庭中子代的选择。

无声的对抗。杰弟家也存在着亲子间的疏离和对抗，但又与飞飞家的情形不同。杰弟在同龄人中显得又高又胖，但与身形不相称的是其讲话的声音很小，与人交谈时显得有些紧张。杰弟有一个大他 2 岁的姐姐，他明确表示，自己与爸爸的关系不太好说，而姐姐与爸爸的关系更糟糕。

我跟妈妈是很亲的关系，跟爸爸的关系有些不太好说，我姐是对抗，我算是疏离吧，爸爸生气的时候会很凶很凶。(访谈资料 F-S16 杰弟)

为什么杰弟眼中的父亲很凶很凶，为什么父亲与家庭中一双儿女的关系都如此紧张，根源在什么地方呢？杰弟爸爸身形中等，说话干练，自述初中毕业，在一家化纤纺丝公司上班，见到笔者后就打开了话匣子，滔滔不绝地讲了起来。杰弟爸爸表示自己望子成龙、望女成凤心切，且抗争精神十足，并为此付出了巨大的努力。比如，他早年为了让女儿享受更好的教育资源，在自身家庭条件有限的情况下，通过各种努力硬是把女儿成功地送进了本地的一所公办小学，他最看重的是这个公办小学能直升公办初中，女儿现在读的正是这所公办初中，本来打算让杰弟也去读这个公办学校的，但杰弟不肯去，因为杰弟听姐姐说学校管得很严。他对于两个子女与其关系紧张的事实毫不避讳，向笔者详细地讲述了家中的亲子关系实况。

> 我很坦白地说，他们姐弟两个人都怕我。我如果白天有空，在屋里坐着，他们两个人就不敢到屋里来。我有时想跟他们沟通，但问了他们好久，他们都不敢回答。（访谈资料 F－P16 杰弟爸）

杰弟爸爸言语中透着的自信让人感觉不到他对当下严峻的亲子对抗状态的担心，反而好像对自己的“权威”有些沾沾自喜。

> 像我女儿，我也不怕你笑话，一直都不叫我爸爸，任何人她都叫，长这么大就是不叫我爸爸，其实我也就是在她上幼儿园的时候打过她。我跟她承诺过，你叫我一声爸爸，你要什么我给你买什么，可（她）还是不叫我。我跟她班主任也交流过，班主任说她平时话比较少，不太喜欢交流，最多就是不懂的作业去问一下，她下课出去玩的时间很少。（访谈资料 F－P16 杰弟爸）

杰弟爸爸对父女关系的描述似乎已超出了笔者的想象。人们通常说“女儿是爸爸妈妈的贴心小棉袄”，但在杰弟爸爸这里，这句俗语似乎成了莫大的讽刺。一声“爸爸”成了拿什么都换不到的奢望，这里面积累了父女之间多少的怨气和仇恨，尤其是女儿的多少委屈和不满，恐怕外人无法妄加揣测，只有他们本人心里最清楚了。幼儿园阶段开始的体罚应该在孩子幼小的心灵里留下了噩梦般的阴影。笔者尝试与杰弟姐姐进行交流，但没有成功。

我其实也就是在女儿小学三年级之前管得比较严，女儿三年级之后我管得并不严了，我也不再天天盯着她写作业。现在这两个孩子回到家第一件事情肯定是写作业，我真的不用管他们了。像昨天星期五，他们两个人放学回家先写作业，奶奶做好饭了就吃饭，吃好饭就洗澡，现在他们很自觉的。（访谈资料 F－P16 杰弟爸）

杰弟爸爸的叙述再一次从侧面表明，其对孩子不仅期望过高，还干涉过多。孩子的作业其实是不需要父母“天天盯着”写的，孩子的学习成绩也不是天天“打”出来的。尤其是女孩子，普遍较男孩子早慧，杰弟爸爸人为制造的高压家庭氛围极易引起女儿的厌恶和反感，负面情绪的累积使得无声的对抗逐步深化，慢慢地可能就变成了一种习惯，“爸爸”从女儿口中叫出渐渐成了一种奢望。

我女儿跟她奶奶、妈妈都是能正常沟通的，可能确实是我的问题，也许我以前管得太严了。我文化水平不高，想着一打就听话了，谁知道打着打着就不理我了，但小学三年级以后我基本上就不打他们了，最多也就是说他们两句，但问题是我现在每次跟他们讲话，都是我一个人在说，他们一句也不理我。（访谈资料 F－P16 杰弟爸）

聊着聊着，杰弟爸爸的语气不再那么咄咄逼人了，他似乎逐渐意识到了亲子对抗的症结确实在自己身上，承认自己管得过严，承认“棍棒理论”的失败，但他对目前亲子关系的改善又显得有些信心缺乏。

田野研究表明，在流动儿童家庭中，子代对亲代权威的挑战、对平等权利的诉求，亲代期望过高、干涉过多、奉行“棍棒理论”等都会引起亲子关系的高度紧张乃至对抗，而家庭内部的高压氛围通常会影响儿童们的情绪健康，来自对抗型家庭的流动儿童的现实发展情况充分印证了这一点——他们普遍表现出胆子小、不乐于与人交流等特点。

第三节 本章小结

新时期流动儿童的家庭抚育呈现出不同的特点。一方面，与母亲负责生活性抚育、父亲负责社会性抚育的传统分工不同，今天的流动儿童抚育模式变得多样起来，负责“管”的长辈可能是父母双亲，也可能是其中的一个，还可能是主干家庭中的祖父母。当然，谁“管”仅是一个相对的概念，如何“管”也是因家庭而异。在有些流动儿童家庭中，长辈是身体力行地“管”，有些则主要是在言语嘱咐中实现对流动儿童的“管”，还有些是在日复一日、夜复一夜的辛苦劳作中无暇顾及对流动儿童的“管”。家庭场域中长辈的“管”无处不在，“我们若观察一个孩子的生活，有时真会使我们替他抱不平。他很像是个入国未问禁的蠢汉。他的个体刚长到可以活动时，他的周围已布满了干涉他活动的天罗地网”[①]。但同时，“被管”的流动儿童是具有能动性的个体，亲代的“管”与他们对亲代“管”的回应共同构成了不同的家庭抚育模式。

对于部分流动儿童来说，父母的辛苦劳作、父母双方或一方无暇的“管”并没有给他们的学习和生活带来明显的困难，反而成功推动了其自身的自觉成长。自觉成长对于不同年龄段的人们来说都非常重要，对于流动儿童来说，更是难能可贵。某种意义上，自觉成长为新时期“寒门出贵子”、流动儿童最终突破二元户籍制度带来的困境奠定了良好的基础。

部分流动儿童父母在孩子学习的全身心投入、身体力行的“助攻”中寄托了自己未竟的“上大学”梦想，以此来弥补自己当年高中毕业后因经济条件限制未能进入大学学习的遗憾，这也被称为教育代际补偿。其中，流动儿童父母为实现教育代际补偿而增加的对子女教育的投入既包括经济方面的

① 费孝通：《生育制度》，商务印书馆 1999 年版，第 140 页。

投入,也包括精力等方面的投入。对于流动儿童来说,父母身体力行的“管”主观上是流动家庭实现教育代际补偿的尝试,客观上也为流动家庭彻底突破双重身份带来的困境提供了可能。

虽然部分流动儿童家长限于自身知识水平,无法直接指导孩子的课业,他们更多是以言语嘱咐的形式对孩子进行管理,但从流动儿童的视角或者说从他们自己的叙述中不难看出,言语嘱咐形式的“管”似乎并没有降低流动儿童父母对子女的影响力。父母的嘱咐一样能在流动儿童心中激起涟漪,可能是紧张,可能是感恩,可能是亲情体味,当然也可能是不认同。流动儿童改变命运的抗争意识在父母的反复嘱咐中逐渐被唤醒,而抗争意识和实际行动同样为其突破双重身份带来的困境提供了可能。

对于个别流动家庭来说,虽然他们历经了流动“一代”、流动“二代”,直到今天的流动“三代”,但其未来的升学依然会受到双重身份带来的限制,他们依然需要考虑流动变留守的可能。同时,流动“三代”还需要面对可能的父母“管”的缺位问题。不过,本研究中仅有的一个完全由祖辈“代管”的流动儿童目前来看成长良好,其并没有把成长中父母的缺位当成问题来看待,从容实现了通常意义上“不利处境”下的顽强生长。

对于家庭经济社会文化背景较好、达到上海居住证积分要求(120 标准分)的流动家庭来说,二元户籍制度下双重身份给流动儿童学习及生活方面带来的障碍已不明显,这部分流动儿童已经站在了与本地户籍儿童同步竞争的起跑线上。

另一方面,根据流动儿童家庭结构中亲子关系的亲疏程度,流动儿童与父母之间的亲子互动关系可以分为亲密、疏离、对抗三种类型。

流动儿童家庭亲子之间的亲密关系既有子代与双亲之间均较为亲密的情况,也有子代与双亲中的一位更为亲密的情况,但不管是哪一种情况,亲密的亲子关系对流动儿童的学习、交往及生活都产生了积极的正面影响,从而为流动儿童突破双重身份带来的困境奠定了良好的基础;同时亲密的亲子关系也是亲代和作为子代的流动儿童共同积极互动的结果,子代的积极交流、亲代的努力回应都非常重要。

流动儿童家庭亲子之间疏离关系的造成既有亲代工作时间安排不合理的客观因素，也有亲代不愿意积极参与亲子沟通的主观因素，更有部分家庭是由亲代教养方式不当引起的，结合不同亲子之间的田野研究，亲子间暴力引起的亲子疏离对子代成长与发展的负面影响巨大。

子代对平等权利的诉求、对亲代权威的挑战，亲代干涉过多、期望过高、奉行“棍棒理论”等都会引起流动儿童家庭亲子之间的对抗，亲子对抗型家庭的流动儿童普遍表现出胆子小、不乐于与人交流等特点。

本章研究表明，流动儿童与长辈的交往互动是流动儿童幸福的关键。流动儿童视角的亲子互动体验不仅包含了父母的“管”或“不管”，还包含了父母的“亲”或“不亲”，但无论是哪种体验和认知，流动儿童都不只是被动的接受者，而是通过自身能动性的发挥共同参与了亲子关系的构建；无论是哪类亲子关系，流动儿童都是亲子交往互动的主体和中心。来自家庭的交往互动和积极的亲情支持为流动儿童日常生活世界的困境突破奠定了坚实的基础。

第三章 “喜欢”与“不喜欢”：师生互动

“天地君亲师”“一日为师，终身为父”是中国古代教师地位及师生关系的概括，强调师道尊严、生对师恭敬从命是其典型特征。人身依附式的师生关系在现当代受到了广泛批判，在现当代社会，师生之间是一种什么样的关系，人们又是如何认识的呢？“教育是人与人主体间灵肉交流活动，是人与人精神相契合的对话。”(雅斯贝尔斯，1991：2－3)“未来的学校必须把教育的对象变成自己教育自己的主体。受教育的人必须成为教育他自己的人，别人的教育必须成为这个人自己的教育。”(联合国教科文组织《学会生存》，1996：200)德国哲学家雅斯贝尔斯、联合国教科文组织分别从不同的角度阐释了教育活动过程的特点，以及受教育者主体性、能动性的重要性。流动儿童师生间相互理解的交往互动是如何达成的，流动儿童喜欢什么样的教师，因为什么而喜欢，流动儿童不喜欢什么样的教师，又是因为什么而不喜欢……这些方面非常值得探讨。

第一节 “喜欢”：师生互动中的积极评价

“喜欢”，作为一种积极正面的情感，有助于激发流动儿童们积极向上的动力。周一至周五，流动儿童从早上进入校园那一刻起，学校里的师生互动就无时无刻不发生着，因为课前、课堂及课间等不同时空的师生交往普遍存在。两地迁徙的经历对流动儿童的师生互动有没有影响？流动儿童对流入地教师的积极正面评价是如何形成的？流入地教师及流动儿童自身的哪些方面促成了师生互动积极评价的形成呢？

一、与家乡教师的对比

我在老家读的一年级，二年级转来上海读书。……老家的老师上课只知道让我们读书和背书，(上海)这边老师上课要有趣很多。(田野笔记 T-007)

我更喜欢现在的学校，因为上海这里的老师教得好，不像老家的老师那样随便，这里的老师讲课很认真。(田野笔记 T-012)

我在老家上过学，感觉上海这边学校的老师更细心些，并且英语学习跟老家的小朋友比学得早，内容也多很多，我现在的英语水平比老家(同年级)的小朋友高很多呢。(访谈资料 F-S18 好妹)

我更喜欢上海，因为上海的老师讲课更细一些，老家那边的老师上课讲得很粗，很多时候学生都没有听懂。(访谈资料 F-S23 琪弟)

老家那边的学校怎么说呢，公办学校，学生很少，老师(教学)积极性不高，对学生要求也不严。(访谈资料 F-P23 琪弟妈)

差距往往在对比中显现，两地迁徙的特性使流动儿童对两地差距的感知非常强烈，其中就包括对学校日常生活世界中的重要他人——教师——

的对比。虽然部分流动儿童生于斯、长于斯，但节假日往返迁徙中与家乡同伴之间的交流、长辈有意无意的谈论都给他们提供了两地教师“对比”的机会和可能。在部分流动儿童看来，与家乡教师对比之下，流入地学校的教师及师生关系有以下特点。

认真负责。曾经在老家留守，现就读于以招收流动儿童为主的民办小学的浩浩表示，上海这边学校的教师非常负责任。

> 老师们经常会给我们讲许多道理，让我们好好学习，特别是我们语文老师×老师。她是（上海）本地公办学校的退休老师，她虽然不是班主任，但非常认真负责。她对我们的关心实在是太多太多了，不管是“好学生”还是“差学生”，只要（我们）有一点点进步，她就会高兴得不得了。语文老师就是这样子的（人），但是我们班同学却不怎么像话，经常不完成作业，惹×老师生气。×老师最怕的就是双休日，因为双休日我们经常不写作业，双休日不写作业的同学会比平时多好多呢。相比之下，在老家读书的表哥表弟们可就没我运气好了（脸上露出得意的笑容），偶尔回老家时他们总是抱怨老师不好。（访谈资料F-S01浩浩）

在浩浩眼中，学校任课教师普遍认真负责，其中现在的语文老师最让他感动，她关心班上每一个同学，教学讲究方式方法，并真心为每一个同学的点滴进步而高兴。浩浩被语文老师的认真和投入深深打动，他还检讨了部分同学不按时完成作业、惹老师生气的行为。可以很明显地感受到，语文老师正在用自己的行动感化着每一个同学，哪怕是那些以前不太用功的学生，现在也有了主动学习的意识，浩浩就坦承自己以前学习的积极性并不高，但现在学起语文来非常投入。

公平待人。就读于户籍儿童、流动儿童同招的公办学校的雨弟表示自己很喜欢上海的学习环境，只是有一个方面有些“不满”。

> 我哥哥在老家读书，很苦很苦的，老师经常带他回家补课（雨弟妈妈证实教师有偿家教在其家乡很普遍），在老家那边，老师就是让学生“死读书、读死书”，没办法啊，我的“好日子”也快结束了，小学毕业我就要转回老家去。我很喜欢现在就读的学校，老师们很好，他们对我们每一个学生（本地学生和外地学生）都是一样的，并且能在课堂上讲的都讲了。只是我们班班长有些“太强势”，班长不是本地的，是××来沪的，她总喜欢找同学们的事儿，包括本地的同学。我们班只要一被扣分，班长就总喜欢说你们怎么怎么样的。没事儿，反正我们也快毕业了，她也管不了我们多久了。其实我是不愿意小学毕业的（自己笑了），让我一下子转学回老家的话，我会不适应的。（访谈资料 F－S20 雨弟）

雨弟的满意来自两地教师的对比，而不满的原因让人有些哭笑不得。很明显，他的不满主要来自班长这个班级管理小助手管得太多。虽然雨弟没有正面提到对班主任的看法，似乎班主任放权有些过头了，但雨弟妈妈给出了对雨弟班级包括班主任在内的语、数、英三位教师的综合评价。

> 他现在班上语、数、英老师很好的。老师对孩子们没有差别化对待，一点都没有。其他班我不知道，但我们班三位老师对每一个孩子都很公平的，都很好的，从没有说你是外地的就怎么怎么样。我们几位老师都是对事不对人，班干部的选拔、活动的参与、考试要求等（对每个孩子）都是一样一样的，班长犯错，老师也一样批评。（访谈资料 F－P20 雨弟妈）

雨弟妈妈的这段话让笔者印象非常深刻，也深感欣慰，没有什么比让孩子从小生活在一个能认知公平、体会公平的环境中更重要。

学历高。就读于民办学校的依依也对上海的学习环境表示了充分的肯定。在依依眼中，上海各个方面的学习环境都比老家好，尤其是师资方面，家乡是没法比的。

老家那边学校的老师没有上海这边老师学历高，爸爸说肯回村子里教书的(高学历的)人越来越少。家乡邻居家上六年级的姐姐说，她们有些老师是临时代课，水平一般，态度也不好。(上海)这边学校的老师不少是研究生(毕业)呢，他们不仅学历高，教得也更好一些，更认真负责。(访谈资料 F－S04 依依)

依依爸爸也从教师素质、社会环境的角度给予了流入地学校教育充分的肯定，并表示把孩子带到上海读书是完全正确的选择。

上海是个开放性的大城市，能在上海读书当然是最好的。(上海这边)学校的老师学历高，负责任，社会大环境也好。从他们很小的时候我就一周带他们出去走一次，到外面去转一转，亲近大自然。以前没有进出限制，我有空就带他们姐弟二人到附近的大学校园里逛一逛，大学的氛围跟其他地方比如中学是很不一样的，中学的氛围是“赶驴”一样，学生很累很累的，大学的氛围是自由的。(访谈资料 F－P04 依依爸)

依依爸爸是一位很用心的爸爸，他并不止步于让孩子在学校场域接受正规教育，还努力开拓免费的社会教育场域，比如周末带孩子逛周边的大学校园，既充满教育意义，又不会产生太多花费。

关系融洽。同样就读于公办学校的含含也对现在就读学校的教师表示了充分的肯定和发自内心的喜欢。

学校的各科老师都很亲和，他们待我们像朋友一样，班级里的大事小事老师们都会听取同学们的意见，听妈妈说，家乡学校的老师可不是这样对学生的。(访谈资料 F－S02 含含)

含含虽然没有在老家读书的体验和感受，但由于含含妈妈曾经是家乡的一位中学教师，因此含含妈妈的描述使其间接了解到两地教师的差异。含含妈妈结合自己的职业选择，详细表达了对上海整体学习环境的看法，她称自己之所以选择放弃老家工作来上海，部分原因正是为了孩子。因为她觉得上海作为超大城市的优势主要有两个，一个是教育，另外一个是医疗。她自己原本在家乡中学里当教师，深知两地差距巨大，尤其是素质教育方面，上海比家乡要全面很多，孩子的性格养成方面也非常不一样。

老家的孩子学习情况虽然现在也好了很多，但基本上还是学生是学生、老师是老师，有些偏传统，老师教、学生学，不像上海这边的师生关系，老师与学生像朋友一样，学生有什么话都敢说，胆子也大，我觉得上海在教育方面还是做得蛮好的。我们上的这个学校虽然是公办的，但本地孩子不多的，大部分学生没有上海户口，只是上海有房子。我觉得××、××小学本地户籍孩子会更多一些，但像我们这种（没有户口的学生）就是只要有学校上就行，先有学上再说，一步一步来，我们不像本地人一样一定要择校。再说在我看来，我们现在这个学校真挺不错的，学校老师都很认真负责。学校课外活动也蛮丰富的，我不知道好的学校能好到什么程度（笑），但我们学校活动真的很多，像艺术节、体育节、英语节等，接下来的六一儿童节，学校也马上要搞一个很大的活动，另外学校社团活动有鼓号队、合唱队、舞蹈队等，学校还有一些科技活动。我作为家长对学校的整体学习环境感到很满意。（访谈资料 F-P02 含含妈）

曾经在家乡做过教师的含含妈妈对师生关系融洽、教师认真负责、课外活动丰富等方面最为看重，同时也表达了对含含就读的公办小学的充分肯定。

田野研究表明，地区、城乡发展的不平衡造成了教育洼地的客观存在，流动儿童在流入地教师与家乡教师的直接或间接对比中看到了两地教师的差距，从而产生了对流入地教师对比之下的认可和“喜欢”。在流动儿童们眼中，流入地教师不仅学历更高，还公平待人、认真负责，师生关系也更融洽。

二、受关注的感恩

二元户籍制度下的双重身份一方面给流动儿童带来了学习和生活方面的种种难题；但另一方面，其弱势身份也往往使流动儿童成为学校教师特别关注的对象。这种关注可能是出于对流动儿童家庭背景的了解，也可能是出于对流动儿童暂时学习困难的帮扶等。那么，流动儿童及其家长如何看待来自流入地学校教师的特别关注呢？

主动关心。小学一年级从江苏流动来沪的浩浩表示，他没有想到教师们会主动在课下关心询问自己，因为他对自己在学校的表现并不是很有信心。浩浩对老师们主动的关注和关心表示感动和感恩。

> 新学期老师有调整的时候，经常是老师趁课间主动来关心我，问我家住什么地方、爸爸妈妈是做什么的、家里有几个兄弟姐妹、老家是哪里的、学习上有什么困难等，语、数、英三位老师都会问这些问题。我们班主任是英语老师，她上课的时候大部分时间说英文，她是研究生嘛。她刚开始接手我们这个班级时，下课的时候居然主动跟我用普通话交流，我一开始还有些不习惯呢（开心地笑了）。虽然说实际上我很怕老师们突然跑到我跟前和我讲话，我胆子很小的，但老师们对我这个学习不怎么样又是外地来的学生的关注还是让我很感动的。（访谈资料 F-S01 浩浩）

浩浩爸爸妈妈在大都市里从事着最不起眼的路边小本买卖的自由职业，浩浩妈妈原本还担心浩浩会因为“流动”的身份而受到歧视，让她没有想到的是，学校的教师对班级里的每一个孩子都给予了足够的关注，虽然自家孩子学习表现一般，但学校教师给予了一样的关心和重视。浩浩妈妈对学校教师表示了充分的认可。

> 他（浩浩）的几个老师都还挺好的，都蛮不错的，他们对每一个孩子都很好，像我们家这个孩子（学习表现）不怎么突出也能被关注到。其实刚开始的时候我还担心像我们这种（家庭）背景的孩子会不会受歧视呢（不好意思地笑着）。刚调过来（教书）的英语老师兼班主任，她是研究生毕业，对学生的要求很严格；语文老师是本地退休老师，她对学生非常非常好，这样我们做家长的就省了不少的心。平时接孩子的时候我偶尔会去问问老师，从老师那里了解一下我家孩子的情况；更多时候（孩子）在学校表现不好的话，老师看到我们接孩子时会主动讲。我和孩子爸爸对老师们的辛苦付出很感恩。（访谈资料 F－P01 浩浩妈）

义务辅导。田野研究阶段，来自湖北的卫哥成绩优异，自信开朗，但当他给笔者叙述刚来上海的情况时，自称学习“有些吃力”，这让笔者感到有些意外。原来卫哥刚转到上海读小学时学习方面确实有些困难，但在卫哥的自身努力、学校教师与家长的共同关心和帮助下，卫哥在学校的学业表现快速好转。卫哥所在班级的班主任在关注到学生们学习基础的差异以后，主动抽出时间为部分基础不好的流动儿童义务辅导，而包括卫哥在内的流动儿童在对课后“加餐”经历了不解、难为情之后，在家长的引导、成绩的快速提升中逐渐体会到学校教师的良苦用心，并深深感恩学校教师的“无偿付出”。

> 我刚转来上海时学习还是有些吃力的，因为我在老家打的（学习）基础很不好。不过来上海读小学以后，班主任老师注意到我们班有些学生基础不太好，为了不让我们这些基础差的学生一开始就掉队，班主

任老师就在课下或放学后留出专门的时间为我们这些学习(暂时)有困难的同学“加餐”。她通常针对学习中的难点或重要的知识点再为我们义务辅导一下,虽然刚开始我被老师留下来的时候有些难为情,但爸爸妈妈很支持老师这样做,他们说老师是为我们学生好,这叫伟大的“无偿付出”(笑)。当(我们)明白了老师的良苦用心以后,我们都很感恩。(访谈资料 F－S03 卫哥)

卫哥爸爸表示,卫哥所在学校的教师对每一个学生都非常认真负责,不仅义务为包括卫哥在内的基础不好的学生辅导功课,还指导家长科学管教孩子,可以说是尽一切可能“不让一个孩子掉队”。卫哥爸爸对卫哥所在学校教师的辛勤付出表达了发自内心的感激和感恩。

实话实说,虽然我家孩子(卫哥)就读的学校以外地学生为主,但学校的老师对每一个孩子都很负责。孩子刚来上海的时候,学习成绩可不像现在这样(好),我很担心,好在学校老师一开始就抓得很严,在学校里义务为包括我家孩子在内的基础不好的学生“开小灶”,我们做家长的真的很感动。为了与学校一起让他把学习成绩真正搞上去,我对他管得很严的,刚开始游戏是一点都不允许他玩,但后来一次沟通过程中(班主任)老师告诉我说不能把孩子管得这么紧,太紧的话可能会适得其反,可以下一个 APP 限制孩子玩游戏的时间,我后来试了这个办法,真的很好用,孩子不那么抗拒我的“严加管教”了(开心地笑着)。学校老师不仅教给了孩子知识,还教给我们家长一些好用的管孩子的办法,我们作为学生家长,真的很感激学校老师们的辛勤付出。(访谈资料 F－P03 卫哥爸)

多管齐下。琪弟在云南老家留守时间比较长,他的幼儿园、小学一年级和二年级的第一学期的时光都是在老家度过的,小学二年级的第二学期才转学到上海。琪弟原本在云南老家的学习成绩非常不理想，语文、数学满分100分的试卷只能考二十几分。流动到上海后，不一样的教材、新加的英语科目、陌生的环境等对琪弟来说无疑都是新的挑战。对琪弟这样的极端不利情况，班主任无疑给予了多方面的帮助：首先，班主任老师关注到了琪弟学习上的特殊困难情况；其次，班主任老师努力指导琪弟的学习，并帮助他适应陌生的学习环境；最后，班主任老师还在琪弟的座位上做了用心的安排，那就是将学习好的同学安排在琪弟的旁边，让学习成绩优异的学生在学习习惯、学习态度、学习方法上潜移默化地影响琪弟，同时还可以及时解答琪弟在学习上的问题。很明显，在班主任老师的用心帮助下，琪弟的学习成绩在转学到上海后奇迹般地得到快速提升。琪弟及家人对班主任老师的辛苦付出表示了极大的感恩。

> 我在老家的学习成绩很差，每次考试，语文、数学都只有二十几分，老家那边的学校没有教英语。刚来上海的时候，班主任老师为了让我(的学习成绩)尽快赶上来，她不仅经常指导我的学习，让我尽快适应新的学习环境，还专门安排我和学习成绩好的同学坐在一起，这样遇到听不懂或不会做的题目时，我不仅可以问老师，还可以问同学。班主任老师的这个办法很管用，我的各科成绩到上海后很快都及格了。爸爸妈妈对我学习的帮助十分有限，他们都是初中毕业，我的作业很多时候他们是辅导不了的，他们主要管我的生活。因此，我们全家人都很感激老师对我学习的关心和帮助。(访谈资料 F - S23 琪弟)

琪弟妈妈也证实，琪弟转到上海读书后，学习进步非常明显。琪弟妈妈坦承，作为家长，限于知识和文化水平，并不能给琪弟的学习提供直接的帮助，且也没有给琪弟报校外学习辅导班。琪弟妈妈认为，孩子学习成绩的提升主要在于学校教师的辛勤付出，因此，她非常感激。

他在老家的时候学习成绩很差很差的，语文、数学每次都只能考二十几分，我以前都不好意思跟外人讲(不好意思地笑着)。他转到上海来读书后，学校里的老师教得好，也很有办法，虽然我们没有报课外辅导班，我们做家长的也没有能(力)提供学习上的指导和帮助，但孩子学习成绩提高不少，现在主科都能考七十几分了。作为家长我很庆幸把他带到上海来(读书)，我们对他老师的辛勤付出真的是非常感恩。(访谈资料 F－P23 琪弟妈)

特别的关注。成绩优异的含含就读于本地儿童和流动儿童同招的公办小学，在含含看来，学校教师大部分时候对全体学生是一视同仁的，个别时候还会更加关照流动儿童一些，尤其是学习基础相对比较差的那部分流动儿童，教师们不仅亲自为这部分流动儿童义务补课，还动员班级里学业成绩相对优异的学生帮助学习暂时落后的流动儿童。在家庭、社会教育资源十分有限的情况下，这种特别的关注对于部分流动儿童的成长来说弥足珍贵。

我们班上有少部分本地(户籍)学生，但大部分都是没有上海户口的外地(来沪)学生。老师平时待班上的同学都是一样的，个别时候还会更关注外地(来沪)同学一些，比如那些基础差、学习成绩不太好的外地转来的同学。老师时不时义务为他们补课，老师还让我和另外几个学习成绩好的同学帮助那几个学习成绩不太好的同学，比如帮老师检查他们的背诵情况、听写情况等。(访谈资料 F－S02 含含)

田野研究表明，学校教师或出于对学生家庭背景的了解和同情，或出于对部分学习困难学生的帮扶，处于相对弱势地位的流动儿童极易成为学校中教师关注的对象，这种关注可能是教师的主动关心、教师亲力亲为的义务辅导，也可能是全方位的多管齐下以及教师特别的关照等，流动儿童及其家长则对学校教师的关注和无私的帮助表达了由衷的感激和感恩。

三、教师个人魅力的吸引

教师个人魅力在师生互动中也发挥着重要作用，田野研究中相当一部分流动儿童因为教师的个人魅力而喜欢上学习，或由此启迪了人生的理想。“没有教不好的学生，只有不会教的老师。”日常生活中，我们经常会听到关于某个传奇教师的存在；每个人在回顾自己的求学之路时，也总能列出一个或几个化腐朽为神奇的师者。经验表明，当学生有机会参加各种调动他们的自然冲动的活动时，上学便是一件乐事，学生管理不再是一种负担，而学习也就比较容易了（杜威，1990：207）。

有“趣”的课堂。浩浩就读的是一所以招收流动儿童为主的民办学校，他在班级里学习成绩中等，明确表示自己在四、五年级语文课上听得最投入，最喜欢的课也是语文课，但对一至三年级的语文课却不那么喜欢。从浩浩的表述中可以看出，同样是语文课，教师的更换加上教学方式方法的改进，使得师生之间从零互动走向了相互理解的互动，学生上课积极性及投入度大为增加，并能感念“老师特别负责任”。

> 我现在语文课听得最投入，教语文的×老师课上讲得很有趣，很有吸引力。一至三年级的（语文）老师总是让我们抄写抄写，不让我们回答问题，都是讲一些简单的问题，没有学习重点，但×老师就不同了，×老师是不会让我们抄什么的，她会讲好学习内容后让我们先做题目，然后再订正。她说真正弄懂一个问题，仅抄写是不够的。×老师对每个学生都特别负责任，虽然她不是我们班主任，但我们都特喜欢×老师。（访谈资料 F－S01 浩浩）

好的教学方式方法往往能激发学生课堂上聆听的兴趣，卫哥对英语老师问答型的课堂教学很感兴趣，依依则对数学老师授课时的一题多解倍感着迷，雨弟对语文老师的生动教学印象深刻。相比之下，依依表示，新调来的五十多岁的语文老师上课很枯燥，班上同学们听课时都打不起精神，聆听效果很差，几乎没有有效的师生互动，同学们的语文成绩普遍下滑。

我最喜欢听的课是英语课，英语老师上课的方法很好，经常是问答型的教学。（访谈资料 F－S03 卫哥）

我觉得数学课的聆听更投入些吧，因为数学老师讲的那些方程总有很多种不同的解法，我想这些会对我们今后上初中、高中、大学有帮助吧。除了语文老师，我们与其他老师的交流都蛮多的，语文老师上课讲得太枯燥了，是新换的老师，五十多岁，特别啰唆。（访谈资料 F－S04 依依）

语文课上我听得更投入些，因为语文老师讲得很生动，不死板。（访谈资料 F－S20 雨弟）

丰富多彩的教学内容、教师幽默的谈吐等也能为教学增色不少。君君是一个很健谈的活泼姑娘，她为我们生动刻画了英语、语文、数学三位老师的不同课堂互动形象：英语老师巧妙利用课外素材以及英语歌曲、动画片等资源，打造出了丰富多彩的英语课堂，使学生在喜闻乐见的游戏中实现智力和道德的成长，这也与哲学家、教育家杜威所提倡的“教学应从学生的经验和能力出发”（杜威，1990：207）相吻合；语文老师的克制隐忍形象则在君君的描述下跃然纸上，“总是把手放在口袋里”，“不得体罚学生”制度的规训作用明显；数学老师的幽默风趣则一方面巧妙制止了个别学生的违反课堂纪律行为，另一方面又很好地活跃了课堂气氛，调动了课堂上全体同学与教师在理解中互动的积极性。

我最喜欢上英语课，因为英语老师会让我们在课堂上做游戏。英语老师的朋友在国外，她会给我们讲她朋友在国外的经历，给我们听好听的英语歌曲、看好看的英语动画片，所以我们觉得英语课特别有趣，同学们都听得非常投入。语文老师是一位男老师，他说他胃不好，不能生气，所以他尽量控制自己不生气，总是把手放在口袋里。他还告诉我们为什么会把手放在口袋里，他说之前有个老师生气的时候动手打了一个学生，学生家长告到校长那里，老师就被处分了。从那个事情之后，他就总是把手插到口袋里，他生气的时候总是说“我现在特别想揍你们，但是我得忍”。数学课我也比较喜欢，数学老师很幽默，在课堂上总会给我们讲一些俏皮话。我们班有个同学特别喜欢讲话，不好好听讲，数学老师就会在班上点他的名字，并讲道“×××，你是来上学的，还是来养老的”，同学们就都被逗笑了。（访谈资料 F－S22 君君）

毋庸置疑，课堂是师生互动的主要场域，是有着不同惯习的师生交往互动的舞台。一个人的活动和别人的活动联系起来，他就有一个社会环境（杜威，1990：14）。课堂环境某种程度上具有高夫曼所称的拟剧效应（高夫曼，1992：85－113），作为师生表演前台的课堂对教育的成败起着至关重要的作用。课堂是知识传授、道德教化及人格培育的主要承载体。已有研究表明，课堂教学中的师生关系直接影响学生的学习结果（朱伟强、黄山、盛慧晓，2017）。有“趣”的课堂有助于流动儿童“向师性”情感的培养，进而促进流动儿童学习成绩的提高。

温和的性情。对涵涵来说，课堂上任课教师的教学方法“有趣”很重要，性情温和也同样甚至更重要，其列举的语文、数学、英语教师的一个很重要的特征就是“凶”或“不凶”，数学课从原本的喜欢到现在的“慢慢不喜欢”，直接原因就是现在的数学老师“太凶”。

（我）语文课听得最投入。语文老师是班主任，讲课有趣，我们回答不出来她提问的问题时，她也不会凶我们。其他老师都很凶的，英语老师还好一些，数学老师是最凶的。我本来喜欢数学的，现在慢慢不喜欢了，以前的数学老师还好，现在这个数学老师太凶了。以前的英语老师

跟现在的数学老师一样,很凶。现在的英语老师还好,经常跟我们开一些玩笑什么的。(访谈资料 F - S12 涵涵)

抛开性格方面的因素不讲,“凶”与“严厉”是两个概念,但部分教师很多时候把两个概念混淆了,学生回答不出来问题就罚站、摔本子、撕试卷,这些行为只会降低学生学习的热情和积极性,对提高教学效率毫无助益。

全身心的投入。除了教学方法的改进,教师授课时全身心的投入也是吸引学生聆听、增加师生主体间理解达成的重要因素。淇淇明确表示,语文老师授课时的认真负责及耐心引导是吸引自己听课投入的重要原因。

我语文、英语、数学的听课投入度差不多,相比较之下我最喜欢语文。最喜欢语文是因为语文老师讲课很认真,很仔细。课上回答不出来问题,语文老师会耐心地启发我们,引导我们。语文老师对我们很好,她同时也是我们班的班主任。(访谈资料 F - S13 淇淇)

学习共同体的打造。教师肯与同学们一起做游戏、生活上关心照顾学生则是飞飞喜欢英语课的重要原因。

我最喜欢上英语课,英语老师对我们非常好,下课的时候她会跟我们一起玩。英语老师对我们一直都很好,又是我们班主任,她还教我们表演课,表演好的话老师还会带我们出去吃东西。还有我们出去春游的时候,英语老师会开手机“热点”给我们联网,她对我们各个方面都很好(脸上露出开心的笑容)。(访谈资料 F - S07 飞飞)

师生学习共同体的打造在近些年颇受关注,教师“高高在上”虽能保障其形式意义上的“权威”,但很多时候会引起学生“敬而远之”的反应,无法达成师生主体间的相互理解和尊重;师生学习共同体的融合则能更好地激发学生的亲师性，师生之间的互动及理解更容易达成。

人生理想的启迪。教师的人格魅力往往对中小学阶段的学生有巨大的号召力，他们很多时候会把有着“高大”人格形象的“教师”作为自己的职业理想。比如，君君就明确表示自己人生理想的树立很大程度上是受班主任的影响，她未来想做一名教书育人的教师，正是班主任在不知不觉中成为她人生道路上的指路明灯，君君在与班主任的交往互动中明确了自己的人生理想。

> 我的理想是做一名人民教师。我有这个想法，受班主任的影响很大。班主任一直带我们(班)，她不仅课上得好，对同学们也好。她告诉我们，每个人都要有自己的理想，否则成不了大事，我希望自己未来能像班主任那样教书育人。我大概在三年级的时候就有这个(长大后做教师的)想法了。(访谈资料 F－S22 君君)

教师春风化雨般的教育教学也能在不经意间为流动儿童播撒理想的种子，引导流动儿童树立远大的人生志向。比如，不太擅长交流的杰弟就表示，自己是在听完语文老师的一堂课后萌生了未来做医生的想法，虽然语文教学看似与启发学生的人生理想——未来做医生——之间没有直接的联系，但正是在这个主体间性的理解过程中，杰弟受到了未来发展目标的启迪，并构筑了一个值得他追求的人生理想。

> 我以后想做医生。我有这个想法是受语文老师的影响，四年级的时候开始有这个想法的。记得有一次语文课的内容是关于医生方面的，老师讲得非常感人，上完课后我就有了未来做医生的念头。(访谈资料 F－S16 杰弟)

教师课上课下对学生各方面兴趣的激发也能引导学生找到自己的人生

理想,“兴趣是最好的老师”,有了兴趣的指引,未来发展目标的明确就不会太困难。比如,口齿伶俐的依依表示,自己未来当作家的人生理想的确立正是因为语文老师激发了她读书的兴趣,而当“书”变成她的最好的朋友之后,仅仅只是“读”已满足不了她的内心需要,未来能够“写”逐渐成为她的追求。

我未来想做作家。我有这个想法是在四年级时受语文老师的影响。她使我变得特别喜欢读书,也特别喜欢写作文。(访谈资料 F-S04 依依)

在知识传授中实现学生价值观、人生观的引领是当今教育的基本要求。各学科教师课上讲授的精彩内容也能成为激发流动儿童追寻未来人生目标的原动力,知识能够引领流动儿童构建未来发展蓝图。卫哥表示,正是语文老师、自然老师课上讲的关于科学方面的知识激发了他对科学的兴趣,“未来成为一名科学家”由此成为卫哥不懈追求的人生理想。

我长大后想做科学家。语文老师、自然老师都讲过这些东西,反正物理、化学什么的我都比较感兴趣,我大概是在三四年级开始有这样的想法的。(访谈资料 F-S03 卫哥)

除了课堂上传授的知识,教师的某项技能也可能打开流动儿童未来职业理想的一扇窗,比如恩哥表示:

我想做音乐家,二年级看音乐老师弹琴的时候我就开始有这个想法了。老师弹出来的曲子特别好听,我被音乐深深地吸引了。(访谈资料 F-S14 恩哥)

虽然当下看恩哥的梦想不一定现实,也不一定能实现,但至少他青春年少时有过自己的追求。

田野研究表明，教师温和的性情、全身心的投入，及其打造的有“趣”课堂、学习共同体等均能使流动儿童喜欢上课堂，喜欢上师生交往，由此产生对师生互动的积极评价。此外，教师的人格魅力、春风化雨般的教育教学、兴趣的激发、知识的传授以及教师的某项技能等均能在无形的主体间交往理解中启发流动儿童，并使流动儿童逐渐明确为之不懈奋斗的人生理想。虽然他们今天树立的人生理想可能有些幼稚，有些不切实际，未来理想可能还会随着环境的不同而发生变化，但这并不影响当下人生理想对流动儿童们行动的引领和促进作用，也许在不懈努力之下，未来可期。

四、自发的喜欢

有一种喜欢叫“就是喜欢”，可以说没有什么比自发喜欢更能显示流动儿童的能动性。流动儿童们可能因为自身各种各样的原因喜欢某位教师、喜欢某门课程，他们或者主动地投入，或者习惯性地举手发言，或者因感兴趣而喜欢，或者因环境宽松而喜欢，等等。那么，这种自发的喜欢对于流动儿童的学习来说意味着什么呢？

主动地投入。部分流动儿童“有目的地”喜欢某门课，比如活泼好动的龙哥就明确表示因为自己想当歌星，所以最喜欢音乐课。龙哥说：

> 我最喜欢上音乐课，因为我未来想当歌星。（访谈资料 F－S09 龙哥）

“最蹩脚的建筑师从一开始就比最灵巧的蜜蜂高明的地方，是他在用蜂蜡建筑蜂房以前，已经在自己的头脑中把它建成了。”（马克思，2018：208）虽然“当歌星”这个人生发展目标目前只是一个梦想，未来实现的可能性也较为渺茫，但对于龙哥来说，这个目标是他自发确定的，决定着他现在和未来学习活动的投入和方式，他在不自觉中使他的学习活动服务于这个目标。

部分流动儿童因为自己擅长某方面而喜欢上一门课，峰哥和杰弟很明显属于这种情况。

> 我在美术课的课堂上听得更投入些。我最喜欢美术课是因为我比较擅长画画，我在班里（画画）算是前两名吧。（访谈资料 F－S11 峰哥）
>
> 我英语课听得最投入，因为英语是我最擅长的科目。（访谈资料 F－S16 杰弟）

擅长的科目能给予学生足够多的自信，而自信能够帮助学生快乐成长。德国学者鲁多夫·洛克尔（Rudolf Rocker）有句名言，“信心是行为的父亲”，因此，毫不夸张地讲，自信是学生成长的助跑器，学生对某门课程建立起自信心后，课上主动的互动及理解就会明显增加。“有目的地”学习是达成课堂上主体间性的内在动因。

习惯性地举手发言。课堂对于部分学生来说是信心满满的表演地。含含表示没有不喜欢举手发言的科目，自己会的内容从来没有犹豫过是否举手，倒是很多时候苦恼自己能否被叫到，因为举手的人太多了。

> 语文、数学、英语课上我都会举手发言，没有不喜欢举手发言的科目，除非是真的不会，否则我都会举手，但可能很多时候我举手了也没被老师叫到。（访谈资料 F－S02 含含）

跃跃的情况与含含类似，自信满满的同学基本上不会把举手回答问题当成负担，而是看成了课上学习的一部分，真正实现了师生主体间互动中的理解。

> 我喜欢举手发言，一年级就养成了（课上举手发言的）习惯，只要题目会做，我就想举手。（访谈资料 F－S06 跃跃）

飞飞同学还能从积极回答问题中寻得意外的收获，说是意外，其实是意料之中的收获，积极回答问题的同学在主动思考、语言组织、表达输出中不仅锻炼和发展了综合素质，还掌握和巩固了新知识。

在语文、数学、英语课堂上我都会举手发言。我比较喜欢举手发言，（举手发言）可以让我学到新的知识，还可以加深对课上所学知识的印象。（访谈资料 F－S07 飞飞）

龙哥自称“话痨”，擅长在各种场合发表观点，课堂这么好的平台龙哥当然不会错过，各门学科的课堂均是龙哥的表演地，举手发言对龙哥来说非但不是负担，反而是一种释放自我、表达自我及增长知识的绝佳机会。龙哥的学习成绩在班级里一直名列前茅，也许正是积极有效的课堂参与一定程度上弥补了家庭教育中父母的缺位，使得龙哥在“祖辈代理父母”的情况下仍能有较好的学业表现。

语文、英语、数学课上我都举手发言，我喜欢举手发言是因为我觉得很有趣，且可以让我学到很多知识。（访谈资料 F－S09 龙哥）

对于习惯性地举手发言的这部分同学来说，课堂上的交流互动已经变成了他们日常生活中的一部分，他们的苦恼往往是老师能不能点到自己。因此，他们没有任何举手表达的负担。

受欢迎的兴趣活动课。兴趣活动课是上海市中小学拓展型课程体系中的一部分，各个学校叫法不一，部分学校叫快乐活动课，部分学校叫拓展课，还有些学校直接叫兴趣课。上海市教育行政主管部门在年度课程计划中明确要求学校每周集中安排一个半天（建议安排在下午）用于实施“快乐活动日”[①]，兴趣活动课是快乐活动日的内容之一。兴趣是最好的老师，承认兴趣在有教育意义的发展中的能动地位，其价值在于使我们能考虑每一个儿童的特殊能力、需要和爱好（杜威，1990：138）。兴趣是一种动力，感兴趣就能专心致志，

① 详见上海市教育委员会：《关于印发上海市中小学 2019 学年度课程计划及其说明的通知》（沪教委基〔2019〕39 号），https：//edu.sh.gov.cn/xxgk2_zdgz_jcjy_01/20201015/v2-0015-gw_402152019004.html。

全神贯注于某个对象(杜威,1990：134)。

谈话间,下午的第二节拓展课(兴趣课)开始了,×老师带我把学校所有的兴趣课观摩了一遍,其中一、二年级统一上环境课(区里开发的课程),其他年级的兴趣课主要包括：操场上的篮球、鼓号、花样跳绳、竹竿舞、船模(组装船模在水上直航)课等;教室里的手帕舞、体操、舞蹈、朗诵、十字绣、古筝(外面的专业教师每周二先指导学校的教师,学校的教师再教学生,教师边学边教)、绘画、书法、车模(组装车模)、建模(组装房子模型)、空模(组装飞机模型到操场上试飞)、合唱课等。×老师在介绍时讲道,形式多样的拓展课大部分是学校教师根据自己的特长开发出来的。(田野笔记 T－002)

上海市中小学拓展班里的兴趣活动没有全市统一的教学大纲,往往是中小学校根据自身师资、环境等方面的资源实情因地制宜而设置的,通常开设艺术类、科技类、文化知识类及生存技能类活动课程,这类课程也是助学志愿者发挥作用的主要领域。依据兴趣活动课的可选择性,大致可以分为以下三类。

一是根据个人爱好自行选择的兴趣活动课。跃跃就读于以招收流动儿童为主的民办小学,跃跃表示,兴趣课最初是自己根据个人爱好自由选择,选好后就去上,中途虽然可以放弃,但放弃后就不能再选择其他的兴趣课了。可以看出,跃跃选修的兴趣课都是由班主任带教的,这一点与副课情况不同。从全市范围内来看,无论是公办学校,还是民办学校,兴趣课通常没有专职教师(专业性较强的游泳活动课除外,后面会谈到,游泳课不是每个学校都会开设的),往往是由校内各科教师根据自身特长情况开设的。

我们每周二下午有2节兴趣课,(兴趣)课的课程每年9月份开学时就定好了,学校会发一张(选课)表,我们就在喜欢的课上打钩,选好后不管你喜欢不喜欢都得上，当然你真的不喜欢是可以撤掉的，但是撤掉之后就不能报别的兴趣课了。所谓的撤掉，就是你可以跟老师说你不想选这门兴趣课了，老师同意后就不再让你上台表演节目，你在后面当观众就可以了。我蛮喜欢兴趣课的，我参加过好几个兴趣课。我上过的兴趣课有班主任教的话剧，还有跳棋。我现在上的兴趣课就是话剧，节目已经排练好了，我们马上要表演了。（访谈资料 F－S06 跃跃）

好妹心灵手巧，兴趣爱好广泛，对于兴趣课能够选到自己喜欢的编织、十字绣及舞蹈甚是开心。同时她表示在自己的努力付出下，兴趣课收获满满：编织课上她学会了编织很多东西，比如“福字”“鞭炮”还有手上戴的手链等；十字绣课上她学会了绣好看的图案；舞蹈课则使她有机会上台表演。

我一年级上的兴趣课是英语老师教的编织，二至四年级上的兴趣课是另一个英语老师教的十字绣，五年级开始上语文老师教的舞蹈，我很喜欢这些兴趣课（非常开心地笑着）。兴趣课都是学科老师兼职教学的，上哪门课是我们自己选的。（访谈资料 F－S18 好妹）

无论是话剧、跳棋，还是编织、十字绣及舞蹈，这些是基础课程中通常不会涉及的，拓展出来的兴趣课程虽依然是由熟悉的基础学科教师教授，但我们可以看到，基础课程与拓展课程两种不同的课程类型中的师生交往互动是很不一样的：对前者，学生是没有选择性的，是必须完成的学业任务，教师需通过课上课下布置作业、考试等多种形式对学生加以督促和引导；后者则是学生主动选择的，兴趣的驱动使大部分同学在没有外力的干涉下也能做到专心致志、全身心投入，真正实现了快乐教育。

也有同学根据个人喜好选择了基础课程的延展兴趣课，比如，康弟选修了美术、羽毛球兴趣课，这些内容其实在美术、体育与健身等基础性课程中也有涉及，但康弟认为自己在美术及羽毛球方面表现突出，如果在兴趣课上继续加强一下也很开心。

我上过美术（四、五年级）、羽毛球（三年级）兴趣课，这些课都是我自己选的。我很喜欢这些兴趣课，至于原因：第一我个人认为我画画挺好看的，像我画的“植物大战僵尸”特别像；第二是我对羽毛球非常感兴趣，且我打得很好。（访谈资料 F－S05 康弟）

部分同学的兴趣爱好比较专一，比如云哥先后选修的兴趣课全是棋类的；更专一的同学非江弟莫属，小学五年里，他全部选修了舞蹈兴趣课。

我参加过五子棋、跳棋、象棋兴趣课，我很喜欢这些棋类兴趣课。（访谈资料 F－S10 云哥）

我一至五年级都选的是舞蹈兴趣课，老师看我跳舞动作好，就一直让我跳，我很喜欢舞蹈兴趣课。（访谈资料 F－S19 江弟）

其实江弟所在学校的教师在开设兴趣活动课上可以说是使出了浑身解数，开设的活动课让人眼花缭乱，除了前文提到的兴趣课，还有啦啦操、表演、信息（电脑）、毛笔字、朗诵、成语故事、钻石画等兴趣课程。像江弟这种五年一贯制参加舞蹈兴趣课，不是缺乏选择性，而是已把兴趣爱好发展成了特长。

二是“学生—教师”双向选择的兴趣活动课。其实并不是所有兴趣活动课仅凭学生选择就可以参加，逸逸表示，自己上的一些兴趣课就是由教师来挑学生。教师会对报名参加活动课的学生进行挑选，主要是要考查学生的基础条件，比如打鼓兴趣课要考查节奏感，表演兴趣课要考查口头表达能力，等等。

我参加过英语老师开的兴趣课——环保小队，数学老师开的兴趣课——幽默小队，还参加过音乐老师开的兴趣课——打鼓。这些兴趣课有的时候不是我们自己选的，是老师来挑的（学生）。我很喜欢这些兴趣课，因为这些课的“节目”都不同，有些非常好笑有趣。英语、数学老师上的兴趣课都是排节目的，老师会挑一些“演员”，给他们台词，让他们表演，比如讲笑话、吹牛皮啊什么的（笑）。（访谈资料 F－S17 逸逸）

雨弟详细描述了自己选修兴趣课的过程，不难看出，一些学校兴趣课的选择有一个“自己选—教师选—重新选”的过程，直到所有愿意上兴趣课的同学都能选上课为止。“教师选”环节的增加某种意义上可降低学生“误入”不合适的兴趣课的风险，减少学生选修后又申请退出而导致的资源浪费。

我参加过版画、成语鉴赏、吹笛子三个兴趣课，分别是在一、三、五年级。我们这个拓展课先是自己选，然后老师再从选（课）的人里面挑，没有被挑上的同学再去选别的拓展课。（访谈资料 F－S20 雨弟）

三是兴趣活动课中的必修课。就读于公办学校的流动儿童含含，其拓展课中多了一门必修课程——游泳课。游泳课作为一门生存技能课，在上海部分区是作为拓展课中唯一的必修课来开设的，有条件开设的学校通常是在每周的某个固定时间段把学生拉到就近的游泳馆，由专门教练负责游泳培训，试点学校的学生不仅要人人必修，还必须通过结业考核，具体的要求是至少掌握一种泳姿（能独立游出 20 米），目的是让学生都能具备基本的水中运动和自救技能。

我们学校一至五年级全部有拓展课，一、二、四、五年级安排在星期二下午最后两节，同学们可以自己选择一门喜欢的拓展课去上。三年级的游泳课是不能自己选的，每个学生都要上。游泳课通常安排在周三或周四的下午，我们会被老师带到××体育馆学习游泳，且游泳课是有考核的，考核不合格者还得补考，但其他拓展课通常是没有考核的。我很喜欢学校开设的拓展课。（访谈资料 F－S02 含含）

含含三年级上学期的游泳课属于学生免费学习的必修拓展课，震哥与含含情况相似。免费游泳课的开设对于大部分流动儿童家庭来说是颇受欢迎的，众所周知，自费学习游泳课的话，是一笔不小的开支，且学习效果不一定好。因各种原因报数次游泳培训班仍不会游泳的小朋友大有人在，但学校统一开设的游泳课受朋辈学习、集体行动及考核压力等方面的共同影响，学生游泳技能的掌握率大大提高。

我们三年级的拓展课是游泳，不能自己选，每个学生都得上，其他年级的拓展课都能选。虽然（游泳这个课）不能自己选（择）上或不上，但大家都很喜欢，免费教游泳谁不想学啊（开心地笑着）。（访谈资料 F－S08 震哥）

拓展班里的兴趣活动对于部分流动儿童来说显得十分宝贵，他们的原生家庭往往较少选择通过课外辅导班的形式培养子女的兴趣爱好和特长，而兴趣活动课为这些孩子打开了一扇窗，虽然这扇窗打开程度有限，但还是给部分来自底层家庭的流动儿童们增加了一丝多彩的梦想和希望。

宽松环境下的课间交流。也许并不是所有的学生在课间都盼望着或都喜欢与教师交流，也许并不是所有的教师都有时间在课间到教室走动，但对于大部分的同学和教师来说，在时间允许的情况下，课间必要的交流和沟通非常有助于增进师生了解、消弭师生之间的距离感，且部分同学真的喜欢或需要在课间与教师进行交流和沟通。

一是班干部与教师课间的交流。部分流动儿童因为担任班干部的关系，课下与教师的接触及交流较为频繁，班干部通常是联结教师（含班主任与各科教师）与全体学生的桥梁。比如，跃跃表示，自己不仅是英语课代表，还是小队长，因此，与英语老师及班主任的交流都比较多，且他认为喜欢与教师们交流是对班干部的基本要求。

> 我是英语课代表，经常帮老师收作业、送作业，我课间跟英语老师交流很多；另外我还是小队长，跟班主任交流也不少。多与老师交流、喜欢与老师交流那是做班干部的基本条件呀（笑）。（访谈资料 F－S06 跃跃）

国内普遍采用的班级授课制使得班主任成为一个班级的核心管理者，除“班级里人人都是班干部”的极端个别案例外，班主任通常会以成立班委会的形式来分担千头万绪的管理职责，班委会一般设立班长、副班长、学习委员、宣传委员、文娱委员、劳动委员、体育委员等职务，各科课代表及小队长（小组长）辅助班委开展工作。如此架构下，班主任及任课老师的琐碎管理事务将会大大减少。因此，出于每日上传下达、收发作业等的需要，班级里大小班干部与班主任及任课教师的交流机会较普通同学来说大幅增加。

口齿伶俐的依依擅长写作，数学成绩也比较优秀，因此在班级里不仅担任宣传委员，还是数学课代表。作为能说擅写的宣传委员，受到班主任的倚重是意料之中的事情，聪明的班主任通常擅长调用得力的班委会成员，既解放了自己，又锻炼了学生的综合能力，培养了学生认真做事的习惯，何乐而不为呢？叶圣陶先生有句名言：“凡属于养成习惯的事，光反复讲未必有用，一句老话，要能游泳必须下水。”古往今来，“在做中学”是颠扑不破的真理。

> 我课下（与老师）的交流挺多的。除了语文老师，我与其他老师的交流也是蛮多的，我们的班主任是数学老师，跟他交流最多，因为他是班主任嘛。老师们经常给我发表意见的机会，比如一些活动具体怎么开展，老师们会询问我的意见。（访谈资料 F－S04 依依）

对"聊天"情有独钟的龙哥在三年级时身兼数职，课间应该是充分过了一把"唠嗑"瘾。对龙哥来说，找老师们畅聊既是工作需要，又是个人喜好，但教师们似乎有些"受不了"，毕竟教师们需要面对的、需要交流互动的不只是他一个人，如果时间全被他一个人占去了，这对班上其他同学来说是不公平的。果不其然，后面换届改选时，龙哥自述自己的"职务"就没有那么多了，因为班干部虽然通常是小朋友们自己选出来的，但最后班主任还是要把一下关、做一下调整的。

我三年级的时候是副班长兼数学课代表兼小队长，我课下与老师们的交流很多很多。老师们后来嫌我烦，她们说我是"话痨"（不好意思地笑了），班干部换届时就不让我兼那么多"职务"了。（访谈资料 F－S09 龙哥）

二是因请教问题主动与任课教师的交流。课间与教师的交流其实并不是班级内大大小小班干部汇报工作的专利，相当一部分流动儿童因为自身学习的需要而主动与教师进行交流互动，比如康弟表示，自己会在下课时向部分任课教师请教问题。

课间有时间我就会找老师交流，比如说向老师请教一些学习上的问题，但不是跟所有老师都有交流，我主要是跟数学和体育老师有交流。（访谈资料 F－S05 康弟）

卫哥、琪弟的情况类似。由此可见，对于相当一部分同学来说，课间这段时间是很好的查缺补漏、解开心头疑惑的时机，课堂上没有听明白、作业中做不出来的疑难问题在课间的一问一答中豁然开朗。

我课间通常与英语老师交流更多一些，一些不会做的题目、错题什

么的我都会去请教英语老师。（访谈资料F－S03卫哥）

我课间有时候会向英语老师问一些不太懂的题目。（访谈资料F－S23琪弟）

对于当下普遍的学生面向黑板和讲台、纵横分明的大班教学模式来说，有针对性的课间答疑解惑很好地弥补了整齐划一的大班授课制的缺陷。试想在一个坐着三四十人的教室里，讲台上再优秀的教师也很难保证每个问题都能讲到每位同学都明明白白，因为现实情况是每位学生的学习基础不一样，接受新知识的反应速度也不一样。基于此，PISA测试发起人安德烈亚斯·施莱歇尔（Andreas Schleicher）就呼吁，要充分利用教师的时间，包括很重要的课堂之外的时间。充分利用教师的时间是卓越的学校体系的独特表现之一，“学校花费大约三分之一的教学时间进行课堂外的学习，因此教师有充足的机会帮助表现不佳的学生和培养才能，……因为学校认识到在课堂教学之外可以为学生做更多的事情（施莱歇尔，2018：91－93）”。虽然课堂是知识传授、人格养成的主阵地，但课堂的拓展及延伸对学生的成长同样重要，课堂之外师生主体的交往互动更能彰显平等与理解。在流动儿童们看来，无论是师生之间课间的闲聊、问题交流，还是教师无意间的启发，总能带给他们成长的灵感和触动，总能在不经意间拨动他们成长的心弦。

课间交流在流动儿童师生之间普遍存在，大部分同学或因为担任班干部上传下达的需要，或因为请教问题的需要喜欢主动与各科教师进行主体间交流互动，放松环境下师生之间的理解情况良好。

五星红旗下的成长。每当耳熟能详的歌曲《五星红旗迎风飘扬》在耳边响起，总是让人禁不住想起学生时代每周一早上令人心潮澎湃的升国旗仪式，这种发自内心的激动和喜欢也许会伴随我们一生。目视五星红旗在雄壮的国歌中冉冉升起，总能激起人们强烈的民族自豪感和爱国心。中小学运动场上每周一次的升国旗活动是爱国主义教育、公民意识教育以及德育实践活动的极好载体。青少年在社会生活中所必须具有的态度和倾向的发展，不能通过信念、情感和知识的直接传授发生，它要通过环境的中介发生（杜威，1990：2）。运动场上升旗仪式的整体环境氛围非常有利于包括流动儿童在内的全体中小学生的国家意识和民族自豪感的培养，如果流动儿童能被选上做升旗手、主持人或发表国旗下的讲话，那就不仅仅是爱国主义教育及道德教育了，流动儿童在师生互动、生生互动中仪表仪态、胆量及表达等方面的综合素质也将会大大得到提升。对于流动儿童来说，他们往往要经过竞争才能走上升旗仪式的神圣舞台。

一是通过公平竞争走向舞台。含含就读于流动儿童与户籍儿童同招的公办小学，学校每周一都举行升旗仪式，为提高学生的主体意识和能动精神，该学校在三、四、五年级中训练当家中队，当家中队是指三、四、五年级各个班级轮流“当家”。“当家”之后轮值班级同学选报职位，比如说小礼仪（门口站岗）、小哨兵（每个楼层检查）、小白鸽（检查三操），还有升旗手、护旗手和升旗主持人等职位，这些职位都是学生自己先报名然后同学评选，胜出的学生才能负责某个岗位。

> 升旗仪式成员自愿报名的时候，本地外地小朋友都很积极，能否被选上主要看平常表现，跟其他方面没有关系。升旗仪式成员包括升旗手、护旗手和小主持人。我当过小主持人，主持整个升旗仪式。我主持升旗仪式的时候，会上台把整个流程及一周活动安排简单介绍一遍（讲这些时神情充满自豪），升旗手也会做一下自我介绍。我认为被选上做主持人是很光荣的一件事情。（访谈资料 F－S02 含含）

含含的神情表明，她对依靠优异的表现和自身努力公平竞争来的“当家”职位已不仅仅是喜欢，而是相当自豪。升旗仪式主持人职位的上岗，不仅让含含锻炼了勇气及表达能力、发展了多方面的综合素质，还让她充分体会到了班级里公平竞争的民主氛围。通过公平民主的“当家”上岗，学生们在升旗仪式中培养的不仅仅是国家情怀，还有社会意识和公民意识，主体性和能动性也得到了很好的发挥和锻炼。

震哥同样就读于流动儿童与户籍儿童同招的公办小学，他对自己能做国旗下的演讲感到非常自豪。震哥讲了一个有趣的细节，老师对发言同学的字数其实是有限制的，但有机会上台发言的同学通常都会超过字数限制，因为大家都感觉机会太难得了，演讲时一激动就会收不住，感觉给自己的时间太短了。国旗下的发言不仅让震哥受到了深深的爱国主义教育，还锻炼了震哥的写作与演讲能力。

> 我在台上讲了我会保护国旗、爱护国旗，让国旗每天飘扬在学校的上空等。我们国旗下的发言每次主题都不一样，通常会讲爱国、安全、道德等方面，每个人的发言内容都是自己写的，发言稿写出来后交给老师检查修改，内容及字数须符合学校要求，老师检查修改好后我们再上去演讲。（访谈资料 F－S08 震哥）

二是通过班主任培养加指定的方式走上舞台。跃跃就读于以招收流动儿童为主的民办小学，学校每周一次的升国旗活动也是由三至五年级的各个班级轮流负责，轮到的班级推选两名主持人。但与多数情况下主持人由学生选举产生不同，跃跃班主任采用的是培养加指定的方法，跃跃虽然最初没有被选为培养对象，但成功替补出场。跃跃认为升国旗活动很神圣，每次参加都很激动，主持升旗仪式的经历让他的自信心倍增。

> 我主持过升旗仪式，马上我又要主持了。我们班主任跟其他老师不一样，她是一开始就培养两个朗读好的女同学，通常是她们主持，但现在其中一个女同学转走了，我就替补上场了（得意地笑了）。（访谈资料 F－S06 跃跃）

君君同样就读于以招收流动儿童为主的民办小学，君君既做过主持人，也做过升旗手。其所在班级主持人及升旗手的产生是班主任在自愿报名的基础上选拔出来的。君君能两次被挑选上台，一方面说明君君在班级里确实比较优秀；另一方面也说明班主任对君君第一次上台的表现比较满意，否则不会再给她上台的机会。

> 我们班一学期有两次上台升国旗的机会，第一次轮到我们班的时候我负责主持，第二次轮到我们班的时候我负责升旗。我感觉能参加这个活动是一种荣誉，毕竟最终哪个同学上台，是班主任在我们自愿报名的基础上挑选出来的。（访谈资料 F－S22 君君）

三是从高度紧张到驾轻就熟。上台主持或参与升国旗仪式对相当一部分同学来说是很紧张的，尤其是第一次上台，紧张情绪更明显。卫哥表示，他三年级第一次上台主持升国旗仪式，两条腿抖到站不稳，但随着主持次数的增加以及对程序的熟悉，到五年级时，上台主持对卫哥来说已成了驾轻就熟的事情了。卫哥对主持台词能做到脱口而出，他以超快的语速给笔者展示了主持时常说的一段话，甚至连搭档的话也一起背了出来。

> 我主持过好多次升国旗仪式呢，三年级我第一次上台时的最大感觉是紧张，现在我的感觉是自豪吧。台词我都会背了，每次的程序是一样的。就像这样："担任本周荣誉升旗手的是我们五×中队的×××、×××、×××同学。"另外一位女生主持人就会分别介绍一下这三位同学，比如："×××同学是我们班的卫生委员，对待工作踏实勤奋，不怕苦，不怕累，每天组织同学打扫卫生，得到老师、同学们的一致好评，等等。"这个活动是各班轮流，每周一个班。（访谈资料 F－S03 卫哥）

卫哥展示的对主持人角色的驾轻就熟让笔者感到既喜又忧：喜的是卫

哥从最初上台腿抖到站不稳到现在的台上台下信心满满，卫哥的进步惊人；忧的是如果上台展示的学生长期固化的话，其他同学的锻炼发展机会从何而来，毕竟一个班级里有三四十个同学，虽然每个同学表现差异很大，也不是所有同学都愿意、都喜欢上台，但应尽可能给每一个愿意上台的同学提供展现自己、锻炼自己的机会。

四是部分不想只做台下观众的流动儿童急切盼望上台。没有上过台的部分同学急切盼望着有朝一日能被选上，比如飞飞认为因为自己不是大队长、班干部，因此丧失了上台的机会，但其内心是非常想参加这个活动的；思弟则是因为个子矮而失去了上台表现的机会；琪弟则是因为表达能力、阅读能力不够强而没有被选上，琪弟表示自己从没有做过国旗下的发言，也没有担任过护旗手或主持人，但他很想参加到这些活动中去，不想只做听众和观众，他认为上台可以锻炼自己。

> 我没有做过国旗下的发言，这个活动每周都有，但通常是大队长、班长才能参加。（我）很想去台上，因为台子下面有很多人嘛，可以练胆子。（访谈资料 F－S07 飞飞）
>
> 我还是蛮想上台参加升旗仪式的，只是我个子太矮了，身高达不到。如果老师让我上台的话我会很高兴，也会很激动。（访谈资料 F－S15 思弟）
>
> 老师通常是找普通话标准、阅读能力强的同学做主持人。（访谈资料 F－S23 琪弟）

上面的现象不禁让人思考这样一个问题：如果班主任们在组织大型活动时都能够倾听一下每个同学的真实意愿，而不是仅仅按照某个标准去挑选上台表演者（主持、演讲等），那样是否可以给真正愿意投入、乐于参加者更多的希望和机会呢？流动儿童能动性的发挥是否也会因此而更充分一些呢？

运动场上的积极互动。一百多年前，青年毛泽东在《新青年》杂志中公开发表《体育之研究》一文，文中写道“体育一道，配德育与智育，而德智皆寄于体。无体是无德智也”“欲文明其精神，先自野蛮其体魄”。中华人民共和国成立后，包括毛泽东同志在内的历代领导人都十分重视体育运动。1982年，邓小平同志提出“体育是精神文明建设的重要方面”（孙兴东，2011）；近年来，习近平总书记“体育强国”（陈云云等，2018）思想得到全面贯彻，每天一节“阳光体育课”在中小学成为基本要求。学校的运动场（操场）成为包括流动儿童在内的中小学生最愿意去的地方，流动儿童们为什么如此喜欢学校的运动场呢？

一是运动场上的自我释放。田野阶段的研究表明，部分流动儿童因各种各样的原因不太喜欢体育课，但没有一个流动儿童是不喜欢运动场的，包括那些不太喜欢体育课的同学。对于流动儿童来说，运动场是释放身心的场所，是与大自然亲密接触的地方。

浩浩与龙哥都不大喜欢体育课，嫌弃体育课只是跑步和做操，但对学校的运动场却情有独钟。

> 我蛮喜欢操场的，在操场上我们可以各种玩儿，哪怕只是在那里放松放松，我也是无比开心的（笑）。大课间我们可以去操场做游戏，做各种想做的运动。（访谈资料 F－S01 浩浩）
>
> 我不大喜欢体育课，但很喜欢运动场。学校的运动场很大，而且还有绿化，我们有空闲时间的时候就可以在运动场上尽情地玩。（访谈资料 F－S09 龙哥）

由此可见，浩浩与龙哥并不是不喜欢运动，只是他们喜欢的运动形式是释放自我的游戏，而不是整齐划一、规规矩矩的单一跑步或做操。如果体育教师能够想办法让课堂内容多样化起来，那么体育课的吸引力将会大大增加，比如，震哥表示：

我喜欢学校的运动场，也喜欢上体育课。体育课可以锻炼身体，而且如果体育课的基本内容先上完的话，我们还可以打篮球、打排球，打球对我们来说是最开心的事情（开心地笑着）。（访谈资料 F－S08 震哥）

球类运动对于大部分男生来说通常具有巨大吸引力，康弟、杰弟均表示出对球类运动的喜爱。篮球、足球等这些集体运动项目不仅可以让流动儿童锻炼身体，还可以培养流动儿童的分工意识和协作精神，但很多时候中小学体育老师由于担心集体运动中的对抗容易导致学生受伤，进而引起家校纠纷，所以更多时候是用一些相对不具有对抗性的项目来组织体育活动。

我很喜欢我们学校的操场，操场很大。老师有时会让我们打篮球、打羽毛球，能打球很开心，但老师要求我们一定要注意安全，不能伤着其他同学。（访谈资料 F－S05 康弟）

我喜欢学校的运动场，因为体育老师经常把篮球、排球这些东西放在操场上。我们可以在操场上打球，只要不打对抗性的比赛。因为老师最担心我们在学校里受伤，三五人一起打着玩玩还是可以的。其实只要运动场上有球玩我们就很开心。（访谈资料 F－S16 杰弟）

与男生普遍喜欢在运动场上打球不同，女生更喜欢运动场上的各种小游戏、相对小型的运动项目。

我们中午休息的时候可以在运动场上面跑，还可以玩“抓人”。早上来得早的时候、下午放学的时候也可以到操场上玩。我们可以把教室里公用的体育器材拿下去玩，比如毽子、跳绳、羽毛球等。（访谈资料 F－S18 好妹）

我喜欢学校的运动场，我们可以在运动场上跑步、跳绳、丢沙包、跳

沙坑、转呼啦圈等,我们每天都在运动场上玩得很开心。(访谈资料F-S12涵涵)

由此可见,女生们在运动场上可以玩的项目太多了,“抓人”、踢毽子、跳绳、打羽毛球、丢沙包、跳沙坑、转呼啦圈等,虽然很多是小运动项目,但每个项目投入进去玩的话都可以让同学们玩得大汗淋漓,充分释放教室内学习的紧张和疲惫。

二是运动场上的信心提升。流动儿童不仅可以在或欢快或激烈的运动中释放自己,部分擅长体育项目者还可以在运动场上提升自信,展示运动健将的风采。

我喜欢运动场,别看我身高这么矮,其实我体育还是可以的。我跑步挺快,跳远也很不错。校运动会上,我跳远得过全校第三名,跑步得过第五名。(访谈资料F-S03卫哥)

可以很明显地看出,体育比赛给了身高不占优势的卫哥很大的自信。一方面,卫哥为自己能在全校运动会上拿到名次而感到光荣;另一方面,运动场上全校师生的认可和赞誉对卫哥其他方面的全面发展也有很大的促进作用。同样擅长运动项目的含含也表示:

体育课上的一些运动性项目是要考试的,我擅长前滚翻、后滚翻、跳远、跳绳等项目,每次考试我在班上都能名列前茅。运动让我很开心,我喜欢学校的运动场。(访谈资料F-S02含含)

虽然含含的体育成绩只是在班级里名列前茅,但体育项目测试集体公开展示的特点足以让含含在班级里树立起威信,运动技能方面获得的自信与文化课学习上的自信相得益彰,因此,含含一直是教师和同学们眼中优秀学生的代表。

运动场作为当下封闭学校的一个相对开放的空间，在满足流动儿童强身健体首要任务的同时，往往还承载着流动儿童们的无限欢乐。没有一个流动儿童是不喜欢运动场的，体育教师如果能够充分考虑对流动儿童运动主体性、积极性的调动，充分放开流动儿童喜欢的体育运动项目的话，体育课的吸引力会大大增加。对于流动儿童来说，运动场是在挥汗如雨中释放教室内学业压力的场所，是在“摸爬滚打”中与大自然亲密接触的地方。此外，运动场还是师生互动、生生互动过程中提升流动儿童的自信、展示流动儿童运动风采的地方。

田野研究表明，流动儿童们因为各种各样的自身原因喜欢某个教师或者喜欢某个教师承担的某门课程，并表现为学习上的主动投入、积极举手发言等；流动儿童们普遍喜欢有选择性且能够开阔视野的兴趣活动课程；班干部及请教问题的同学喜欢利用课间进行师生之间的交流；此外，因为能够锻炼流动儿童的综合素质、提升自信心，每周一次的升国旗仪式及运动场上的体育活动也普遍受到同学们的喜欢和欢迎。

第二节 “不喜欢”：师生互动中的负面评价

“不喜欢”作为一种消极负面的情感，不利于流动儿童学习积极性的调动。虽然“不喜欢的教师”或“不喜欢的课程”是大家都不愿意看到的，但它却客观、真实地存在着。那么是什么原因造成了流动儿童们师生互动过程中“不喜欢”负面评价的产生？这种负面评价的产生与学校教师和流动儿童各有什么样的关系？我们又该如何来减少或改善这种消极负面的情感呢？

一、“占课”

“占课”在这里指的是中小学校开设的非应试科目被应试科目无端挤占

的现象。通常来说，小学阶段的应试科目主要包括语文、数学、英语，也被俗称为“主课”(小学阶段尚没有开设英语科目的地区“主课”仅限于语文和数学)；语文、数学、英语之外的自然、探究、劳技(劳动技术课程的简称)、音乐、美术等科目被俗称为“副课”。“副课”被“主课”教师占掉成为流动儿童产生“不喜欢”负面评价的主要原因之一。

被占掉的探究课。就读于以招收流动儿童为主的民办学校的杰弟表示，自己“最不喜欢”探究课，原因是探究课基本不怎么上，课表上的排课形同虚设。

> 我们的探究课很多时候都不上，经常被其他老师给占掉(脸上露出难过的神情)。语文、数学、英语老师经常把包括探究课在内的这些(所谓)“副课”的课时给占掉，我们只能坐在教室里继续上“主课”，所以我现在最不喜欢探究课了。其实我也不是真的不喜欢探究课，因为探究课基本上就没有真正上过，我只是讨厌探究课被占掉罢了，老师们如果能把探究课(的上课时间)还给我们就好了。(访谈资料 F-S16 杰弟)

探究课程设置的目的原本是要结合学生的生活实际，从小培养学生的探究精神和问题意识，应该说是一门非常有助于激发学生创新精神和创造能力的课程，但现实中却经常被应试科目取而代之，并因此成为最不受流动儿童们欢迎的科目。当然，流动儿童们不喜欢的并不是探究课程本身，而是探究课被无端占掉这个事实。

消失的劳技课。康弟同样就读于以招收流动儿童为主的民办学校，他最不喜欢的课程是劳技课，原因也是劳技课经常被“主课”占掉，几乎没有真正上过。

> 我最不喜欢的课是劳技课，这门课是语文老师代上的，每次该上劳技课的时候，她都不讲与课程相关的内容，就让我们写语文作业。我的

劳技课本一学期下来还是崭新的，几乎没有用到过。语文老师总是讲她是为我们好，多学语文可以帮助我们提高语文成绩，可我们班的大部分同学却不这样认为，因为总是上（语文）一门课我们都感到厌烦了。（访谈资料 F－S05 康弟）

设置劳技课程的教学目的原本是要培养学生劳动与技术素养，开发学生的创造潜能，小学低年级至高年级的劳技课通常由简单到复杂，以作品制作来引导学生进行思考、设计和劳动，此课程对提高学生的动手能力非常有帮助。但从康弟的叙述中不难看出，该班的劳技课也主要停留在课表上，任课教师并没有真正落实劳技课程的教学内容，语文课的挤占表面上增加了该课程的教学时间，但语文课增加课时后的教学效果却是不尽如人意的。

“一语带过”的自然课。逸逸也就读于以招收流动儿童为主的民办学校，她最不喜欢的课是自然课，因为自然课的大部分时间被用来上语文课了，留给自然课的时间非常有限，因此，自然课就成了“一语带过”的教学内容，教学效果根本无法保障，流动儿童们很多时候听得似懂非懂。

我最不喜欢自然课。自然课没有专门的任课老师，平时由我们语文老师代上。她主要关心语文学习，该上自然课的时候她要么是继续讲语文，要么是让我们写语文作业，个别时候她才会讲一下自然课的内容，但讲得很快很快，因此，她讲了之后我们大部分时候还是不明白，自然课的学习效果真的好差；另外，品社课很多时候我们都用来上英语课了，因为我们班的品社课是英语老师代上（无奈地笑着）。（访谈资料 F－S17 逸逸）

事实上，小学阶段的自然课无论是对学生的全面发展，还是对学生初高中阶段的后继学习都非常重要，因为自然课的学习内容非常广泛，生物、地理、天文、化学、物理等学科内容无所不包，虽然此阶段自然课的学习内容相对浅显,但却承担着多学科学习的启蒙任务。因此,自然课的被“省略”或被“忽视”无疑会对流动儿童的未来成长造成不可估量的损失。

“最不喜欢”的音乐课。同样就读于以招收流动儿童为主的民办学校的好妹表示,她所在班级的“副课”相对来说开得比较齐全,比如自然课、劳技课等都是认认真真上的。只是让人没有想到的是,她所在班级的音乐课却成了“主课”教师“抢占”的对象。好妹虽然没有明确表述是哪门或哪几门“主课”教师“抢占”了音乐课的上课时间,但很明显,“占课”也是一件经常发生的事情,否则不会出现音乐课一学期上不了几次的情况。

> 我们班的“副课”大部分时候还是正常上了的(开心地笑着),比如自然课老师带我们学习了很多以前不了解的动植物,认识了我们自己的身体,还学习了神秘的太阳系,自然课上我们真是学了不少东西;劳技课上我们学习制作一些东西,老师会在前一节课把相关知识内容教给我们,然后第二节课的时候我们就可以自己动手制作了,制作好后我们再把作品交到老师那里去。相比之下,我最不喜欢音乐课,因为音乐课很多时候被“主课”老师占掉了,真正的音乐课我们却上不了,一学期下来我们班其实也没上几次音乐课,如果老师正常地按课(程)表来上音乐课,相信大家会很喜欢音乐课的。(访谈资料 F－S18 好妹)

田野研究表明,探究、劳技、自然、音乐等“副课”的上课时间被“主课”教师占掉的现象比较常见。这一违反全面育人宗旨的做法一方面极大地降低了学生学习的积极性和热情,学生“不喜欢”“最不喜欢”的负面评价纷至沓来;另一方面,“占课”对流动儿童知识面的拓展、多学科知识的启蒙也非常不利。虽然应试教育背景下“副课”被挤占现象较为普遍地存在于中小学校,但这种做法其实严重侵犯了流动儿童全面发展的权利。

田野资料的细化分析表明,反映“副课”被频繁占掉的学生主要集中在以招收流动儿童为主的民办学校,在公办学校就读的流动儿童虽然也反映

“副课”较为普遍地由“主课”教师代上，但无端“占课”行为只是在临近期中或期末考试时偶尔发生，并不是普遍行为，更没有出现“副课”仅停留在课表上的现象。进一步分析不难发现，以招收流动儿童为主的民办学校一方面“副课”师资相对更匮乏，学校通常会优先保障语文、数学、英语课程的师资队伍；另一方面此类学校教师的“应试”观念相对来说也更强烈一些，这些教师往往深谙这样一个道理，那就是对于有着双重身份的流动儿童来说，“应试”能力可能是帮助学生们实现身份转变的重要甚至唯一途径。但现实中，这种为“应试”、为“成绩”保驾护航的“占课”行为却遭到了流动儿童们的普遍反感，教育教学效果不尽如人意。因此，以招收流动儿童为主的民办学校的教师应及时扭转陈旧的、不合时宜的教育教学观念，努力减少“占课”现象的发生。

二、“马太效应”

与日常生活的其他方面一样，学习当中也存在“马太效应”，“马太效应”来自《圣经》中的寓言，“凡有的，加倍给他叫他多余；没有的，连他原有的也要夺过来”。寓言中蕴含的道理即强项愈强、弱项愈弱，从“最不喜欢的课”的产生原因看，相当一部分是“马太效应”的负面效应，流动儿童们往往是因为不擅长某科目或某科目中的某项目而导致不喜欢这门课。

不擅长某科目。淇淇表示数学题目很难，每天作业又多，很多时候题目不会做，所以最不喜欢数学课。淇淇提到，导致数学题目不会做的原因是课堂教学效果不好，数学老师每次上课都是用投影仪放 PPT，同学们跟着 PPT 抄题目。不难想象，这种情况下的教学通常没有黑板书写，也没有数理逻辑的推演过程，更较少有师生互动。因此，同学们在课堂上听得一知半解，课下题目越来越不会做；课下巩固不好，课堂上也就更听不明白。如此日复一日，逐渐形成了恶性循环。此外，淇淇还因为画画不好而不太喜欢美术课。

我不喜欢数学课，因为我的数学（成绩）不怎么好。老师每次上数学课都是借助投影仪来讲，同学们跟着抄每一张 PPT 的内容，老师讲得一点都不清楚，我们全班的数学成绩都不怎么好，仅个别人的数学成绩还可以。另外我也不太喜欢美术，因为我一、二年级时画画还是可以的，但是现在不知道为什么，我画画怎么也画不好了。（访谈资料 F－S13 淇淇）

与淇淇情况相似的还有震哥、云哥和琪弟等，他们也是因为不擅长某科目而进入"不喜欢—更不擅长"的恶性循环。这三位同学均是因为某门课程的基础差、课上或课下表现不好、信心缺失而导致对这门课程产生厌恶。

我画画画得好差，所以我最不喜欢美术课。每次美术课上，老师都让我们交作品，老师虽然在课上教了怎么画，但我听了之后照着画还是画不好，所以我每次作业的成绩都很低，也许我根本就不适合画画吧（无奈地笑着）。（访谈资料 F－S08 震哥）

我最不喜欢美术、劳技课，美术课我总是画得不好看，我怎么画都画不好；劳技课的作品我总是完成不了，我感觉材料总是不够（不好意思地笑了），可能是因为我没有掌握正确的方法吧。（访谈资料 F－S10 云哥）

三门主课（语文、数学、英语）里面我最不喜欢数学课，因为我数学基础不太好，且数学老师出的大卷子总是很难，有些题目我不会做。相对来说，我感觉语文比较简单，英语比较有趣，只要不粗心，绝大部分（语文、英语）题目我都会做。（访谈资料 F－S23 琪弟）

不擅长某项目。恩哥表示自己是因为对某门课中的某个项目不擅长而失去对整门课的信心。体育课中其实有很多运动项目，美术课中除人物画外也有很多专项学习内容，但两门课程某个方面的困难却吓倒了恩哥，使其对整门课程产生了厌恶情绪。

我不喜欢体育课是因为我的一些体育项目比较差，比如跑步的时候我总是跑得很慢，不过我跳绳还可以。我不喜欢美术课是因为我画人物的时候总是画不好。（访谈资料 F－S14 恩哥）

思弟表示自己不喜欢美术课和语文课。不喜欢美术课也是因为不擅长美术教学中的部分内容；不喜欢语文课的原因除了不擅长该科目的作文外，还有一个来自教师方面的让人啼笑皆非的原因——语文教师在课堂上无关学习内容的唠叨。很明显，语文教师课堂上在进行单主体的“表演”，没有考虑学生的感受及反应。

我不喜欢美术（课）是因为我不喜欢画动物，我也画不好，不过我画花草等植物还可以；不太喜欢语文（课）是因为我的作文总是写不好，而且我们班的语文老师太唠叨了，唠叨的全是她孙子。语文老师五十多岁的样子，她经常讲着讲着作文就讲到她孙子或者儿子了，这对提高我们的作文水平没有一点帮助，只会让我们越来越反感。（访谈资料 F－S15 思弟）

田野研究表明，“马太效应”的负面效应成了相当一部分学生不喜欢某门课的主要原因之一。如果不加干涉，学生在弱项方面只会越来越弱，原有的一点知识、能力储备也可能随着时间的推移而消失殆尽。因此，学生本人、教师及家长均应在此方面给予足够的重视，及时切断“马太效应”恶性循环的链条，尽快走出“负面效应”，并努力向“正面效应”的方向发展。

三、“满堂灌”与“性情暴躁”

对于从事“以生命影响生命”这一神圣职业的教师来说，他们的脾性、教学方式方法等均不可避免地深深影响着流动儿童。而这种影响可能是正面的，也可能是负面的。比如有些教师喜欢采用“不愤不启，不悱不发”的启发式教学法，有些教师却习惯采用填鸭式的“满堂灌”教学方法；有些教师“脾气温和”，有些教师却“性情暴躁”。如果流动儿童有幸遇到前一类教师，那自然是最好的，但如果遇到了后一类教师，流动儿童又如何看待这些教师及他们所承担的课程呢？

“满堂灌”。卫哥表示，自己所在班级的大部分同学原本很喜欢语文课，但自从五年级换了新的习惯性“满堂灌”的语文教师后，语文成了普遍不受欢迎、同学们最没有上课积极性的科目，甚至有些同学上课期间能睡着，严重影响了语文课的教学效果。

> 语文课我最不喜欢发言，或者说没有机会发言，主要是因为语文老师不怎么提问。现在的语文课怎么说呢，语文老师就是站在讲台上一直讲、一直讲，我们班很多人听着听着就睡着了，语文老师讲课实在是太慢了。我们班上大部分同学现在不喜欢语文课，跟这个语文老师的讲课风格有很大关系。她讲得很慢，又总是重复，有时候一句话能讲五六遍，还喜欢拖堂，弄得我们班都没办法及时下课。其实三、四年级的时候，我们还是很喜欢上语文课的，那个时候是另外一位语文老师教我们语文课。那位老师让我印象最深刻的是除了上课活泼、同学们回答问题踊跃，还有就是她会教我们写字。之前我写字很丑的，她经常教我们一些写字的技巧，比如告诉我们写字要注意有笔锋。我们都很喜欢三、四年级时的语文老师。（访谈资料 F－S03 卫哥）

云哥所在班级的语文课堂情况与卫哥所在班级有些类似，语文教师留给学生互动的机会偏少，导致课堂上以教师讲、学生听为主，主体间互动缺乏。在云哥看来，语文、数学、英语三门课程，受同学们欢迎的程度明显不一样，语文教师表面上看课堂上讲得最多，似乎付出也更多，但同学们却最不喜欢。语文课堂的问题正是出在教师一人主导的“满堂灌”上，没有师生互动、没有学生积极参与的语文课堂就是一潭死水，无法激起学生思维的涟漪，教与学的效果无疑大打折扣。

> 语文老师上课的时候很少提问，基本上都是她在上面讲，同学们坐在下面听。语文老师虽然讲得最多，但我们感觉她上课的效果并不好，在语、数、英三门“主课”里面，语文课是大家最不喜欢的。相比较之下，数学、英语课我们更喜欢一些。英语课上我就经常举手，不过还是没有数学(课)上回答问题多，数学老师课上给同学们回答问题的机会最多。语文老师那种一直讲的效果真的不大好，大家都不喜欢。(访谈资料 F－S10 云哥)

“满堂灌”应该说是应试教育下传统班级授课制的“旧疾”，其弊端早已为教育界所深刻认知，填鸭式的“满堂灌”教学非常不利于调动学生学习的积极性和主动性，不利于启发学生思考和解决问题。但为什么还是有一部分教师对此“执迷不悟”呢？进一步分析不难发现，此现象在以招收流动儿童为主的民办学校出现较多并不是偶然：一方面，上述学校的师资相对公办学校来说存在更大的流动性和不稳定性，师资的整体水平较难保障，难免会出现参差不齐的情况；另一方面，上述学校统一组织的教研、教学公开课、教学评比等活动较公办学校偏少，不利于先进教育理念的推行及教学水平的整体提升。不过，当下各个区做法不一的“强”“弱”学校之间“结对子”、建立“联盟校”“姊妹校”等帮扶机制，有助于以招收流动儿童为主的民办学校打破自身条件的限制，有助于此类学校整体教育教学水平的提升。

“性情暴躁”。如果说“满堂灌”更多是教师教育认知水平和教学水平的问题，那么“性情暴躁”却是教师自身的修养问题。依依最不喜欢体育课，她就是因为体育老师太凶而不喜欢体育课的。依依最不满意的是体育老师给自己班级冠以“最差班级”的名头，体育老师的这一评语无疑深深地伤害了依依班级同学们的自尊心，“恨屋及乌”，她们逐渐因为不喜欢体育老师而变得不喜欢体育课。

体育老师很凶、很凶，我们做的很多事情他都不满意，只要我们某个地方做得不能让他满意，他就罚我们站在操场上，什么也不让我们做，像木头人一样；另外他又总说我们班是最差的班级，说我们（班）是他教这么多届学生中最差的，“五（1）、五（2）多好啊，就你们班最差，其他班的体育成绩都比你们（班）好”等，我们感觉特别伤自尊。（访谈资料 F - S04 依依）

与依依情况相似，飞飞也是因为体育老师喜欢发火而不喜欢体育课。飞飞表示自己虽然不喜欢体育课，但是很喜欢健身课（体锻课）。健身课上大部分时间同学们自由活动，老师不怎么管，所以自己很喜欢。由此可见，飞飞是喜欢运动的，只是不喜欢体育老师的火冒三丈。

我最不喜欢的课是体育课。因为每次体育课（同学们）都太吵了，然后体育老师就发火，怪我们太吵。体育老师发火后就会恶狠狠地骂我们、惩罚我们，罚我们围着操场一圈一圈地跑。同学们感觉很不好，往往一节课下来有意思的（体育项目）都学不了。（访谈资料 F - S07 飞飞）

活泼好动的龙哥也表示不喜欢体育课，这让笔者有些意外。龙哥给出的不喜欢理由是感觉体育课有些无聊，而且体育老师很凶，看来龙哥确实是对聊天情有独钟。此外，龙哥还表示不太喜欢美术课，原因也是美术老师太凶，其通过“一手就把作品捏成个团”形象地将美术老师对待学生作品的“凶悍、无情”的形象刻画出来。如此对待学生作品的老师确实很难唤起学生学习的热情，如果美术老师能够共情一下，体会一下同学们整整一节美术课制作作品的辛苦和不易，就不会如此简单粗暴地摧毁同学们的半成品，而是引导同学们充分发挥主观能动性，在指出不足的同时，鼓励当次课没有完成美术作品的同学争取下次按时完成作品。

> 我最不喜欢体育课和美术课，体育课就是×老师带我们去操场上锻炼，要么是跑步，要么是做操，我都不喜欢，我感觉有些无聊；而且体育老师很凶，大家任何一个地方做得不好他就发脾气。我不太喜欢美术课也是因为美术老师太凶了，只要我们一节课内没把美术作品完成，她就会把整个作品没收掉。上次我们用彩泥做东西，下课的时候美术老师看谁没有做完，她走到没有完成（作品）的（同学）桌子前面，一手就把作品捏成个团。我（的作品）也差点被捏成团，幸好我赶着最后一秒把作品完成了。（访谈资料 F－S09 龙哥）

田野研究表明，教师的“满堂灌”与“性情暴躁”均能让流动儿童产生“不喜欢”的负面情感。填鸭式“满堂灌”的教学模式既不利于流动儿童学习积极性的调动，也不利于流动儿童思考问题、解决问题能力的培养。效率低下的教学方式方法的改进一方面需要教师教学认知和教学行为的同步改进，另一方面还需要充分发挥有帮扶关系的“强校”的带动作用，通过联合公开课、联合教研等方式快速提升以招收流动儿童为主的民办学校教师的整体水平。教师“性情暴躁”也给相当一部分流动儿童的学习带来了负面影响，流动儿童们可能会因为某位教师的“暴”脾气而不喜欢某门课。俗话说，“人无完人，金无足赤”，虽然不可能要求每一位教师时时保持好心情，刻刻语气温和，但对于教师而言，保持情绪稳定、尽量不把生活中的坏脾气带到课堂中来是对一名合格教师的基本要求。

四、选择性退缩

师生互动是由教师和学生共同完成的，因此“不喜欢”负面评价的出现既可能是教师的原因，也可能是流动儿童自身的原因，比如说自卑、个性内向、胆子小、体质弱等方面的心理和性格均可能会造成流动儿童在师生互动中的退缩和“不喜欢”，那么，作为当事人的流动儿童们又是如何看待自己的选择性退缩的呢？

举手发言的困惑。在流动儿童聚集的学校里，不管是公办学校，还是民办学校，“课桌椅面向黑板和讲台排成行列，……教师提问、学生作答”的课堂风景仍然习以为常，日本学者佐藤学笔下的“宁静的革命”（佐藤学，2010：9－11）似乎并不常见。作为对填鸭式“满堂灌”课堂的批判和改进，“教师适时提问，学生举手作答”的课堂教学被普遍采用，但此种教学方式下能否做到“让每个学生都能安心发言，并能敏感地倾听各种不同的意见”（佐藤学，2003：72）是要打个问号的，因为课堂主体间的互动受到诸多方面因素的影响，往往一边是部分学生信心满满地表演，另一边却是部分学生因为不敢（会）回答问题而默默祈祷别点到自己，部分流动儿童对举手发言存在各种各样的困惑。

一是出于各种原因不敢（肯）举手发言。依依因为“担心说错”而较少在课堂上发言，这是缺乏自信或者缺乏正确引导的一种表现，语文、英语等科目的很多问题本就没有标准答案，即使是数学等科目的问题有标准答案，也不可能强求学生在课堂上张口就能说出正确答案，学生回答不出来或者回答错误的时候恰恰是教师启发、引导学生的最好时机，“不愤不启，不悱不发”，师生之间的互动与相互理解正是发生在此时。此外，从依依的叙述中不难看出，在刚进入小学时她对于自己流动儿童的身份多少有一点自卑心理，但随着时间的推移和师生互动的增加，这种自卑和不自信在慢慢地减少。

> 刚上小学时我课上会举手发言，但是很少，因为我总担心说错，担心自己的见识不够广，毕竟我老家是外地的（不安地搓了一下手），只有老师说回答错了也没关系，我才会积极举手。我刚上小学一年级的时候感觉举手发言好恐怖啊，现在五年级情况好多了，课上举手发言我算是很积极了。我在英语课上最喜欢举手发言，其次是数学课，语文课上我基本没有举手发过言，因为语文老师不怎么提问；即使有时候语文老师提问了，我也不怎么愿意举手。（访谈资料 F－S04 依依）

浩浩自我介绍时称自己表面上看很大方，但实际上胆子很小，不要说在学校，就是在家里，亲戚来的时候也会很害羞，浩浩自述在熟悉的人面前胆子很大，在不熟悉的人及“特别的人”（主要是家里的爸爸和学校的老师）面前却“胆小如鼠”。“胆子小”的个性特点使得浩浩在面对老师的提问时如坐针毡，尤其害怕在自己不会的问题上被老师叫到，过分的紧张不可避免地影响到浩浩在课堂上主体性的发挥，以及对教师问题的思考和回应。最终导致心跳过速，大脑一片空白，本来能反应过来的问题可能也回答不出来了，更不要提“安心发言，敏感地倾听各方不同的意见”了。

在老师面前，我胆子超小，简直是胆小如鼠。因为老师只是很一般的眼神，我就觉得像是老爸的眼神，老爸的眼神对我来说就像“定时炸弹”，所以我很怕。上（语、数、英）“主课”的时候，我的心情都会很紧绷，我的心跳会加速，被老师叫到回答问题时，特别是在我没有举手的时候叫到我，我紧张得心脏都要停止跳动了。语文课、数学课上我会的问题有时会主动举手发言，但英语课上我通常不敢举手发言。音乐课上我也不喜欢举手发言，因为音乐老师喜欢让我们去讲台上唱歌，我不会唱歌，又很害羞，所以我通常不会举手。（访谈资料 F－S01 浩浩）

峰哥自述因为“与老师想法不同”而不愿意举手发言，这明显又是标准答案惹的祸。学生的发散思维本是最应该被启发和保护的，因为创新和创造力往往来自思维的发散。然而，在现实教学中，很多时候教师做的是禁锢学生思维的事情，唯一的标准答案扼杀了无数个创造性的星星火苗。受教育者在假互动的课堂上只会变得越来越沉默，头脑在日复一日的操练中只会变得越来越僵化。

我通常是不太举手发言的，数学课上我偶尔会回答问题，英语课嘛，从小学一年级到五年级我只回答过老师两个问题。我不喜欢举手

发言是因为我经常与老师的想法不同。(访谈资料F-S11峰哥)

二是有选择地举手发言。大部分流动儿童会在自己擅长的科目上乐于举手发言,而在不擅长的科目上保持沉默,比如涵涵和琪弟均是此种情况。

语文课上我最喜欢举手发言,数学和英语课上我举手比较少,这两门课我基础不行,我怕说不好。(访谈资料F-S12涵涵)

我语文、英语课上会举手发言,数学课上我不喜欢举手发言,因为数学应用题太难了,我总是担心回答错误,所以不敢举手。(访谈资料F-S23琪弟)

有信心的科目踊跃发言,不擅长的科目三缄其口,这可能是大部分同学的课堂策略,但久而久之,不擅长的科目往往会愈发不擅长,缺乏互动理解的学习效果是很难保证的。

除了部分老师课堂互动机会提供得较少,还有些流动儿童是因为没有理解学习内容而无法举手发言,无法实现有效的互动,比如杰弟的情况即是如此。

我英语课和数学课上喜欢举手发言,因为这两门课的问题我都会;语文课上我不太喜欢举手发言,因为我在语文课上容易出神,语文老师讲的东西太多了,很多时候我听不大明白。(访谈资料F-S16杰弟)

单科学习困难的学生在日常教学中经常遇到,如果任课教师能及时发现并给予适当的引导和介入,学生就有了迎头赶上的决心和行动,在师生共同努力下,学生逐渐追上全面发展的大部队的可能性是很大的,但如果没有及时给予纠正,随着知识点的累积,就此掉队的学生大有人在,因此偏科现象需要尽早重视。

体育活动中的抵触。田野研究阶段，部分流动儿童表示不喜欢体育类课程，这让笔者感到有些意外，因为笔者之前在各种媒体上看到的、亲身接触的义务教育阶段的学生普遍最喜欢体育类课程。一位本地义务教育阶段的学生曾说过让笔者印象深刻的一段话：“我们在学校最喜欢体育（体育老师带教的运动课）、体锻（体育老师带着做好准备运动的学生自己活动，也叫阳光体育）和体多（体育多样化，部分学校开设），‘三体’课是我们的‘最爱’。”看得出来，简称“三体”的体育、体锻和体多课程通常是同学们在学校期间快乐的源泉和学习的加油站，可为什么部分流动儿童却把体育类课程列为最不喜欢的课程呢？除了上文提到的教师的原因，有没有学生自身的原因呢？

浩浩表示最不喜欢体育课。初次和浩浩见面，笔者就在田野对象特征一栏中写下了“身形偏胖”这几个字，是否正是这个原因让浩浩不喜欢体育课呢？

> 体育课是我的倒霉课。我们体育课是“魔鬼训练”，每次上体育课，老师都让我们先沿操场跑好几圈后才允许我们休息，还要做一些运动，特别累。老师还要求（动作）要做得标准，如果做得不标准，他还会罚我们多做几次。这几天算是舒服了，因为××区要搞一个运动会的项目，我们班被挑上参加项目的同学才需要去上（体育课），其他人就可以不用上（体育课）了。我们大部分人在教室里自习，被挑到的人去训练，参加训练的人已经累到不行了，他们说已经到极限了。我们体育课上除了跑步，还会做些操，练柔韧性什么的，有时也会练习跳远，我都不喜欢。（访谈资料 F－S01 浩浩）

浩浩的表述中并没有提到是因为自己胖而影响上体育课的积极性，他给出的理由是体育教师的“魔鬼训练”，要求高，自己感觉特别累。但事实上，其表述的体育教师的“魔鬼训练”对于一些学生来说就是准备热身运动，这是对全体学生的基本要求。热身运动对于体育课来说是必不可少的，很明显是其个人体能问题、自身体质原因导致“特别累”感觉的产生，并不是体育教师的问题，但其后面提到的因为没有被挑到参加运动会项目就可以不用上体育课这一事实，学校的做法实际上是与市级教育行政主管部门的要求相悖的。因为每天一节体育（锻）课是学校必须保证的，这是市级行政主管部门为保障中小学生身体健康做出的强制性要求。

升旗仪式中的不安与退缩。在运动场上的升旗仪式中，一边是部分流动儿童通过激烈竞争脱颖而出，成功走向了前台；另一边是部分流动儿童因为胆怯、紧张等原因而不愿意抛头露面，还有极个别流动儿童认为流于形式的升旗仪式无意义感明显，起不到应有的教育意义。

一是因紧张而不愿意继续上台。升旗仪式中部分上过台的同学因为过分紧张而抱怨，田野对象中有卫哥这种经历“紧张—不紧张—驾轻就熟”的代表，也有因为上台紧张而不太愿意继续上台的同学，比如恩哥和杰弟均表示，鉴于台上的紧张状态，他们更愿意在下面做听众，放松状态会让自己舒服一些。

> 我做过学校升旗仪式主持人。我当时站在台上，看到下面很多人，我不是很喜欢那种感觉，因为在那种场景下我容易激动，我一激动就腿软（笑）。（访谈资料 F－S14 恩哥）
>
> 我做过学校升旗手，我每次参加这个活动都很紧张，下面人太多了（笑），我真不愿意再上台。（访谈资料 F－S16 杰弟）

二是安心做台下观众。除了因紧张而不愿意继续上台的部分流动儿童，还有部分没上过台的同学表示自己安心做台下观众，康弟、好妹异口同声地说出了“胆子小，害怕、紧张，所以不想（敢）上台”。确实，我们在对不同学生进行教育、施加影响和引导的过程中，还需充分注意到学生个体之间的差异，更多时候，教师需要做的是因材施教、因势利导、取长补短，而不是揠苗助长、取短补长。

(升旗仪式是)学校很棒的活动啊，我没有上过台，但我其实是不想(上台)的，因为我胆子太小。(访谈资料 F－S05 康弟)

(学校升旗活动)我一直站在下面听的，老师真挑到我让我上台的话我还真不太愿意，我会害怕死的(笑)。(访谈资料 F－S18 好妹)

三是个别"质疑"的声音。对于来自不同学校的绝大部分流动儿童来说，不管他们在升旗活动中是站在台上主持、发言、护旗，还是站在台下倾听，他们言语中对此项活动都充满着无限的敬畏和激动。毕竟对于大部分流动儿童来说，升旗仪式使他们在爱国主义教育、德育教育、胆量及表达等方面均有一定锻炼和收获，但却有一位同学在田野阶段说出了一段不同于众人的看法。

升旗仪式本来是学校挺有意义的一项活动，但现在我感觉特别没有意思，(上台发言的同学)都是拿一张稿子照着读，他们都不背的，以前是背的，但现在很少有人背，我听起来感觉特别没意思。这些一成不变的内容我都听腻了，都是老师经常会讲的东西。这些内容我都记在脑子里了，但那些发言的同学却没记住。我觉得国旗下的发言应该让学生自己抒发内心的感情，但他们都是拿着稿子照着读，甚至有时候他们读都读不好。(访谈资料 F－S01 浩浩)

自称胆子很小的浩浩说出了一段与众不同的言语，他认为国旗下发言的低质量严重破坏了整个活动的效果和意义。照本宣科、陈词滥调，无意义感明显，上台发言的同学不说脱稿演讲了，读都读不好，丝毫没有感染力和号召力，严重影响台下听众的感受。浩浩对国旗下演讲的内容、形式的质疑是需要引起重视的。演讲的主题、内容、基本要求等方面对于负责任的教师来说，是要加以引导和把关的，否则再好的活动也会流于形式，形式化的活动非但起不到教育作用，还会引起学生的反感。

田野研究表明，举手发言中的困惑、体育活动中的抵触、升旗仪式中的不安与退缩等都与部分流动儿童自身特点或个人选择有一定关系。比如因为“自卑”“胆子小”“担心说错”而较少在课堂上互动、较少举手发言；因为自身体质原因、个人体能问题而不喜欢参加体育活动；因为胆怯、紧张等原因而不喜欢在升国旗仪式中“抛头露面”，安心做台下观众；等等。对于流动儿童因为个人原因而产生的影响其全面发展的“不喜欢”，除学生本人要努力有所改变、加强自身建设以外，教师也要对这部分学生多一些正面的鼓励，努力在积极的师生互动中引导这部分流动儿童早日从选择性退缩中走出来。

第三节　本 章 小 结

流动儿童们在与学校教师的交往互动中，不可避免地会产生一定的情感倾向和态度评价，其中作为正面情感的师生互动中的“喜欢”，有助于激发流动儿童们积极向上的动力。那么，流动儿童们师生互动中的“喜欢”从何而来呢？

首先是在与家乡教师对比中产生的“喜欢”。流动儿童在与家乡教师的直接或间接对比中看到了两地教师的差距，从而产生了对流入地教师对比之下的认可和“喜欢”。在流动儿童们眼中，流入地教师不仅学历更高，还公平待人、认真负责，师生关系也更融洽。

其次，受关注的感恩。学校教师或出于对学生家庭背景的了解和同情，或出于对部分学习困难学生的帮扶，处于相对弱势地位的流动儿童极易成为学校中教师关注的对象，这种关注可能是教师的主动关心、教师亲力亲为的义务辅导，也可能是全方位的多管齐下和特别的关照等，流动儿童及其家长则对学校教师的关注和无私的帮助表达了由衷的感激和感恩。

再次，教师个人魅力的吸引。教师温和的性情、全身心的投入及其打造的有“趣”课堂、学习共同体等均能使流动儿童喜欢上课堂，喜欢上师生交往，由此产生对师生互动的积极评价。此外，教师的人格魅力、春风化雨般的教育教学、兴趣的激发、知识的传授以及教师的某项技能等均能在无形的主体间交往理解中启发流动儿童，并使流动儿童逐渐明确为之不懈奋斗的人生理想。

最后，流动儿童自发的喜欢。流动儿童们因为各种各样的自身原因喜欢某位教师或者喜欢某位教师承担的某门课程，并表现为学习上的主动投入、积极举手发言等；流动儿童们普遍喜欢有选择性且能够开阔视野的兴趣活动课程；班干部及请教问题的同学喜欢利用课间进行师生之间的交流；此外，因为能够锻炼流动儿童的综合素质、提升自信心，每周一次的升国旗仪式及运动场上的体育活动也普遍受到同学们的喜欢和欢迎。

“不喜欢”作为一种消极负面的情感，不利于流动儿童学习积极性的调动。虽然“不喜欢的教师”或“不喜欢的课程”是大家都不愿意看到的，但对于流动儿童来说，它却客观地存在着，那么是什么原因造成了流动儿童在师生互动过程中产生“不喜欢”的负面评价？

首先，“副课”经常被“主课”教师占掉是流动儿童产生“不喜欢”负面评价的主要原因之一。探究、劳技、自然、音乐等“副课”的上课时间被“主课”教师占掉在以招收流动儿童为主的民办学校相对较为常见，这一违反全面育人宗旨的做法一方面极大地降低了流动儿童学习的积极性和热情，学生“不喜欢”“最不喜欢”的负面评价纷至沓来；另一方面，“占课”对流动儿童知识面的拓展、多学科知识的启蒙也非常不利。因此，以招收流动儿童为主的民办学校的教师应及时扭转陈旧的、不合时宜的教育教学观念，尽量减少“占课”现象的发生。

其次，“马太效应”的负面效应也成为相当一部分学生不喜欢某门课的主要原因之一，如果不加干涉，学生在弱项方面只会越来越弱，原有的一点知识、能力储备也可能随着时间的推移而消失殆尽。因此，学生本人、教师及家长均应在此方面给予足够的重视，及时切断“马太效应”恶性循环的链条，尽快走出“负面效应”，并努力向“正面效应”的方向发展。

再次，教师的“满堂灌”与“性情暴躁”均能让流动儿童产生“不喜欢”的负面情感。填鸭式“满堂灌”的教学模式既不利于流动儿童学习积极性的调动，也不利于流动儿童思考问题、解决问题能力的培养。效率低下的教学方式方法的改进一方面需要教师教学认识和教学行为的同步改进，另一方面还需要充分发挥有帮扶关系的“强校”的带动、示范作用。教师“性情暴躁”也给相当一部分流动儿童的学习带来了负面的影响，流动儿童们可能会因为某位教师的“暴”脾气而不喜欢某门课。虽然不可能要求每一位教师时时保持好心情，刻刻语气温和，但对于教师而言，保持情绪稳定、尽量不把生活中的坏脾气带到课堂中来是对一名合格教师的基本要求。

最后，流动儿童自身的选择性退缩也是造成师生互动不良的原因之一。其中，举手发言的困惑、体育活动中的抵触、升旗仪式中的不安与退缩等都与部分流动儿童自身特点或个人选择有一定关系。对于流动儿童因为个人原因而产生的影响其全面发展的“不喜欢”，除学生本人要努力有所改变、充分调动自身学习的能动性以外，教师也要对这部分学生多一些正面的鼓励，努力在积极的师生互动中引导这部分流动儿童早日从选择性退缩中走出来。

本章研究表明，对于流动儿童来说，无论他们是“喜欢”还是“不喜欢”学校里的师生互动，课堂、课下师生之间的交往互动都使流动儿童成为学习真正的主体。“喜欢”的正面激发作用有目共睹，“不喜欢”在“否定”的同时也给交往互动双方（教师和流动儿童）反思和调整自己的言行提供了契机。无论是在课堂里的微观社会、课堂的拓展和延伸部分，还是在运动场上的交往互动中，能动性的发挥都让流动儿童成为学校学习和活动的主人。流动儿童视角的学校教师对全体学生一视同仁、师生关系融洽，且“流动”的弱势身份还使流动儿童成为学校教师特别关注的对象；能动性得以充分发挥的流动儿童在融入学校的教育环境方面不存在明显障碍。

第四章　“学”与“玩”：同伴交往

同伴是指年龄相近、具有相似背景和共同语言的朋友或同辈，也被称作朋辈、伙伴。流动儿童同伴间的交往互动可以区分为校内场域和校外场域，其中校内场域又包括课堂、课间及班会中的交往互动。其实，对于大部分流动儿童来说，朋友之间在交往互动中提供的支持往往是他们快乐学习的源泉，“对学生来说，学校里最好的东西就是朋友；因为虽然学校的正式议程由国家课程和教师管理的时间表决定，但与朋友的关系提供了一个讨论的平台，孩子们由此了解学校的意义，互相帮助，忍受它，甚至享受它”（Mayall，2008）。“一起学”与“一起玩”无疑是流动儿童与同伴交往的核心内容，那么流动儿童们是如何看待自己在课上课下、校内校外与同伴之间的“学”与“玩”的呢？流动儿童的“流动身份”有没有影响其与同伴的交往？流动儿童们的能动性是怎样在同伴间的“学”与“玩”中发挥作用的呢？这些方面都非常值得探讨。

第一节 “学”：同伴间的合作与竞争

“一起学习”是流动儿童与同伴交往的重要内容之一，同伴之间的学习既有合作，又有竞争。那么，流动儿童与同伴之间的“一起学习”是如何达成的？流动儿童与同伴之间的竞争是否公平？流动儿童与同伴之间的学习能否实现自主？流动儿童与同伴之间的教育和自我教育是如何实现的呢？

一、互惠的“一起学习”

课堂是师生对话、生生对话的场域，也是同伴实质性“一起学习”的主要场域，而课堂小组讨论是课堂教学中最有活力的环节，也是最能发挥学生能动性及主动探究精神的环节，同时还对教师的课堂讲授形成有益的补充。在日常实施的同步教学中，能够在课堂中便完成学习的学生是少数，克服这个难题的，是基于小组学习的“合作学习”(佐藤学，2010：20－21)，也就是通常所说的互惠的“一起学习”。课堂小组讨论通常发生在教学重点或难点突破、部分学生半知半解之时，同步教学中难以形成的全体学生知识的掌握可以通过小组讨论而得到解决。当然，小组讨论也有其局限性，比如因主观或客观原因无法融入小组讨论语境中的部分学生的学习效果将会大打折扣。

能力强的流动儿童不仅积极参与讨论，还会负责部分组织工作。含含是大队委员，同时还兼任小组长，自己不仅要积极参与讨论，还要发挥组织协调能力，在小组讨论中负责调动每位同学的积极性。在含含看来，上课认真听讲的、成绩比较好的，以及部分性格开朗、喜欢讲话的同学，在小组讨论时更乐意积极参与，成绩差的同学会稍微沉默些。她在讨论过程中一方面要引导话多的同学回到正题上来，另一方面还要启发沉默的同学参与到互动中来，比如让沉默的同学先说出心中的疑惑，其他同学围绕理解困难者的疑惑逐步展开讨论。

我是组长，我们语文、数学、英语课上都有小组讨论。每个组里总会有一些默默倾听的小朋友，老师说组长要调动他们的发言（积极性）。比如一次上数学课时，老师在黑板上写了一道复杂的题目，让我们分组讨论，看看有几种不同的解法，我就先让平时不怎么发言的××说出他读题后的困惑，然后其他几个同学在解答他的困惑的过程中逐渐找到了不同的解题思路。（访谈资料 F－S02 含含）

成绩好、性格开朗或认真思考的流动儿童通常情况下更乐意积极参与小组讨论。自称“话痨”的龙哥最喜欢小组讨论，相信对于自信的龙哥来说，在任何场所发表观点都不会对自己构成困扰，再加上龙哥学习成绩优秀，因此，小组讨论中龙哥毋庸置疑是当仁不让的主力。

我学习好又爱说话，只是长了一张苦瓜脸（既得意又自嘲地笑着）。小组讨论可是我的“最爱”哦；在我看来，话多的同学、学习好的同学都乐意参加小组讨论。（访谈资料 F－S09 龙哥）

在卫哥看来，小组讨论的积极参与与否跟学习好坏并没有直接的关系，认真思考的同学都会积极参与讨论。思弟表示，在讨论时，其所在的小组的同学们都十分活跃，没有沉默者，围绕重点难点，人人参与的小组讨论效果往往是最好的，人人积极参与的讨论使有疑惑或需要重点掌握的知识点在讨论中逐渐变得清晰起来。

我们小组的小朋友只要认真思考，都会积极发言的。（访谈资料 F－S03 卫哥）

我所在小组（的成员）都喜欢参与讨论，大家都肯思考和发表看法，我们小组没有沉默者。（访谈资料 F－S15 思弟）

如果小组内的每一个成员都能围绕学习问题中的重点和难点认真思考，并积极地表达出来，那无疑是达到“一起学习”互相激发效果的极好路径，但需要注意防止热烈讨论中的跑题现象，否则“一起学习”就变成了你一言我一语的“闲聊”。

相对来说，成绩好的同学更乐意积极参与小组讨论是相当一部分同学的共同看法，比如依依、江弟和聪聪均这样认为：

学习好的同学参加小组讨论更多一些，而成绩不是很好的同学听得多一些。（访谈资料 F－S04 依依）

通常学习好的同学都会积极参与小组讨论的。（访谈资料 F－S19 江弟）

根据我的观察，学习好的（同学）都比较喜欢参与小组讨论。（访谈资料 F－S21 聪聪）

确实，因知识面较为宽广，知识的掌握也更牢固，成绩好的同学通常会更积极地参与到讨论中来，但也并不尽然，比如，因性格或个性方面的原因，部分成绩好的流动儿童在讨论问题时，会在有话可讲的情况下不喜欢或不愿意参与讨论。

我们组有两个学习好的（同学）很沉默，他们不怎么愿意参加讨论，平时他们也不愿意和别人说话，很内向、很内向的。我们试着和他们讲话，他们顶多说两句就没有声音了。（访谈资料 F－S20 雨弟）

这种情况虽然并不普遍存在，但同样需要任课教师给予充分的重视，长期游离在集体讨论之外，这些学生会变得越来越沉默寡言。

“慢热型”流动儿童通常选择“先倾听，再讨论”。在课堂小组讨论中，部分流动儿童不是一开始就积极地参与讨论，而是先默默倾听，待有明确的思路后再参与讨论，比如好妹就表示：

我是先倾听，然后加入（小组讨论），接着再给他们意见，我算是介于积极（参与）和不积极（参与）中间的那一类（学生）吧（开心地笑着）。（访谈资料 F－S18 好妹）

胆子小的浩浩对待课堂上小组讨论的参与也较为折中，并不是一开始就积极地参与到讨论中来，而是选择在讨论过程中加入，浩浩说：

老师通常会让我们一组一组地选代表发言，代表发言前先是小组内大家分头讨论，我一般还是会参与小组讨论的，算中间那一类学生吧，不是一开始就参与进去，讨论过程中我会适时参与的。（访谈资料 F－S01 浩浩）

慢热型的流动儿童在课堂小组讨论中并不少见，这部分学生并不是学习成绩不理想，像好妹学习成绩就很优秀，且在日常的接触中笔者发现她表达流利、思路清晰，她只是在“一起学习”的过程中习惯于先听取同学们的不同声音和意见。

部分流动儿童选择做课堂讨论中的沉默者。还有一部分流动儿童甘做课堂讨论中的倾听者、沉默者，并对积极讨论的同学有些不屑一顾。在跃跃看来，积极讨论的同学主要是话多者，且所说内容并没有什么价值。其产生如此看法，一方面可能是课堂讨论设置的问题过于简单，无法激发同学们主动思考、攻克难关的积极性，讨论遂流于闲聊；另一方面也可能是小组成员没能正确认识小组讨论的意义所在，对讨论环节疲于应付。

我聆听的时候更多一些吧，那些话多的、喜欢接嘴的同学参加（讨论）更积极一些，他们往往会说一大堆没用的东西（笑）。（访谈资料 F－

S06 跃跃）

涵涵、恩哥则表示自己是因为没有思路而选择做小组讨论中的沉默者，那么学习能力相对低下的部分流动儿童只能在课堂小组讨论中做沉默一族吗？答案当然是否定的。

> 很多讨论问题我都不会，我属于小组讨论中默默听的那部分（学生）吧。（访谈资料 F－S12 涵涵）
>
> 如果我不会的话，我就默默地听其他同学讨论问题。总的来看，我默默听的时候比较多吧。（访谈资料 F－S14 恩哥）

只要合理调配，互惠的“一起学习”总能帮助全体学生实现学习目标，哪怕他学习能力暂时不那么强。没有听懂的流动儿童只要肯说出自己的疑惑和不解，小组讨论随时可以帮助到他。

课堂讨论小组规模普遍偏大。从流动儿童课堂学习效果的保障来看，互惠的“一起学习”很明显有人数限制或最适宜人数，但根据流动儿童的叙述及课上观察不难发现，流动儿童所在班级中不同课堂讨论的小组规模普遍偏大。

> 我们上公开课的时候，通常是 6 个人一组开展小组讨论。大部分时候我都是很积极地参与讨论，当然××、××他们这些学习好的会更积极一些。（访谈资料 F－S05 康弟）

无论是对教师还是对学生来说，公开课多少都带有设计及表演的成分，因此，为了取得公开展示的最好效果，6 人一个小组应该是教师尽量控制小组规模后的最大努力了。雨弟、君君的表述也证明了这一点：

我们一个小组10人，前后左右的小朋友都是同一组，人很多。有时候小组长管得不好的话，大家“七嘴八舌”地讲话，小组讨论效果并不是太好。（访谈资料F－S20雨弟）

我所在的小组是第三小组，我们这个小组共12人，全班的小朋友共分成了4个小组。（访谈资料F－S22君君）

这也就意味着，在平时的日常教学中，小组讨论远超过了6人的规模，但过大的小组规模从某种意义上来说并不利于“一起学习”效果的发挥。因为互惠的“一起学习”需要的是每个流动儿童多样学习的相互碰撞，是每一个流动儿童的平等参与，但这些要求对当下流动儿童的课堂似乎有些困难，50个左右学生面朝黑板和纵横分明的座位安排往往限制了任课教师分组的可选择性，10人甚至12人一个小组在日常的流动儿童课堂上较为常见。

田野研究表明，互惠的“一起学习”是课堂教学中最能发挥流动儿童能动性的重要环节。互惠的“一起学习”通常安排在教学重点难点突破之时。综合能力强的流动儿童不仅要积极参与讨论，还要负责调动组员的积极性；成绩好、性格开朗或认真思考的流动儿童通常情况下更乐意积极参与小组讨论，但也有部分成绩优秀的流动儿童因性格等方面原因在小组讨论时更愿意选择沉默；部分“慢热型”的流动儿童通常选择在前期倾听的基础上再加入讨论；还有一部分同学因对讨论内容“不屑一顾”或“没有思路”而甘做课堂讨论中的沉默者；当前流动儿童“一起学习”的小组规模普遍偏大。总之，互惠的“一起学习”是帮助全体学生达成学习目标的重要途径。

二、公平竞争下的“我的学习我做主”

如果说课堂小组讨论环节是流动儿童们实现同伴间互惠的“一起学习”的主要场域的话，那么班会课则是流动儿童们实现公平竞争下“我的学习我做主”的重要场域。

含含就读于流动儿童和户籍儿童同招的公办学校，其所在班级的班会课除了开学初班主任在主题方面进行一定的引导和介入外，从分工、内容到主持等方面均由学生们独立完成，且小组发言机会及顺序等通过公平竞争产生。因此，流动儿童们在班会课中的表现已不是简单的互动参与，而是公平竞争下的“我的学习我做主”。流动儿童们成功地从座位走向了讲台，教师则从前台走向了后台，同伴教育替代了传统的师生教育。对于小学高年级的学生来说，深度参与的班会课不仅让他们在“做主”中“学”到了更多的知识，还充分发展了对个体成长来说同样重要的公平竞争意识、同伴合作探究能力、语言表达能力及组织协调能力等。

> 我们星期一中午是班会课，其他时候(周二至周五中午)有阅读课、队会课等。班会课通常是我们自己负责。班会课大部分时间讲的是安全教育主题，班主任只是开学初的时候在本学期主题的确定方面介入了一下。同学们先是分组报计划，然后全班同学根据各个小组所报内容的好坏进行投票或举手表决，以公平竞争的方式确定本学期发言小组及先后顺序，比如我们会讲解交通安全、食品安全等方面的专题。同一主题、内容不同的小组报名的话，我们会挑选内容新颖、计划完善的小组上台展示。不同小组中既有本地学生(户籍儿童)，又有外地学生(流动儿童)，其实我们平时是不会在意谁谁来自哪里的，比如我是外地来的，但我照样通过公平竞争的方式成为大队委，竞选主要看实力，跟其他方面没有关系(开心地笑着)。我们一般三至四人一组，组内大家分工合作，通常是有人负责找资料和前期准备，有人负责制作 PPT，有人负责主持，有人负责维持班会课秩序。班主任或副班主任则会在班会课上充当观察员，期末时他们会对我们每个小组在此项活动中的综合表现给出一个评价。(访谈资料 F－S02 含含)

从含含的表述中不难看出，首先，在“我的学习我做主”的竞争中，流动儿童们没有感受到“流动身份”带来的不公。对于每一个流动儿童来说，大家都是在公平竞争的环境中获得自己的学习和展示机会。其次，含含提到在公平竞争下的“我的学习我做主”的班会课中，主题基本上是围绕着安全教育展开的。每周一次的班会课是安全教育的主要场域，学习内容“动态生成性”的特点使同学们在公平竞争下的“我的学习我做主”中完成自我教育和同伴教育。

也许不是所有流动儿童都能遇到在班会课上完全放手的班主任，且部分主题的班会课可能也不适合教师完全放手，但即使流动儿童们在班会课的进行中不能完全“做主”，班会教育内容“动态生成性”的特点还是让流动儿童们有非常充分的“做主”空间。

××学校是一所以招收流动儿童为主的民办学校，五年级共有四个班，其中五(4)班位于三楼东面最边上一间朝南的教室，全班共有51人，实到51人，全部是流动儿童。班会课正式开始前，胳膊上戴着三道杠徽章的大队长站在讲台上带着全班同学一起唱起了《大中国》，演唱完后，大队长回到座位上。班主任走上讲台说道“起立，同学们好”，全班同学说“老师您好”，老师回应“坐下”。接着班主任说：“上周五同学们观看了节目《寻找最美孝心少年》，这节班会课就由同学们来交流观看感受、感想和心得，下面有请‘班会主持人’上台。”原来五(4)班的班主任为了锻炼同学们的综合能力，每次都会根据不同的班会主题，通过公平竞争产生一名“班会主持人”，来负责班会的主持工作。班主任的话音刚落，一个扎着马尾辫的女生走上了讲台，小主持人做了简单引导后，同学们在下面开始踊跃举手，主持人依次请举手的同学发表感想。每个同学发言完毕后主持人会给予简要的评价，比如“好”“很好”等，部分时候，主持人会追问台下的同学。在整个班会过程中，主持人表现得落落大方，同学们发言也较为积极。其中坐在第三排的一个男生从一开始就把手举得很高，但小主持人前面一直没有点到他的名字，最后终于点到他发言时，他激动得声音有些发抖。笔者注意到，部分发言的同学确实被观看的故事感动到了，其中一名女生发表感想时说着说着就哭了出来，部分同学也被她的情绪感染到，教室里响起明显的抽泣声。快下课时，班主任对同学们的发言进行了评价和引导，要求同学们放学回家后给爸爸妈妈一个拥抱，给爸爸妈妈洗一次脚，帮爸爸妈妈尽可能多做一些力所能及的事情，并把感受再次写下来。班会课在同学们的掌声中结束了。（田野笔记 T－025）

很明显，该班级的班主任在班会课学习材料的事先布置、班会开始和结束阶段都有介入和引导，但同时我们也看到，班会小主持人是通过公平竞争的方式产生的，流动儿童们的感想及见解也是通过举手发言这种公平自愿的方式表达的。同时，在流动儿童们你一言、我一语的各自感想和心得的表述中，动态生成了触动流动儿童们心灵深处的教育内容。

田野研究表明，班级自主使用的班会课时间为流动儿童们实现“我的学习我做主”提供了可能，教师除会对学习主题进行引导和介入外，学习材料的搜集、学习内容的呈现及讲解、启发与引导，以及学习秩序的维持等均由学生们自主完成；流动儿童与同伴们通过公平竞争实现学习上的“做主”，同伴之间的竞争主要看实力，与其他方面没有关系。同时，因班会课主题的限制或班主任管理风格的差异，流动儿童们部分情况下可能无法实现班会课学习中完全的“做主”，但学习内容“动态生成性”的特点还是给了作为学习主体的流动儿童们充分的发挥空间。

三、相互启发下的教育和自我教育

班会课是中小学全面育人的重要场域，没有固定教学大纲和教材的班会课不仅是流动儿童们实现公平竞争下“我的学习我做主”的重要场域，还是流动儿童们实现同伴之间相互启发下教育和自我教育的重要载体。班会课学习内容的“动态生成性”也使同学们在互动参与和观察中完成同伴教育和自我教育。

“以身示范”与“以身示反”。龙哥所在学校的班会课是在每周五的下午，他提到有两次印象深刻的班会课，其中一次是关于口腔卫生教育方面的。注意口腔卫生、保护牙齿对于就读于远郊民办学校的流动儿童来说非常重要，因为这些流动儿童中相当一部分尚没有养成早晚刷牙、饭后漱口的卫生习惯。龙哥提到的班会课上某位同学牙龈出血倒不一定是不注意口腔卫生导致，病因可能需要专业的口腔科医生检查后才能确诊，教师只是利用了巧合情况下发生的状况，牙龈出血同学的“以身示范（反）”让同学们对“口腔卫生很重要”的印象加深了不少，教育的效果奇好。

我们每周五最后一节课是班会课。班会主题要么是关于牙齿口腔卫生教育，要么是安全教育，又或者是处理班级事务。牙齿口腔卫生教育主要是关于早晚刷牙、窝沟封闭等方面知识的学习。有一次班会课上，老师正讲着口腔相关知识，一个同学的牙龈流血了，老师提醒说，这就是不注意口腔卫生的后果，我们一下子就明白了保护牙齿的重要性。（访谈资料 F－S09 龙哥）

另一次是安全教育方面的。让龙哥印象深刻的这次安全教育班会课同样也是同班同学“以身示范（反）”，但这次却是付出了生命的代价。本应该茁壮成长的10岁左右的小姑娘因为帮家长做家务溺水而亡，花儿尚未绽放却已凋零，不禁让人泪目。设身处地想一下，对于班上其他同学来说，身边熟悉的同学突然间永远离开，教师在第一时间给班上的同学们上了一节安全教育课，这种警醒是刻骨铭心、终生难忘的。

还有一次（班会课）让我们印象非常深刻，我到现在也很清楚地记得。三年级的时候我们班“走”了一个学生，一个女生在河边帮家长洗拖把，一不小心掉进河里了。她住的那个地方家门口就有一条小河，本是帮家长做家务，结果掉进河里了，等找到的时候人已经“没”了。这个

事情发生后，班主任立即给我们上了一节关于安全方面的班会课，全班同学都哭了。（访谈资料 F-S09 龙哥）

思弟也讲了一个教师抓住教育时机，给全班同学及时进行生命教育的印象深刻的主题班会课。虽然“以身示范（反）”的主体变成了同班同学的弟弟，但教育意义和震撼性也足够让同学们记忆犹新。身边活生生的案例往往比单纯的说教更有说服力，教师趁机将安全教育从高坠拓展开来，提醒同学们注意水、电、交通等方面的安全。

我们班一个同学 2 岁半的弟弟从居住的 7 楼摔下去，摔到草丛里，腿骨折了。为此我们班开展了一次生命安全方面的班会课，老师告诉我们不能攀爬窗户、不能下河游泳、不能玩电，年龄不到 12 岁的同学不能独自骑自行车，等等。（访谈资料 F-S15 思弟）

让君君印象非常深刻的班会课是教师对本班同学不文明行为的一次“情景再现”。某同学作为反面教材的同伴教育让全班同学在真实发生的情景中知道了哪些不安全行为是必须得改掉的。

×老师在班会课上给我们讲：“上次我发现咱们班某些同学不看红绿灯就过马路，难道你不怕司机一个急刹车啊，走路也不知道看看，左手冰激凌，右手辣条（边说边模仿动作），辣条是什么做的你们知道吗？两个手都忙着，还低着头吃，同学们说说这样过马路安全吗？大家讨论讨论吧！”原来是我们班某位同学不遵守交通规则，正好被开车下班的×老师看见。（访谈资料 F-S22 君君）

君君的班主任在上安全方面的班会课时，通过再现班上某位同学过马路时低头吃零食、不看红绿灯的生动案例给同学们上了一堂别开生面的交通安全、食品安全课。通过这个生动的案例，同学们在小组讨论中明白了危害身体的食品不能吃或尽量少吃，过马路时不能心不在焉，要遵守交通规则，坚决不做低头族，等等。

彼此交流与启发。流动儿童同伴互动交流和相互影响在道德教育目标实现中起着重要作用，其中相当一部分基础道德行为来自对同伴的观察和模仿。受认知发展水平限制，少年儿童的道德教育有着不同于成年人的特点，今天的少年儿童道德教育重视回归生活世界（谷树莹、吕立杰，2018）。生活叙事逐渐成为儿童道德教育的重要内容，但道德教育中的叙事不等于一般意义上的讲故事（Bell，2002）。因为包括流动儿童在内的少年儿童的道德教育需在春风化雨、润物无声的生活叙事中完成价值观的引领。此外，涉及价值澄清与引领的基础德育班会与其他类型的班会不同，通常不宜由学生主持（蒋玉燕，2012）。

第一，感恩教育。感恩教育属于基础德育的范畴，是中小学德育教育的重点之一。浩浩印象深刻的一次感恩父母的基础德育班会课并不是事先定好的主题，而是带有典型的动态生成特点。事件的起因是写字考试成绩的公布，小学生毕业前的毛笔字、硬笔字考试其实是“上海市中小学写字学业水平等级考试”的一部分，义务教育阶段的学生在初中毕业前还有一次写字考试，两次写字考试均为全市统一命题，成绩分优秀、合格及不合格，并记入《上海市学生成长记录册》。因为班级里写字考试不及格人数太多，浩浩班主任感到有必要引导同学们进行一下反思，从而督促大家做到知耻而后勇，于是班主任就结合同学们的实际情况讲父母劳作、养育的辛苦，讲故事、举例子及摆事实的叙事教育深深感动了全班同学，大家集体泪目，感恩教育的效果良好。

我们班会课通常是不定主题的，有时班主任会结合近期发生的事情讲一些感恩父母的故事。比如前面的毛笔字、硬笔字考试，我们班好多同学不及格，班主任用整整一节课给我们讲故事，我们全班同学都哭了。老师给我们讲了父母工作的各种辛苦，老师特别会说，我也感动得不行，全班同学都感动了，况且我写字考试也没考及格，老师通过举例子、摆事实感动得我们不行不行的。通过这次主题班会（全班都哭的班会），我感受到父母真的很辛苦，养我们长大不容易。（访谈资料 F－S01 浩浩）

班主任的苦心没有白费，伴随着一篇以此次班会内容为主题的佳作——《眼泪》的问世，全班同学再一次接受了深深的感恩教育。与第一次感恩教育在教师主导和启发下完成明显不同的是，第二次感恩教育是在同班同学——一个写字考试同样没有及格的同学的启发下完成的。浩浩在学习过同学写的范文后，不仅再次感恩父母，还反思了自己为什么在同样感动得掉眼泪的情况下没能写出发自肺腑的好作文，很明显浩浩已经把对父母的感恩与努力学习、回报父母联系起来了。

我们班有一个同学也是写字考试不及格，在那次主题班会课后，他写了篇作文叫《眼泪》。（他）写得非常好，让老师刮目相看，老师直接伸出大拇指（做了一个伸大拇指的动作）。老师让那个同学在班上把《眼泪》作为范文朗诵了一遍，我们全班同学又被深深感动了一次。开完主题班会后，本来我也想写（作文）的，但不知道怎么写。当时我感动得掉泪是因为我也深深意识到了父母的辛苦，父母为了我们确实受了不少苦啊，可惜我没能写出佳作来。（访谈资料 F－S01 浩浩）

不约而同的是，逸逸班主任对同学们进行感恩教育也是采用的生活叙事的方法，只不过她讲的是一个关于“生与死”的故事——父母为了孩子的生，义无反顾地选择了以自己的死做代价。班主任讲的故事本身很简单，但同学们在讨论中逐步发现，父母原本可能也可以为自己采取一定的保命措施，但他们没有，他们把生的所有可能都留给了孩子，双手托举孩子，而不是保护自己的头部。班主任在讲故事的过程中成功地完成了价值引领的任务，但同学之间的热烈讨论或者说相互启发才真正使同学们明白了父母是有选择地放弃了自己，把一切生的希望给了孩子，他们真正明白了父母沉甸甸的爱。

给我印象最深刻的一次班会课是新班主任给我们上的，我们班的女生几乎全哭了，因为她讲的是“感恩的心”。班主任给我们讲了一个故事，就是讲一家人出去玩的时候坐缆车，他们刚坐上去不久，那个缆车就掉下来了，掉下去的时候父母把孩子举起来了，最后一家人掉到了山坡上，父母都摔死了，但他们的孩子却活了下来。班主任讲完故事后，我们分成小组讨论，讨论后就发现父母选择放弃了他们自己，有些同学在讨论的时候就开始掉眼泪了。（访谈资料 F－S17 逸逸）

第二，榜样教育。榜样的力量是无穷的，好妹印象深刻的班会课是班主任讲的有关榜样的故事，榜样教育是基础德育教育的重要方式之一。由于榜样的故事内容相对固定，且不同的课程教学都可能会涉及，因此单纯的说教、多遍的讲述容易导致同学们新鲜感下降和学习疲劳，但好妹班主任通过让同学们情景再现创新了传统榜样教育的单一说教形式，同学们在同伴的表演中增强了代入感和身临其境感，道德情感的培育和转化更容易完成。

我很喜欢班会课，因为有的时候班主任会给我们讲一些榜样的故事，比如雷锋的故事，老师讲他帮助了多少人，做了多少好事等；有的时候还会讲中国的历史人物、核心价值观，等等。老师讲完一个榜样小故事后通常会让我们分小组轮流简单表演一下故事情节，这样更好理解，我们的印象也更深刻了。（访谈资料 F－S18 好妹）

青少年的道德教育一直备受重视。2004 年《中共中央 国务院关于进一步加强和改进未成年人思想道德建设的若干意见》明确提出，18 岁以下青少年思想道德状况如何，直接关系到国家前途和民族命运，努力提高青少年的思想道德素质，是党和国家事业后继有人的重要保证。德育是各级各类学校工作的灵魂，对于中小学生来说，除了“品德与社会（小学）”/“思想品德（初中）”基础性课程需承担道德教育的基本教学任务外，班会课也是道德教育的重要场域之一，而基础德育是基础道德素养教育的简称，通常情况下，义务教育阶段的班会课以基础道德教育为主（蒋玉燕，2012）。

流动儿童的基础道德教育有着不同于成年人的特点，受认知发展水平影响，生活叙事是流动儿童基础道德教育的主要内容和方式。教师在流动儿童的基础道德教育中起着价值引领作用，同伴之间的互动交流和启发对保证感悟—导行的道德教育效果起着非常重要的作用。

观察与体会。对于流动儿童来说，纪律教育同样也是班会课的基本内容之一，学校纪律规定了其在校的基本行为规范，遵守纪律者会受到表扬或奖励，不遵守纪律者则会受到惩罚。在同伴或自身接受奖励或惩罚的过程中，流动儿童们通过观察和体会，逐渐接受规则的驯化，慢慢懂得约束节制自己不符合纪律要求的行为，并逐步内化为行动自觉。“不以规矩，不能成方圆”，国有国法，家有家规，学校有学校的纪律。纪律是指包括学校、企事业单位等在内的社会组织规定其成员共同遵守的行为准则（辞海，1990：1298）。纪律是集体生活的基本保障，没有纪律的约束，就没有集体生活中个体的自由（吴式颖等，2005：391）。从某种意义上讲，纪律教育也属于大德育的范畴，“纪律是一种道德教育的工具”（涂尔干，2006：111），但不同之处在于纪律具有明显的强制性特征。

首先，对违反纪律者的惩罚。“分、分，学生的命根。”这里的“分”不仅包括流动儿童的语、数、英等课业成绩，还包括平时的班内综合评比得分，各个学校叫法不一，有些叫美丽指数，有些叫综合素养得分，其分数加减通常根据学生遵守纪律情况计算。依依所在班级的班会课很重视纪律教育，围绕如何得到班级流动红旗，班委会在班主任的监督指导下公布一周以来各方面的扣分情况，被扣分的同学就要接受一定的惩罚。

> 我们班会课经常与纪律有关。比如说本周我们班没有得到流动红旗，那么班会课上跟扣分有关的卫生、学习等方面的要求我们都要充分讨论一下。我们会分小组围绕怎么整治、怎么得到流动红旗来讨论；我们还要查一下分别是哪些同学被扣了分，给他一定的惩罚。比如有一次一个男同学上课不认真听讲、乱讲话被扣了分，老师就罚他比其他同学多默写 10 遍。（访谈资料 F－S04 依依）

对违反纪律、拖班级后腿的同学进行惩罚是主抓纪律的班主任最经常也最喜欢使用的教育手段，因为这样不仅可以教育不遵守纪律的同学，还可以以儆效尤，在严肃处理犯错误学生的过程中，还可以同时警醒班上的其他同学，变相起到同伴教育的目的。

康弟也表示，其所在班级班会课的第一要务就是公布扣分情况，因违反各方面纪律而被扣分的同学不仅要做检讨，还要接受严厉的处罚和老师的批评。因此，康弟表示自己会努力不“丢”分，相信班上大部分同学在看到同伴违反纪律的严重后果以后，都不会轻易去犯错的。

> 我们班会课上老师首先会公布一周扣分情况，再说一下一周以来的不文明行为，有扣分或有被记录下来不文明行为的同学都需要做检查，并保证改正。比如每天的值日尤其是晚扫（放学后的卫生打扫）总有同学一不小心忘记，忘记值日的同学就要被扣分，被扣分的话这位同学就要在班会课上做检讨，检讨自己因为什么犯错误。其实很难为情的，被扣分的同学要挨老师的批评，还要接受惩罚，忘记一次值日就要罚打扫卫生一周，所以我尽量使自己不被扣分。（访谈资料 F－S05 康弟）

不难看出，“惩罚”是班主任对不遵守纪律同学的普遍做法，似乎方便又有效，但从儿童身心发展规律来看，小学高年级的学生已有一定的自主意识和独立的见解，已不同于依赖性强的小学低年级学生，这种情况下班主任已不能将纪律教育仅仅当成管理的手段，还应将其视为育人的重要途径，不能为管理而管理，更不能表现为对“权力”的热爱（Peters，1966：118）。班主任需要以平等的姿态与违反纪律的同学共同探讨一系列问题，在平等对话中引导其找到问题的根源，让学生真正从思想上认识到错误和不足，只有这样，学生才可能将深刻的认识转化为实际的行动，主观上不再犯同样的错误。

其次，对模范遵守纪律者的奖励。当然，除了对表现不好同学的惩罚，部分流动儿童可以在班会课上通过优秀的表现而拿到奖励。思弟很骄傲地告诉笔者，他就因为综合评比得分全班第一而拿到过“免死金牌”。虽然只拿到过一次，但足以让思弟非常自豪。这块“免死金牌”不过就是一张一次性的“免抄券”，但对于同学们来说，意义却远远超出了免做一次抄写作业。这是对他们一段时间内优秀表现的认可和鼓励，而这个认可和鼓励既来自班主任，也来自同学，因为得到“免死金牌”的流动儿童对班级内其他同学来说正是一个学习榜样，因此备受流动儿童们珍视。

> 班会课上会公布本周大家的扣分情况，综合得分第一的同学会得到一块“免死金牌”，就是班主任老师的抄写作业可以免做一次。我拿到过一次“免死金牌”，别提我多开心了（脸上露出得意的笑容）。（访谈资料 F－S15 思弟）

对表现优秀流动儿童的正面奖励从某种意义上来说比惩罚更能起到教育的目的，因为正面榜样往往能够引导学生向更高的标准努力，而不仅仅是“不触犯纪律就行”的最低标准要求。因此，班主任在班会课中不应单一地批评和训斥，而应善于树立正面的榜样，以在不动声色中实现学校及班级纪律的内化。

田野研究表明，班会课也是流动儿童们实现同伴之间相互启发下教育和自我教育的重要场域。安全教育班会课中同班同学或同学身边的人“以身示范（反）”，给同学们进行了一次终生难忘的教育；基础德育班会课中流动儿童与同伴之间的互动交流和启发保证了感悟—导行的道德教育效果；纪律教育班会课中，流动儿童们通过对同伴或自身接受奖励或惩罚时的观察和体会，逐步习得约束自己行为的规范，并慢慢内化为行动自觉。

第二节 “玩”：同伴间的游戏与冲突

“一起玩”也是流动儿童与同伴交往的重要内容之一。同伴之间的玩耍既有相视一笑的开心时刻，也有大小不一的冲突时刻；既可以发生在校内，也可以发生在校外，对于流动儿童来说，校外的玩耍还可能发生在家乡。那么，流动儿童们如何看待“好朋友”之间的课间游戏？课间局部的冲突是如何发生的，有哪些类型，与“流动身份”是否有关？流动儿童们又是如何看待两地的校外同伴交往的呢？

一、“好朋友”之间的课间游戏

> 课间休息是流动儿童们最放松的时光，他们去完洗手间后就自发地围聚在一起，或聊天，或玩游戏，不亦乐乎。（田野笔记 T－010）

课间班级内的气氛活跃程度是衡量学生们身心健康的重要方面之一。一位九年一贯制毕业班班主任曾向笔者表述，她在连续带了几届毕业班之后，实在不愿意继续带下去了，虽然她是大家公认的优秀班主任，但她坚决要求回到低年级带班，她给的最主要理由是太久没有看到孩子们生动的脸庞和活跃的身影了。在课间，毕业班同学们不是在抄笔记就是在写作业，教室内没有一点活力，没有人聊天，更没有人玩游戏，她感觉太压抑了。教师的感觉尚且如此，那身在其中的学生呢？

在流动儿童们看来，课间游戏起着重要的调节作用，无论是好朋友之间放松状态的聊天、游戏还是做一些简单的体育运动，这些自然状态下的交往互动通常都会带给他们身心无尽的愉悦。

课间闲聊的“无心插柳柳成荫”。浩浩自述在爸爸及老师面前“胆小如鼠”，几乎不敢言语，但笔者发现他在见了几次面之后胆子并不小，且非常健谈，笔者心中多少有些疑惑。后面无意间发现他课间互动非常积极，与好朋友们最喜欢做的事情就是热火朝天地“聊天”，并在相互碰撞中找到了共同话题——体育赛事。课间完全放松的“神聊”无意间极大地锻炼了浩浩的表达能力和在熟人之间的沟通能力。

> 很多时候我们课间就是聊天吧，跟好朋友们聊一些我们都懂的东西呗，我懂他们不懂、他们懂我不懂的东西我们不会聊，只会聊一些我们都懂的，比如说体育(比赛)。(访谈资料 F－S01 浩浩)

课间休息时的闲聊不仅能使流动儿童放松身心，部分时候还可以激发流动儿童对未来的憧憬。雨弟未来想做律师，这个想法正是受同学之间课间闲聊内容的影响。

> 我大概在小学二年级的时候就有了未来做律师的想法，因为那时候朋友们课间天天聊律师什么什么好、收入多么多么高、能怎么怎么样，他们说做律师哪里都好。我现在还坚持着这个梦想(不好意思地笑了)。(访谈资料 F－S20 雨弟)

身形小巧的逸逸则表示，自己长大后想做设计师，有这个想法也是受同学的影响。逸逸说：

因为平时课间我会和好朋友一起设计一些漂亮的‘衣服’，小学三年级时我们就开始一起玩这个游戏，所以从那时起我就有（未来）做设计师的想法了。（访谈资料 F－S17 逸逸）

因此，课间好朋友之间的互动小游戏看似随意、无目的，但事实上部分游戏却有一个“目的”，这个“目的”就是一个起指导作用的观念，它使一个人的继续行动有意义（杜威，1990：216），并逐渐成为一个人毕生追求的理想。

益智类课间小游戏的魅力。益智类的小游戏在流动儿童们的课间颇为流行，比如卫哥表示，自己课间除了偶尔和好朋友们聊聊天，还会玩些小游戏。

有时我们四个好朋友一起玩“24 点”（数字游戏），就是写 4 个数字，几个人同时来算，看谁先算出“24”来；还有的时候，四个人玩简单一点的“数字炸弹”（游戏），就是写 1 个数字，几个人来猜，看谁最后能避开那个数字炸弹。（访谈资料 F－S03 卫哥）

虽然说课间是学生们的自由活动时间，教师们一般不加以干涉，但益智类的小游戏是相当一部分学校倡导或希望的课间活动。江弟就表示课间休息时最喜欢玩棋类游戏。棋类游戏由于受时间的限制，小课间玩起来可能有些紧张，大课间倒是可以畅快地玩上几盘。

我课间通常是和好朋友们一起下象棋、五子棋、飞行棋，只是有时时间不太够（不好意思地笑着），课间休息时间如果长一些就好了。（访谈资料 F－S19 江弟）

传统与现代课间小游戏的相得益彰。快闪型的小小游戏比如“石头、剪刀、布”在流动儿童当中也非常受欢迎。“石头、剪刀、布”作为历史较为悠久的传统小游戏，在今天的课间仍然较受欢迎是与其“简单易学、快玩快闪”的特点分不开的。

在宝贵的课间休息时间里，我们很多同学通常会玩“石头、剪刀、布”这种小范围的游戏（开心地笑着）。（访谈资料 F－S02 含含）

与“石头、剪刀、布”这种传统小游戏形成鲜明对比的是，近些年兴起的手机游戏“狼人杀”在流动儿童们的课间也有一定市场，云哥和康弟都提到课间会玩“狼人杀”游戏。当然，流动儿童们所玩的课间“狼人杀”游戏是经过改造的现实小游戏，只是采用了网络游戏中的名称和规则。

我们通常会玩一些课间小游戏，像“狼人杀”游戏。（访谈资料 F－S10 云哥）

我们 6 个好朋友一起玩“狼人杀”游戏，1 人当女巫，2 人当狼人，2 人当好人，1 人当法官。（访谈资料 F－S05 康弟）

大课间游戏的多样化选择。时间较短的课间休息限制了流动儿童们之间小群体游戏或活动的可选择性，但中午的大课间休息就为同学们提供了更多的可能性，比如好朋友相约一起走出教室、走向操场参加体育活动就成为可能。

中午休息时间比较长的时候，我们几个好朋友就会一起下楼去。我们会先去体育室看看，体育老师在的话，我们就可以拿上篮球去操场上玩。（访谈资料 F－S07 飞飞）

如果有篮球可以打、足球可以踢是最好的，但哪怕没有球可以玩，一起到操场上玩玩简单的“抓人”游戏，也是无比的陶醉和快乐。一个学生告诉笔者，她每天在学校里最快乐的时光就是中午休息时间和好朋友们一起到运动场上玩“抓人”游戏，虽然老师曾指出此类游戏太幼稚，但同学们却并不在意，忘情地奔跑让他们在大汗淋漓中完全释放了自己。

课间做作业的无奈之举。短暂的课间是非常宝贵的，但相当一部分流动儿童课间首选的却是做作业，君君就表示作业少的时候同学们才会一起玩小游戏，比如女生玩“小燕子”、编花篮、用绳子翻花样等，男生玩“人战虎”，但作业多的时候大家都会优先写作业。

老师布置的作业多的话，课间我们就不会一起玩游戏了。我们通常会先把作业做好。（访谈资料 F－S22 君君）

部分流动儿童课间的理性自觉选择让笔者不能理解，爱玩是儿童的天性，但为什么这些孩子连课间休息时间都拿来做作业呢，其实君君的选择并不是个案。

课上老师布置了作业，课间的时候我就会在座位上写作业，不会再跟同学们玩游戏。（访谈资料 F－S16 杰弟）

有作业的时候我就坐在座位上写作业，没有作业的时候我才会和周围同学一起玩。（访谈资料 F－S18 好妹）

如果没有作业的话，我会找好朋友聊天或者玩小游戏，有作业的时候我就先写作业。（访谈资料 F－S23 琪弟）

很明显，写作业似乎是大家的共同首选项目。通过进一步追问，笔者发现，出现此种现象主要有以下两方面原因：一方面是部分教师要求放学前必须完成并上交作业，有些学生担心自习课时间不够用；另一方面，还有学生担心晚上汇总在一起的各门学科的作业太多，提前把知道的作业完成可以减轻放学后的写作业压力。

课间小游戏的禁止行为。如果说流动儿童们在课间的聊天、玩益智小游戏以及写作业等都是学校希望看到的孩子们的课间状态，那么在教室、走廊及楼梯间的“追逐奔跑”却是学校管理者最不愿意看到的，他们往往将“追逐奔跑”列为不安全、不文明的课间行为，可田野阶段的观察及访谈发现，这种现象并不鲜见。

在作业写完或者作业比较少的课间，我就和朋友们一起玩，你追我、我追你地瞎跑。（访谈资料 F－S11 峰哥）

与在开阔操场上的奔跑不同，在狭小拥挤的教室内外“相互追逐”的行为确实极易引起课间的局部冲突及校园意外伤害事故的发生，因此，在课间巡视时，教师通常对这一行为明令禁止。

田野研究表明，“好朋友”之间的课间小群体游戏对流动儿童的身心健康成长意义重大，流动儿童们自然状态下的交往互动不仅锻炼了各自的表达能力和沟通能力，还激发了流动儿童对未来生活的美好憧憬，引导他们树立远大的理想；益智类的小游戏使流动儿童们在放松的同时锻炼了逻辑思维能力、综合判断能力；传统与现代形式截然不同的小游戏则给流动儿童们带来了同样的无限欢乐；大课间运动场上的体育游戏则使流动儿童们在挥汗如雨中释放了压力和困惑；然而同样是动起来的教室内外的追逐奔跑行为却受到了管理者们的禁止和严厉批评。

二、无关“身份”的课间局部冲突

课间局部冲突是流动儿童不同场合同伴冲突中的一种，流动儿童在交往互动过程中的同伴冲突非常普遍，某种意义上讲，同伴冲突是不可避免的。但并不是所有的冲突都有破坏性，有些冲突有利于流动儿童友谊的巩固和增进，即建设性冲突。但不管哪种类型的冲突，流动儿童特有的二元户籍制度下的双重身份是否会对课间局部冲突的发生和发展产生影响呢？

无意间触发的局部小冲突。课间局部的冲突很多时候是无意间触发的，君君提到的这个冲突就是课间玩耍幅度过大无意引发的局部冲突，与流动儿童来自哪里的“身份”没有关系。

一个男同学课间玩游戏的时候不小心把另一个同学的桌子撞翻了，被撞翻桌子的那个同学很生气，撞翻桌子的男同学赶快连声说“对不起”，并帮助被撞翻桌子的同学把散落了一地的东西收拾干净，然后两个同学就和解了。撞翻桌子的男同学事后说，很担心被撞倒桌子的那个同学告诉老师（笑），好在被撞的那个同学并没有告诉老师。同学们之间的矛盾很多时候都是偶发的，跟家里情况或老家在哪里没有任何关系，在一个班里大家平时不会想这些（方面）（笑得眯起了眼睛）。（访谈资料 F－S22 君君）

不难看出，此次冲突中的“肇事者”是一个有自省精神的同学，当意识到自己不小心“闯祸”之后，第一时间口头上承认错误并道歉，为下一步求取谅解奠定了良好的基础，紧接着又及时帮助被撞倒桌子的同学收拾散落到地面上的东西，良好的认错态度和及时有效的纠错行为使得冲突中的两个同学在没有任何外人干预的情况下很快就和解了。包含旁观者在内的流动儿童们在此次局部冲突中习得了人际交往中非常重要的一个方面，即如何积极地化解日常生活中的小摩擦。同时，这个冲突案例也让我们看到，流动儿童们内心很怕或很担心课间惹的“麻烦”被告发到教师那里去。

能够自行化解的认知性冲突。流动儿童们之间大部分的课间冲突是“动嘴不动手”的小矛盾，言语不和吵两句，但可能一转脸就又和好如初了。

玩得不开心的时候同学们也就吵吵嘴，不会打起来，很快就又和好了（笑）。大家通常都是在一些看法上不一致。（访谈资料 F－S13 淇淇）

如果同学们之间玩得不开心，就让它慢慢缓解呗。刚开始双方可能互相不理，过一会儿就好了。（访谈资料 F－S23 琪弟）

由此可见，无论是女生还是男生，通常情况下的“吵架”并不会对同学们的正常交往构成困扰，很多时候的“吵架”只是一时的意见不合，争吵几句，意见达成一致，矛盾自然就没有了。从个体认知角度看，生生互动可促进认知冲突的发展和解决，允许各方面能力不同的学生相互充当“能力较强的他人”（Vygotsky，1978：32）。

当然，流动儿童之间解决意见不一致的手段并不仅仅停留在口头上，有时也会有小动作配合。

同学们有时候课间玩得不开心，是会“打”起来的，不打不相识（笑），不过他们是“打”一会就结束了。同学们经常是这节课“打”完下一节课就又玩起来了。（访谈资料 F－S06 跃跃）

很明显，跃跃口中的“打”是要打引号的，他这里的“打”不是真打，更多指的是儿童之间常见的肢体游戏的成分。否则，真打起来的话，流动儿童之间是不会那么快融洽起来，且真有人打架的话，值班巡视教师也是会介入的。

外部力量介入的课间局部冲突。相较于转眼和好的课间局部冲突，部分课间冲突的解决可能需要一定的缓冲时间或外部力量如班干部的干预。但流动儿童普遍表示，即使是需要外部力量干预的课间局部冲突同样与各自的身份没有关系。

雨弟就读于户籍儿童与流动儿童同招的公办小学，他表示个别学生确实有暴力倾向，一旦发生较为激烈的冲突，在班干部已构不成威慑作用的情况下，教师（班主任或值班巡视教师）就要介入了，学校对打架斗殴是三令五申、严格禁止的，但产生激烈冲突的同学并没有明显的地域特征。

我们课间玩得不开心的话很多时候也就拌一下嘴，不过个别人有暴力倾向，不光男生有暴力倾向，我们班女生也有很凶的。同学们打斗的话老师会管的，会制止的，但只是拌嘴的话老师是不管的。我们在班级里是不会在意同学们来自哪里的，本地和外地（的学生）都一样的（开心地笑起来）。不管来自哪里，大家都怕那几个很凶的女生（扮了个鬼脸）。（访谈资料 F－S20 雨弟）

在雨弟看来，一起学习、一起玩耍的学校日常已经淡化了同学们来自哪里。因此，在同学们的头脑中，课间冲突与否、冲突的激烈与否与冲突双方来自哪里完全联系不起来。雨弟倒是对一些女同学在冲突中的“厉害”表现心有余悸，口头强调了无数次那些女同学的厉害。

含含明确表示，课间同学们之间较少有玩得不开心的情况发生，因为选择在一起玩的同学基本都是好朋友，如果真有不开心的事情发生的话，班干部也会出面干预的。

别的班不知道，反正我们班课间如果有同学起冲突的话，班长、副班长以及纪律委员等班委成员都会站出来管的，维持教室里的正常秩序是班干部的职责之一。（访谈资料 F－S02 含含）

依依也表示，好朋友之间如果玩得不开心，一般是当时生下气，好朋友之间不怎么会发生激烈的冲突或打架的，但如果在学校里实在解决不了，放学后也会找机会和好的。

如果朋友之间矛盾比较大，在校内问题没有得到解决的话，顶多放学后回家其中一个人用爸爸或妈妈的手机，在 QQ 上向对方说声对不起也就好了（笑）。（访谈资料 F－S04 依依）

由此可见，课间同学之间的冲突即使不能在校内自行化解，班干部的及时介入、放学后的沟通等均能帮助产生矛盾的流动儿童们在稍晚的时候和好如初。

课间喜欢聊天的浩浩表示玩得不开心的时候同学们可能会吵起来，甚至打起来，但通常情况下一会儿就和好了。如果冲突得厉害，浩浩和思弟均表示班主任会适时出面处理，并给起冲突的同学各种各样的惩罚。

老师会让打架的同学写检讨。上次我们班就有两个同学因为打架被班主任罚写检讨了。男（生）女（生）都有过被罚写检讨的经历，况且有时候还是男生和女生之间打架（笑）。（访谈资料 F－S01 浩浩）

真有同学打架的话，班主任会出来制止并惩罚他们，比如罚他们打扫卫生。（访谈资料 F－S15 思弟）

除了罚写检讨，班主任在处罚激烈冲突的同学时还可能会用到各种招数。罚打扫卫生、扣分及叫家长等，这些处罚手段对于流动儿童来说，一个比一个具有威慑力，让流动儿童们通常情况下触犯过一次绝对不想再触犯第二次。

大家有矛盾时也就彼此叫（吵）几句，我们平时是不会轻易动手的。因为班主任早就说了，谁先动手就扣谁的分（笑）。（访谈资料 F－S05 康弟）

当同学们打架时，老师就会赶过来把他们分开，打架打得凶的同学还会被老师叫家长。（访谈资料 F－S08 震哥）

这里有一个共性的问题引起了笔者的注意，即在流动儿童们的叙述中，无论是公办学校还是民办学校，没有看到教师对冲突本身的引导和疏解，更多使用的手段是处罚和惩罚，这种处理冲突的方式虽能压制，但很多时候并不能让冲突的双方心服口服，对流动儿童情绪的宣泄、社会交往方式的引导等均不能达到理想的效果。

机灵好动又善于言辞的龙哥幽默地表示自己在遇到冲突时奉行"三十六计，走为上策"，因为班主任只要看到同学们打闹就会处罚，如果有同学受伤的话，处罚会更厉害，班主任还会把家长叫来协商。

> 前几天，我们班一个叫××的同学课间把三年级的一名女同学的门牙撞掉半颗。当时××在追打另一个同学，没有发现前面走着一个女同学，他刹不住车，猛地撞了上去，那个女同学被撞倒后，门牙着地，半颗门牙没了，场面有些吓人。两位同学的家长很快都被老师请到了学校处理这件事情。想想都害怕呀，平时我是轻易不与同学起冲突的，真起了冲突那就一个字，先"闪"了再说，不理他们（边说边笑）。（访谈资料 F－S09 龙哥）

上文提到，课间追逐打闹通常在各个中小学是被明令禁止的，因为在有限的空间内此种行为极易造成意外伤害事故。龙哥讲述的这个课间冲突案例就是典型的因追逐打闹而产生的意外伤害事故，对于已经换过门牙的小学三年级的学生来说，门牙已具有不可再生的性质，通常只能通过医学手段修复。因此，课间的一次肆意奔跑给其他同学带来的可能是长期的身体或心理的伤害，并不是惩罚就能抹平的。

极少数学生课间挑衅行为引起的冲突。如果说课间意外伤害事故并不是因为肇事者主观故意的话，那么极少部分学生的课间挑衅行为则明显是主观故意为之，且他们可能以此为乐。君君为我们讲述了班级里一个喜欢故意挑衅的学生的案例。不过，君君认为，该同学喜欢挑衅教室里的任何人，甚至包括教师，并不是针对某一个或某一类人，因此，因该同学而起的各种冲突与被挑衅者的本地或外地生源身份没有关系，且故意挑衅的同学从身份上来讲也是外地来沪的流动儿童，只是家庭条件比较好而已。

我们班最近转过来一个总喜欢招惹别人的男生。他很胖，喜欢说脏话，喜欢骂人。有一次他故意挡班上一个平时表现不错的男同学的路，表现好的男同学就说“让开，别没事儿找事儿”，结果胖同学突然把表现好的男同学一下子抱起来在半空中甩，被甩者说“我要告诉老师”，胖同学恶狠狠地一松手，被甩者啪的一声掉地上了。哎！自从“找事儿”的胖同学来了以后，我们班的部分男生就开始狂了。胖同学对老师也不文明，老师说要去家访，他嚣张地说没有请老师去就不许去。（访谈资料F-S22君君）

君君的描述让一个不喜欢学习、喜欢找碴儿且有暴力倾向的男同学形象跃然纸上，他不仅自己言行不当，还带坏了班上其他不想学习的同学，从其拒绝老师家访的要求看，其对学校教师的权威也是毫无忌惮。我们无从深究该男同学是何时因何原因养成了校内严重失范的行为习惯，但君君对其家庭背景、上学经历的补充描述可能让我们多少找到了一些原因。

老师说他已经转学好多次了，很多学校都不要他，他总喜欢欺负其他同学。他转到我们学校以后，老师已经叫他家长来好几次了，但听说他们家是外地来的“暴发户”“千万富翁”，家里有保姆，还有私人教师给他上课。他过去上过公办学校的，但那些学校都把他赶出来了。他每次考试，语文、数学、英语成绩要么五六分，要么零分。（访谈资料F-S22君君）

外地来沪、家庭财力“丰厚”、少于管教、频繁转校，再加上学习成绩奇低，共同促成了其鲜见的朋辈、师生交往互动方式，也许他并不是不想融入新的班集体、新的学校环境，只是想通过自己的嚣张和怪异得到师生的认可，但事实证明这适得其反，暴力和欺凌在学校里是绝对不被允许的，且通常情况下，学校是不会为管不好自己却要影响一大批同学的学生开绿灯的。

果不出所料，君君表示，这名男同学可能很快就得从其刚转进来的这所学校走人了。

> 现在老师们实在受不了他了，听老师说学校准备开除他，本月底就让他走人。我们学校以前也开除过调皮捣蛋的同学，只要班主任上报学校，这些调皮捣蛋的学生被叫到过校长办公室2次，总务处盖好章就可以让他们走人了。（访谈资料F－S22君君）

如果真像君君所言，一方面学校的处理方式可能不符合《中华人民共和国义务教育法》的相关规定，对于违反学校管理制度的义务教育阶段的学生应以批评教育为主；但从另一个方面讲，学生本人及其家长是否应该彻底反思一下呢，内因比外因更起决定性作用。

田野研究表明，课间局部的冲突是流动儿童之间经常发生的一种朋辈交往形式，建设性冲突会成为流动儿童友谊的促进剂、社会化学习的重要途径，但破坏性的冲突如果处理不当可能会升级为暴力和欺凌，是需要严加防范的。在流动儿童们的眼中，无论是哪种类型的课间局部冲突，都与冲突双方的身份（本地或外地生源）没有关系。大部分流动儿童口头或嬉闹产生的冲突是认知性冲突，争吵几句后，矛盾随着意见达成一致转眼就烟消云散，对流动儿童之间的友谊加深、认知拓展有促进作用；部分流动儿童之间冲突的化解可能需要一定的缓冲时间或其他同学（主要是班干部）的干预；课间局部冲突一旦升级，班主任的介入是必要的；极少数暴力倾向严重学生的课间挑衅行为带给集体和个人的损失及负面影响都是巨大的。

三、校外同伴

流动儿童相较户籍儿童尤其是中心城区的儿童来看，校外同伴交往时间的被剥夺情况要乐观许多。除就读于近郊公办小学的部分流动儿童可能会参加大量的校外补习班外（一位田野对象同时报了奥数、英语、钢琴、画画及书法课外班)，绝大部分流动儿童的校外可支配时间还是比较充裕的，不参加任何补习班的流动儿童大有人在。至于学校布置的家庭作业，对小学阶段的流动儿童来说往往并不会构成负担，绝大部分同学能够比较轻松地完成。因此，有了较为充裕时间的保证，作为绝大部分流动儿童校外同伴交往主要形式的一起游戏、一起运动就成为可能。此外，流动儿童因为节假日两地迁徙的特征，家乡同伴交往互动也成为可能。

校外游戏。从校外游戏时间来看，流动儿童们是带有些“小确幸”的。即使是希望孩子一定要上“名牌”大学的卫哥爸爸，也并没有给卫哥报任何校外补习班，至少在田野研究阶段没有。因此，相对于被校外补习填满课余时间、没有自由的大部分中心城区孩子来说，流动儿童们是幸福的，他们有相对充裕的校外游戏时间。

第一，自主开展的校外同伴游戏。君君表示自己的校外好朋友主要是上海这边的，老家那边的朋友因为不常回去的缘故基本上都忘记了。年龄相似的孩子之间友谊关系的建立有时是一个招呼就可以起作用的，君君与家旁边同伴友谊的开启就是在这样的情境下完成的。两个小姑娘认识了之后，她们在一起游戏、一起看电视的过程中从陌生到熟悉再到成为无话不谈的好朋友，校外的闲暇时间从此充满了欢声笑语。

> 我在上海这边印象深刻的第一个好朋友是我刚到上海的时候交到的，我在外面跑着玩，她就过来问我能否跟她一起玩，我说可以，我们两个人就慢慢熟悉起来。她家住在我家的旁边，我们两个人放学后或双休日的时候经常一起玩，但她跟我上的学校不一样，她在××那边上学，而我在××这里上学。我们会一起跑着玩、踢毽子、玩积木、看电视等。(访谈资料 F－S22 君君)

能说好动的龙哥在哪里都不缺一起游戏的同伴，每天晚上，开阔的广场就是包括龙哥在内的附近儿童们尽情玩耍的乐园，他们或奔跑，或嬉戏，玩得不亦乐乎。

我校外一起玩的好朋友啊？多了去了！爷爷奶奶每天吃好晚饭后就带我去附近的广场，他们散步，我跟那里的小伙伴们一起玩耍。（访谈资料 F－S09 龙哥）

第二，家长有意牵线的校外同伴游戏。如果说有些流动儿童同伴间的相识是无心插柳的缘分，那么有些相识却是监护人有意的牵线搭桥。浩浩谈到的与校外好朋友的认识正是由对方母亲牵的线。一天浩浩放学后和一个同伴在街上玩耍时，一位不认识的阿姨走过来看似无意地旁观了一会儿。几天后，这位阿姨就带着孩子找上门来，原来她就住在附近，阿姨和浩浩妈妈早已相识，她向浩浩提出了一个请求。

阿姨说她家孩子经常闷在屋子里玩电脑游戏，她问我能不能带她家孩子一起在外面玩，让他不再玩电脑，然后我同意了。他和我不在一个学校上学，但都是五年级，且住得比较近，他叫××，也是江苏人，但他是在上海出生的。我们之间交往印象比较深刻的事情就是我去哪玩，都会叫上他一起。我跟他在一起玩，我感觉他特别逗，他想出来什么就能做出来什么，他的动手能力很强。他之前是放学后从来不出屋，天天玩电脑，现在和我熟悉后他是有时才会玩电脑。我们会一起玩些小游戏，还会一起去附近的公园里跑着玩一玩。（访谈资料 F－S01 浩浩）

如果不是同伴的妈妈将后来成为好朋友的同伴从其家里领出来，浩浩可能都不知道附近还住着一个同龄的小伙伴，因为小伙伴太沉迷于电脑游戏了，几乎不出门。浩浩天天带同伴一起在户外玩耍，不仅大大减少了同伴玩电脑游戏的时间，还让浩浩发现了之前沉迷网络游戏的同伴的一大优点——动手制作能力超强。相信随着两人户外活动时间的增加,同伴会逐步摆脱对网络的依赖性,而浩浩也可以从同伴那里学到一定的动手制作技巧,这可以说成功实现了校外的“互惠学习”。

第三,节假日里的家乡同伴自主游戏。因节假日会在上海与家乡之间“流动”的特点,流动儿童印象深刻的校外同伴游戏并不局限于上海。琪弟与家乡同伴最喜欢做的事情是上山采蘑菇,虽然说儿歌《采蘑菇的小姑娘》对于大部分人来说耳熟能详,但结伴采蘑菇的真实经历对于生活在大城市的户籍儿童来说是无法想象也无法体会的。这种带有一方乡土气息的同伴体验对流动儿童来说是一笔享用不竭的宝贵财富,会留给他们伴随一生的乡土记忆和乡间亲情。

> 我老家的好朋友是从小就在一起玩的小伙伴,有空就在一起玩的那种。除了玩,我们还经常一起去家附近的山上采蘑菇,那些蘑菇都是野生的。我们采回家给大人看,大人说有毒的就扔掉,没有毒的蘑菇就拿去卖,自己家里也会吃一些。这些蘑菇都是长在山上的,我们老家那里到处都是山。(访谈资料 F-S23 琪弟)

含含印象深刻的校外同伴也来自家乡,家乡的好朋友都是住在同一个小区的同龄人,每年春节回老家都会在一起畅快地玩耍。

> 因为我生日是在那个(春节)附近,而每年春节我都会回老家过年,所以我会和老家的小伙伴们一起吃蛋糕,一起放烟花,别提我多开心了(笑得露出了可爱的小虎牙)。(访谈资料 F-S02 含含)

卫哥也表示,家乡的好伙伴都是周围邻居家的小朋友,来上海之前就一直一起玩,关系特别熟,过年回老家在一起聊天的时候卫哥感到特别亲切。对于在老家生活过一段时间再来上海的流动儿童来说,家乡无疑是亲切和难忘的，因为那里有曾经陪伴他们留守岁月的小伙伴。

老家那边的好朋友都是住得很近的、年龄差不多大的小伙伴。我没来上海的时候跟他们天天在一起，来上海之后就不能经常见面了，不过每年春节回(老家)去的时候我们就会重新聚在一起，我们最喜欢或最经常做的就是聊天、玩游戏、放鞭炮。(访谈资料 F－S03 卫哥)

第四，没有任何身份困扰的校外同伴游戏。部分流动儿童对家乡、上海校外伙伴间的游戏均印象深刻。淇淇表示，回老家时会和好朋友一起爬山；在上海租住的地方则会和本地好朋友一起玩耍，一起跑跳，一起读书和写作业。

老家的好朋友主要是一起玩的邻居家的孩子，我们会一起爬山；在上海租住的地方我有一个本地好朋友，只是她家还有别的住处，但她只要来我们住的院子，就会找我一起玩。(访谈资料 F－S13 淇淇)

对于就读于以招收流动儿童为主的民办学校的学生来说，平时在学校里通常情况下是接触不到户籍儿童的，但在居住的地方却不一定，可能会和户籍儿童一起玩耍。杰弟也表示，在其居住的小区有一个本地好朋友，本地好朋友就读于旁边的公办学校，但并不影响两人放学后一起玩游戏。

我在住的地方认识一个本地好朋友，他读的是公办学校。我们经常在放学后、双休日一起玩球，有时我们还会一起在手机上玩游戏，比如一些大家都很熟悉、都很喜欢的网络游戏(笑)。(访谈资料 F－S16 杰弟)

田野阶段的研究表明，无论是在户籍儿童与流动儿童同招的公办学校，还是在户籍儿童与流动儿童共同生活的社区空间，都没有发现明显的流动儿童的融入困难问题，“来自哪里”对于流动儿童们的学习交友来说似乎并没有构成困扰。

对于相当一部分流动儿童来说，每年回老家的时间屈指可数，但短短的几天并不影响他们和小伙伴一起游乐的热情，比如思弟说：

我过年回老家一般只待十来天，所以认识的都是邻居家的孩子。我们一起在院子里玩游戏，一起打雪仗、堆雪人。（访谈资料 F－S15 思弟）

不仅过年回老家时可以畅快地游戏玩耍，思弟在上海也发展了幼儿园时期就认识的好朋友。思弟表示，他和上海的好朋友住得很近，两人会一起聊电视节目，一起玩联网游戏，不过，此“游戏”非彼“游戏”，同伴们一起玩网络游戏对于家长来说通常是严防死守的。

我们两家住得很近，放学回家的路上我们就会一起聊看过的电视节目，我们还会一起玩手机游戏，在家里联网玩（不好意思地笑着）。（访谈资料 F－S15 思弟）

但对于部分流动儿童来说，结伴一起玩“网络游戏”是非常常见的。比如因痴迷电子游戏而和妈妈关系恶化的飞飞就表示，无论是上海的好朋友，还是老家的好朋友，他们最喜欢一起玩的就是“打游戏”。

我在上海这边一起玩的好朋友主要是同学，熟悉之后我们就到彼此家里打游戏。老家好朋友之间印象比较深的也是一起玩游戏，记得有一次（结伴玩游戏）被我爷爷逮到了，我为此挨了一顿打（不好意思地笑了）。（访谈资料 F－S07 飞飞）

对于义务教育阶段的孩子来说，沉迷虚拟世界的网络游戏确实是需要加以干涉和引导的，比如前文提到的通过介绍玩伴的方式引导孩子走向户外，但部分家长在此方面似乎尚没有找到适合亲子沟通和化解问题的方式，单纯地盲目禁止收效甚微。

第五，校外同伴游戏带来人生理想的启迪。校外同伴之间的活动不仅能给流动儿童带来无尽的欢乐，有时还能给他们带来意想不到的人生启迪。涵涵表示长大后想做幼儿园老师，而有这个想法是受照顾表妹体验的影响。

> 表妹很喜欢我带她玩，她什么事情都来问我。从表妹那里，我看到自己有被小朋友喜欢的“特质”（笑）。自从表妹来上海后，我就有这个未来做幼儿园老师的想法了。表妹来上海后虽然没跟我们住在一起，但两家人都住在同一个小区里，所以我每天放学后、节假日经常带她一起玩。（访谈资料 F－S12 涵涵）

涵涵在与表妹的互动照料中，下意识地进行了角色扮演，由此产生了对自己未来职业的联想。而涵涵的情况并不是个案，一脸憨厚的峰哥告诉笔者长大后想做一名园艺师，之所以产生这样的想法是受住在附近的表姐的影响。

> 我表姐（姨家的女儿）住在我家附近，我不上学的时候经常陪表姐弄她养的那些花花草草，我感觉好好玩。我想长大后做一名园艺师应该也是很不错的选择。（访谈资料 F－S11 峰哥）

受表姐影响，峰哥校外时间在帮忙打理各种花卉植物的过程中，不知不觉产生了对这一活动的热情，立志于此也就成为可能。

多边生活融入。“生命在于运动”，对于广大流动儿童来说，运动不仅能强身健体、培养团队协作与奋勇拼搏精神，还能促进流动儿童在各个地方的快速融入。因此，无论是在校内还是在校外，流动儿童的体育运动受到教师和家长的普遍认可，很少有家长阻止自己的孩子参加体育运动的情况发生，除非个别孩子因沉迷网络游戏、个性内向等原因主动放弃户外运动。国外研究表明，同伴的影响对青少年体育行为有激励作用，同伴关系可能影响青少年对体育运动的参与度（Weiss and Smith，1999）。同伴运动参与情况对青少年个体运动参与水平有直接影响（Sirard et al.，2013）。因此，对于参加体育运动热情不高的流动儿童来说，积极发展校内校外热爱运动的同伴是改善现状的不错选择。但事实是，包括流动儿童在内的大部分义务教育阶段的孩子对户外运动有着一种天生的热情，他们喜欢奔跑，喜欢各种球类，因为在运动中可以释放他们无穷的能量。

第一，从校内拓展到校外的同伴运动。就读于户籍儿童与流动儿童同招的公办小学的震哥表示，他最喜欢和好朋友相约打篮球，打球的同伴中还有几个本地小朋友。震哥所在班级总共39名同学，本地户籍学生有8个，关系好到校外相约打球的本地同学有5个。体育运动能够大大拉近来自全国各地的小朋友们之间的距离，大家在校内体育课上玩得不过瘾的情况下，自然就想到了放学后或双休日相约继续一起打球。

> 我的校外好朋友都在上海，周末我最喜欢和好朋友一起找地方打篮球。我们一起打球的好朋友还有几个本地小伙伴，大家是在学校打球的时候关系好起来的。我们课余时间除了一起打球，也会相约玩其他的，我们关系很要好的。（访谈资料F-S08震哥）

第二，融入社区的校外同伴运动。恩哥就读于以招收流动儿童为主的民办学校，平时不怎么接触户籍儿童，但他也是在居住的地方发展了一个本地运动同伴，两人在一起踢足球的过程中积累了深厚的友谊。当然，他们踢足球并不是一定要到绿茵场上去踢，上海的中心城区也不具备这个条件，对于儿童们来说，找一块稍微大一些的空地就能踢得不亦乐乎。

> 我原来住的地方有一个邻居小伙伴，他是本地人，我们两个经常一起踢足球，玩得很不错，只是后来我们搬家了。除了这个校外好朋友，我现在有三个新的校外好朋友，我们一起钓鱼，一起跑着玩。（访谈资料 F－S14 恩哥）

因受房屋租赁合同到期、父母工作变动等多方面因素的影响，流动儿童面临着经常搬家的局面，这其实不利于流动儿童在上海稳固的校外同伴关系的建立。但乐观的康弟表示这些并不会构成他校外朋友交往的困扰。此外，康弟表示，其在家乡一起运动的好朋友主要是亲戚家的小孩。不难看出，康弟对球类运动是真的热爱，不管是上海本地小朋友、“外国”小朋友，还是家乡小朋友，康弟和他们一起玩得最多的就是打球或踢球，“热爱运动”也许正是他虽然在小范围内多次“迁徙”，在经常处于陌生环境的情况下却仍然有很多好朋友的重要原因。

> 我们时不时会搬家嘛，刚搬家的时候没什么好朋友，但周边的小朋友我见到就会跟他们玩，玩着玩着我与他们就成为好朋友了。我一起玩的小朋友中不仅有上海本地的，还有外国的呢，他好像是混血（儿童）。我们一起打球，他们还到我家玩电脑。不过本地、外国小朋友不跟我在同一个学校上学，他们是在××公办小学上学。老家的好朋友主要是亲戚家的小孩，寒假或暑假我爸带我去他们家，我们一起玩。我和好朋友最喜欢做的事情就是一起打乒乓球、打羽毛球和踢球等。（访谈资料 F－S05 康弟）

云哥也是上海、家乡都有一起运动的小伙伴。上海居住地认识的本地好朋友是对方在云哥刚搬到此地时主动上前帮忙而认识的，两人熟悉之后经常一起玩滑板，很快就成了无话不谈的好朋友；家乡的同伴则主要是邻居家的小朋友，他们最喜欢一起玩的依然是运动类的项目。从云哥这个案例中，我们很清晰地看到本地小朋友对流动儿童张开双臂的欢迎，并没有出现在以往研究中经常提到的排斥或敌视现象。

本地的好朋友是我们搬家到现在住的地方的时候认识的，他主动上前帮我们搬东西，我和他很快就熟悉起来了。这个好朋友就住在我家旁边，但我们不在一个学校读书，他叫×××，是上海人，读的××公办小学，也读五年级，我经常和他一起玩滑板；老家那边的好朋友嘛，就是家附近的小伙伴，我每次回老家的时候就和他们一起玩。跟老家那边的好朋友最经常玩的是跳绳和踢球。（访谈资料 F－S10 云哥）

此外，跃跃表示在家乡和上海都有一起玩、一起运动的好伙伴，前几年年级比较低的时候只要放寒假，父母就让他回老家，回老家后就可以尽情地和邻居家的小伙伴们一起玩球。但现在情况却完全不同了，能否回老家取决于作业完成的快慢。跃跃在上海这边校外一起运动的好朋友主要是同学，住得近的同学放学后相互串门，或者相约一起打球。

以前每年春节我都会回老家，老家那边有很多一起玩的好朋友，我们凑到一块就一起打球或踢球，但现在寒假我能否回老家得看作业的多少，如果写作业的时间比较久，比如写 2—3 个周的话，那我就没法回老家了。上海这边放学后一起运动的朋友基本上都是住得近的同学。（访谈资料 F－S06 跃跃）

虽然人们通常认为热爱校外运动者普遍是男生，但事实并非如此，比如好妹就表示，自己放学后最喜欢和好朋友一起做的事情是打球和跳绳。

我的有些好朋友是在学校认识又住得比较近的，有些好朋友是因为住在一起而认识的，放学后我们会相约一起打球、跳绳。（访谈资料 F－

S18 好妹）

其实“男（体质）强女（体质）弱”在今天的中小学校园里早已是过时的陈旧观念，上海中小学的“阴盛阳衰”却是真实地体现在方方面面，不仅学习上女生更胜一筹，连运动场上女同学也常常是当仁不让，尤其是小球类的乒乓球、羽毛球，甚至包括排球往往也是女生强于男生。

田野研究表明，相对来说，流动儿童们有比较充裕的校外同伴交往时间。有了较为充裕时间的保证，一起游戏、一起运动就成为可能。流动儿童们在两地校外同伴游戏中实现了自主性发展。部分流动儿童校外同伴游戏关系的建立是自发形成的，部分则是家长有意牵线而建立起来的；流动儿童的校外同伴游戏关系并不仅仅局限于上海，家乡同伴之间的游戏带给他们的是有乡土气息的体验；两地校外同伴游戏不仅能给流动儿童们带来轻松和欢乐，还能启迪他们未来的人生理想。此外，在流动儿童们的眼里，“来自哪里”对于流动儿童们的学习交友来说并没有构成困扰。大部分流动儿童喜欢校外体育运动，尤其球类运动最受欢迎。两地校外同伴体育运动帮助流动儿童成功实现了多边生活融入。通过校外体育运动，流动儿童们发展和巩固了与校外其他流动儿童、户籍儿童还有家乡小伙伴们的友谊，增进了感情，同时也培养了合作意识和拼搏精神。

第三节 本章小结

同伴是指年龄相近、具有相似背景及共同语言的朋友或同辈，也称作朋辈、伙伴。“一起学”与“一起玩”是流动儿童与同伴交往的核心内容。同伴之间的学习既有合作，又有竞争。同伴之间的玩耍既有相视一笑的开心时刻，也有大小不一的冲突时刻；同伴之间的玩耍既可以发生在校内，也可以发生在校外，对于流动儿童来说，校外的玩耍还可能发生在家乡。

互惠的“一起学习”是课堂教学中最能发挥流动儿童能动性的重要环节。互惠的“一起学习”通常安排在教学重点难点突破之时。综合能力强的流动儿童不仅要积极参与讨论，还要负责调动组员的积极性；成绩好、性格开朗或认真思考的流动儿童通常情况下更乐意积极参与小组讨论，但也有部分成绩优秀的流动儿童因性格等方面原因在小组讨论时更愿意选择沉默；部分“慢热型”的流动儿童通常选择在前期倾听的基础上再进入讨论；还有一部分同学因对讨论内容“不屑一顾”或“没有思路”而甘做课堂讨论中的沉默者；当前流动儿童“一起学习”的小组规模普遍偏大。互惠的“一起学习”是帮助全体学生完成学习目标的重要途径。

没有固定教学大纲和教材的班会课为流动儿童们实现“我的学习我做主”提供了可能，除教师会对学习主题进行引导和介入外，学习材料的搜集、学习内容的呈现及讲解、启发与引导，以及学习秩序的维持等均由学生们自主完成；流动儿童与同伴们通过公平竞争实现学习上的“做主”，同伴之间的竞争主要看实力，与其他方面没有关系。同时，因班会课主题的限制或班主任管理风格的差异，流动儿童们部分情况下可能无法实现班会课学习中完全的“做主”，但学习内容“动态生成性”的特点还是给作为学习主体的流动儿童们充分的发挥空间。

班会课还是流动儿童们实现同伴之间相互启发下教育和自我教育的重要场域。安全教育中，同班同学或同学身边的人“以身示范(反)”，给同学们进行了一次终生难忘的教育；基础德育班会课中，流动儿童与同伴之间的互动交流和启发保证了感悟—导行的道德教育效果；纪律教育班会课中，流动儿童们通过对同伴或自身接受奖励或惩罚时的观察和体会，逐步习得约束自己行为的规范，并慢慢内化为行动自觉。

“好朋友”之间的课间小群体游戏对流动儿童的身心健康成长意义重大，流动儿童们自然状态下的交往互动不仅锻炼了各自的表达能力和沟通能力，还激发了流动儿童对未来生活的美好憧憬，引导他们树立远大的理想；益智类的小游戏使流动儿童们在放松的同时锻炼了逻辑思维能力、综合判断能力；传统与现代形式截然不同的小游戏则给流动儿童们带来了同样的无限欢乐；大课间运动场上的体育游戏则使流动儿童们在挥汗如雨中释放了压力和困惑；然而同样是动起来的教室内外的追逐奔跑行为却受到了管理者们的禁止和严厉批评。

课间局部的冲突是流动儿童之间经常发生的一种朋辈交往形式，建设性冲突会成为流动儿童友谊的促进剂、社会化学习的重要途径，但破坏性的冲突如果处理不当可能会升级为暴力和欺凌，是需要严加防范的。在流动儿童们的眼中，无论是哪种类型的课间局部冲突，都与冲突双方的身份（本地或外地生源）没有关系。大部分流动儿童口头或嬉闹产生的冲突是认知性冲突，争吵几句后，随着意见达成一致，矛盾转眼就烟消云散，对流动儿童之间的友谊加深、认知拓展有促进作用；部分流动儿童之间冲突的化解可能需要一定的缓冲时间或其他同学的干预；课间局部冲突一旦升级，班主任的介入是必要的；极少数暴力倾向严重学生的课间挑衅行为带给集体和个人的损失及负面影响都是巨大的。

相对来说，流动儿童们有比较充裕的校外同伴交往时间。有了较为充裕时间的保证，一起游戏、一起运动就成为可能。流动儿童们在两地校外同伴游戏中实现了自主性发展。部分流动儿童校外同伴游戏关系的建立是自发形成的，部分则是家长有意牵线而建立起来的；流动儿童的校外同伴游戏关系并不仅仅局限于上海，家乡同伴之间的游戏带给他们的是有乡土气息的体验；两地校外同伴游戏不仅能给流动儿童们带来轻松和欢乐，还能启迪他们未来的人生理想。此外，在流动儿童们的眼里，“来自哪里”对于流动儿童们的学习交友来说并没有构成困扰。大部分流动儿童喜欢校外体育运动，尤其球类运动最受欢迎。两地校外同伴体育运动帮助流动儿童成功实现了多边生活融入。通过校外体育运动，流动儿童们发展和巩固了与校外其他流动儿童、户籍儿童还有家乡小伙伴们的友谊，增进了感情，同时也培养了合作意识和拼搏精神。

本章研究表明，同伴之间围绕“学”与“玩”的交往互动使流动儿童的能动性得到了最大程度的发挥，无论是课堂、课间场域，还是校内、校外场域，各种边界在同伴之间的交往互动中变得模糊乃至消失。田野研究结果表明，成人眼中的“外地人”身份标签并没有给流动儿童围绕“学”与“玩”的同伴交往带来困惑或阻碍；同时，同伴交往还非常有助于流动儿童互惠学习的达成。因此，同伴之间的交往互动对流动儿童的学习及社会融入都有着举足轻重的作用。

第五章 “陌生”与“熟悉”：身份认同及升学策略选择

虽然以家庭为单位的流动导致了未成年人“流动儿童”身份的产生，但从儿童自身的成长和发展来看，跟随父母的流动既是符合国家各项法律法规要求、保护儿童基本权利的需要，也是儿童身心健康成长的需要，二者呈现出了高度的内在一致性。“斯地”与“家乡”的同时存在也就意味着，每一个流动儿童都面临一个身份认同的问题。同时，上海早在2010年就全面实现了流动儿童免费接受义务教育的目标，流动儿童全部在公办学校或政府委托民办学校免费就读。理论上讲，义务教育的实行减轻了流动家庭负担，有助于流动儿童在跟随父母流动期间九年义务教育的完成，有助于流动儿童学习权利的保障，但事实上，部分流动儿童小学毕业后主动放弃了在沪继续接受初中阶段义务教育的权利，小学毕业即选择离开流入地，返回家乡或另觅他处继续学业。“熟悉”的流入地与“陌生”的家乡之间的认同选择或主动切换对流动儿童来说意味着什么？这是他们走出困境、突破困境的表现，还是困境状态下的妥协？

第一节 陌生的家乡

对于生于斯、长于斯的流动儿童来说，他们对家乡的了解和认识主要来自长辈的口头描述或每年春节期间的城乡大迁移。有限的时间和有限的活动安排使得流动儿童眼中看到的“家乡”与“家乡”的本来生活状态大相径庭，这也许正是流动儿童说家乡“好玩”的时候，家长在一旁禁不住摇头的原因所在吧。与传统农业社会靠农业谋生的人黏着在土地上不同(费孝通，2008：3)，改革开放后的城乡流动已然是常态，流动一代、二代直到今天生于斯、长于斯的流动三代，家乡于他们而言越来越遥远和陌生，陌生到部分流动儿童听不懂家乡话、记不起家乡的人和物，流动儿童眼中过年回老家的“合家欢”式度假感越来越强烈。

一、不再流利的家乡方言

“少小离家老大回，乡音无改鬓毛衰。”唐代诗人贺知章以没有变化的“乡音”写出了自己对家乡一直以来的眷恋和不曾忘怀。曾经，不会说“家乡话”被当成是“数典忘祖”的表现而被家乡人鄙视。但对于长年生活在异地他乡的部分流动儿童来说，不要说讲家乡话，能完全听懂家乡话已是一种奢望。当然，受留守时长、流动家庭家中长辈平时的语言习惯及回乡频次等多方面因素的共同影响，部分流动儿童能听能说家乡话，但熟练度和流利度可能有所不同。

第一，既听不懂也不会说家乡话。

有过一段留守经历，五岁从甘肃来上海的君君表示，由于长年在上海学习生活，不怎么回老家，家乡话逐渐不会说也听不懂了。

爷爷奶奶(微信)视频中说的老家话，我有时就听不懂，然后我还得

让爸爸在旁边翻译一下(笑)才明白他们表达的意思。(访谈资料 F－S22 君君)

此外，君君直言不仅年纪大的爷爷奶奶讲的话听不懂，家乡年轻一些的亲戚在微信视频中讲的话很多时候也听不懂，爸爸翻译后才能明白他们讲的到底是什么意思。

浩浩同样曾在家乡留守，上小学的时候从江苏来到上海，但现在对于家乡话也是完全听不懂。浩浩表示，在老家上幼儿园的时候基本讲普通话，到上海读小学后爸爸妈妈在家中也只和他讲普通话，因此家乡方言越来越听不懂，现在对于浩浩而言，家乡话成了交流、认知上的“语言障碍”。

老家方言我现在完全听不懂。爸爸妈妈用老家方言讲蔬菜的名字我都听不懂。我爸妈开始犯愁了，因为我接下来可能要转回老家上初中，听不懂老家话可怎么办啊。(访谈资料 F－S01 浩浩)

也许浩浩重返家乡的第一关就是要先过家乡方言关，否则对家乡的再融入将会遇到一定的困难，毕竟学校以外的家乡人还是以讲方言为主。

生于斯、长于斯，作为“流动三代”的龙哥对于家乡方言更是一头雾水。龙哥家祖孙三代均在上海，一部分亲戚也在上海。因此，当听到笔者希望他讲一段安徽家乡话的要求时，龙哥很果断地拒绝了。

我听不懂家乡话，更不会讲家乡话。我们家通用(语言)就是普通话，爷爷奶奶爸爸妈妈都是讲普通话。(访谈资料 F－S09 龙哥)

同样是生在上海、长在上海的震哥也表示安徽家乡话他听都听不懂，更不要说讲了。很明显，震哥对流入地上海方言的掌握程度要好于家乡话，这与语言环境不无关系，毕竟对于从小生活在上海的非户籍儿童来说，社区、公共场所的耳濡目染就能习得一些上海方言，更不要说部分学校还会特意安排“上海话”的学习内容。但相比之下，每年春节旅行似的几日返乡并不能让他们习得家乡的方言。

老家的话我一点都听不懂，上海话我倒能听懂一些。回老家的时候，亲戚、邻居们如果讲不太标准、带口音的普通话我就听不懂，纯方言的话我更是一点也(听)不明白。(访谈资料 F－S08 震哥)

由于长年生活在上海，较少或几乎不往返家乡，家庭的语言环境、用语习惯对流动儿童方言的习得就显得特别重要。如果家庭成员中没有人使用家乡方言，流动儿童是很难有机会掌握的。比如，三岁来上海的杰弟就表示：

在家里，爸爸妈妈都是讲普通话，奶奶也在上海这边，她也基本上讲的是普通话。因此，回老家的时候如果家乡人讲方言的话，我是听不懂的。(访谈资料 F－S16 杰弟)

生在上海、长在上海的康弟也表示，自己根本听不懂家乡话。靠父母翻译才能明白的家乡话对于流动儿童来说几乎成了一门“外语”，这对于相当一部分流动家庭来说是必须面对的现实。

我在上海没有听到过家乡话，因此回老家时他们说家乡话，我根本听不懂。我时不时问爸爸妈妈他们说的是什么意思，他们给我用普通话翻译一下，我就知道了。(访谈资料 F－S05 康弟)

第二，听得懂家乡话，但不会说。

出生在上海、回老家短暂留守，读幼儿园时又回上海的淇淇表示，自己能够听得懂家乡话，刚开始还能说一点点，但在上海待久了就有些不太会说了。虽说能听懂，但淇淇听到“能否用家乡话介绍一下自己”的要求的时候，果断地摇了摇头，明确表示说不来。淇淇认为，自己的上海话比家乡话掌握得还要好一些。淇淇的叙述表明，祖孙三代人虽然在家里也会用到家乡话，但明显对流入地方言的学习和掌握更重视些。

> 爸爸妈妈爷爷奶奶他们在家里讲家乡话的时候我能听得懂，但是我不太能说。我倒会讲一些上海话，爷爷奶奶会教我一点上海话。爷爷在上海打工很多年了，他一直做保安，奶奶是在自来水厂里面工作，他们都多少会讲一些上海话，学校里也会教我们一些(上海话)。(访谈资料 F－S13 淇淇)

同样有过短暂留守经历的含含也表示，自己能听得懂安徽话，但不太能说，平时在家里主要是讲普通话。对于含含来说，节假日返乡后亲朋相聚时才能听到的家乡话能听懂已实属不易，张口说安徽话对含含来说实在有些为难，毕竟日常的家庭语境、学习语境主要是普通话，含含对自己“新上海人”的身份认同与此有一定的关系。

> 我们只有回老家的时候才会讲些家乡话。老家那边的人讲话时，我一般是听得懂的。他们问我问题时，我会习惯性地用普通话回答他们。安徽话我实在是不熟练，自己说是说不出来的。(访谈资料 F－S02 含含)

平时家中是否使用家乡话对流动儿童家乡方言的掌握影响很大，如果家中不时有人使用家乡话交流，流动儿童即使不能跟着一起讲，但至少能结合语境慢慢明白方言的大概意思。比如，生于斯、长于斯的恩哥表示：

在家里，爸爸、妈妈、爷爷、奶奶他们经常会用家乡话交谈，我基本上听得懂，但讲不出来（不好意思地笑了）。我说（家乡话）的话只能简单说一下名字、年龄等，连贯的句子我就说不了啦。（访谈资料 F－S14 恩哥）

有过短暂留守经历的逸逸也表示，虽然爸爸妈妈在家里时不时使用家乡话交流，但自己只能大概听懂他们所讲的内容，却不会说。

家乡话我只是听得懂，但说不出来。我在家、在学校都是讲普通话，爸爸妈妈在家里时不时会讲家乡话，但我讲不成。爸爸妈妈讲得难一些的方言我就会听得似懂非懂。（访谈资料 F－S17 逸逸）

对于在流入地只能靠家中长辈的对话闲聊才能近距离接触家乡方言的流动儿童来说，家乡方言能听得懂或者部分明白已是非常不容易，那么部分流动儿童又是怎么做到能流利说家乡话的呢？

第三，既听得懂也会说家乡话。

由留守转流动的卫哥上小学之前的时光是在老家度过的，卫哥听到“能否用家乡话介绍一下自己”的要求时，毫不犹豫地用湖北方言比较流利地介绍了一下自己。那么卫哥对家乡话的听说技能是如何掌握的呢？卫哥说：

在家里，爸爸妈妈主要是用老家话交流；另外我爸不是跟一个老乡合伙开加工厂吗，他们打电话时一会用普通话，一会用湖北话（笑），他们一般的对话我都听得懂。（访谈资料 F－S03 卫哥）

原来卫哥家中平时的交流用语主要是湖北方言，且卫哥爸爸在工作上的交流沟通也经常用到家乡话。因此，五年的留守经历加上平日家庭中的耳濡目染使卫哥在没有刻意学习的情况下做到了对家乡方言的掌握，真正做到了不仅听得懂，还能说得出口。

在家乡安徽留守了六年，小学二年级才转来上海的飞飞也能较流利地用安徽方言介绍自己，飞飞表示：

平时在家，爸爸妈妈主要是说安徽话，且回老家时周围的人也都是只讲老家话，不讲普通话。（访谈资料 F－S07 飞飞）

因此，六年的留守经历、家中父母的日常方言交流，以及回老家时的纯方言浸润共同促成了飞飞可以流利地使用家乡方言。涵涵的情况与飞飞非常类似，涵涵说：

我小学二年级的时候才来上海。来上海之前，我和爷爷奶奶一起在老家生活，爷爷奶奶都是讲家乡方言。来上海后，平时家里爸爸妈妈经常跟我讲家乡话，回老家的时候大家也主要是讲我们那里的话。（访谈资料 F－S12 涵涵）

因此，涵涵在使用家乡方言进行沟通和交流方面没有任何问题和障碍。在大城市打拼的流动儿童家庭中的流动一代、流动二代家长通常能听能讲家乡话，但为什么流动儿童在家乡方言的掌握上差距这么大呢？有些既听不懂，也不会说；有些只是听得懂，但不会说；有些既听得懂，又能说。笔者认为，之所以产生这么大的差距，其实与流动家庭成员使用家乡方言交流的频率有很大关系，家庭因素对流动儿童家乡方言的习得起着非常重要的作用。如果平时流动儿童家庭里一点也不用家乡方言，那么对应的可能是第一种情况；平时家里偶尔或时不时使用家乡方言交流，那么对应的可能是第二种情况；平时家里经常、主要或一直使用家乡方言交流，那么对应的则可能是第三种情况。

生于斯、长于斯的思弟就表示自己没有怎么在老家长时间待过，每次过年回四川老家最长不过十来天，但用家乡话交流对他来说从来不是问题。

我会讲家乡话，我在家里跟爸爸妈妈还有两个姐姐讲话时一直用四川话，所以我没有专门学家乡话，感觉从一开始我就会讲的。（访谈资料 F－S15 思弟）

因此，流动家庭日常交流的用语习惯很大程度上决定着流动儿童对家乡方言的熟练程度。家乡方言或家乡口音虽然在有些情况下会闹出尴尬的笑话，但在有些情况下，方言的新奇性和趣味性却能加速流动儿童在新集体中的融入。

三年级的时候，我刚转来上海读书，一不小心我在学校闹了个笑话。记得当时学校在大扫除，我和同学们一起打扫校园里我们班级的包干区，扫了一会儿，我发现簸箕没有带，便想借隔壁班级的用一下。于是，我就和带簸箕的那位同学说："你能借我用一下车灰吗？"那位同学一脸疑惑地回答道："什么？车灰是什么东西？"我这才反应过来，原来是家乡方言惹出了笑话。大概是我在老家天天讲方言讲习惯了，一时半会儿改不过来。在和同学们聊天时，我说着说着便不自觉讲起了家乡话，同学们的目光一下子转移到我这里，我顿时脸就红了。可很快同学们对我的家乡话起了兴趣，大家一个劲儿地问这问那。比如："蚯蚓"我们说"驱扇"；"我"说"俺"；"推"是说"吻"……没想到，我的家乡方言居然让我与同学们拉近了距离。虽然起初闹了很多笑话，但我一点也不讨厌家乡方言，它让我感到亲切、舒服，还让我交了不少朋友。（实物资料 SH－052 流动儿童作文）

来自云南的琪弟讲普通话的时候带有明显的家乡口音，这在流动儿童中并不多见。田野对象中的绝大部分流动儿童普通话都讲得很好，听不出明显的口音，但琪弟的口音却比较明显，当听到能否用家乡话介绍一下自己的时候，琪弟张口就用家乡方言流利地介绍起来，毫不费力。

我在老家读书的时候村上所有人都用方言交流，学校里老师同学也都讲方言。当时我是在村里读的书。（访谈资料 F－S23 琪弟）

原来琪弟转来上海读书的时候已是小学二年级的第二学期，也就是说，幼儿园及小学阶段的前一年半都是在云南老家村校的方言环境中度过的，“语言学习的关键期理论”虽仍有争议（陈宝国、彭聃龄，2001），但琪弟改不掉的方言口音却是事实。

江弟的情况与琪弟非常相似。江弟在重庆老家读完小学二年级后才转学来上海，家乡读书时的纯方言环境熏陶使得江弟在来上海多年后，仍可以毫不费力地完成从普通话到家乡话的切换。

我在老家读书的那些年都是讲的重庆话，说家乡话对我来说没有任何压力。（访谈资料 F－S19 江弟）

由此可见，除了流动家庭日常用语习惯，在家乡留守时间的长短及留守期间的语言环境对流动儿童掌握家乡方言的熟练程度也有很大影响。

二、记忆中的家乡人与物

远观中华文明悠久历史长河，对家乡人和物的思念是古诗词的一大主题；近看现当代，“老家来人了”也总是能勾起人们无限的遐想和回忆。那么对于同样离开祖籍地、漂泊在外的流动儿童来说，他们是怎么能动地看待家乡的人与物的呢？家乡给他们留下最深刻印象的人和物又分别有哪些呢？

第一，记忆中家乡的人。

浩浩是六岁要上小学的时候来上海的，来上海之前在老家跟着祖辈一起生活。浩浩来上海不久，爷爷奶奶相继去世了，因此现在偶尔回老家也是回外婆家。

因为我现在很少回家，我已经记不清老家那边的好朋友的具体名字了。外婆家离奶奶家有些距离，差不多要一个小时（车程），所以奶奶家我就不怎么回去了。外婆家我也不是每年都回去，我上一次回外婆家还是两三年前，记得是一个暑假回去的，但我妈妈有时会一个人回老家探望外婆、舅舅他们。我印象最深的家乡的人就主要是外婆外公了，他们对我好得不得了，基本上不怎么骂我。（访谈资料 F－S01 浩浩）

因为回老家的次数和时间十分有限，浩浩记忆中的家乡的人就仅剩下无比疼爱自己的外婆和外公了，留守时一起玩耍过的小伙伴因为空间的阻隔和时间的流逝，名字变得越来越模糊了。

生在上海、长在上海的康弟虽然没有在老家留守、与祖辈一起生活的经历，但说起家乡印象最深刻的人时也谈到了自己的外婆外公。

我对外婆外公印象最深刻，因为他们对我很好，我每次回老家都是去外婆那边。我对爷爷奶奶没有一点印象，他们应该是都不在了吧，我没见过他们，听爸爸说，我奶奶一共养了九个子女，我爸爸是老六。（访谈资料 F－S05 康弟）

很明显，康弟返乡能看到的家乡最亲切熟悉的人主要是外婆和外公，康弟爸爸虽出生在多子女家庭，但似乎因为家中老人的去世，兄弟姐妹之间走动并不多。因此康弟返乡的落脚点主要是外婆家，外婆外公的无限疼爱给康弟留下了无比深刻的印象。

来上海上幼儿园之前与爷爷奶奶一起生活的跃跃表示，自己最挂念的家乡人正是老家的爷爷和奶奶。

我印象最深刻的（家乡的人）是我的爷爷奶奶，另外还有两个小朋友和他们的奶奶我也印象比较深刻。我自己的爷爷奶奶是因为我跟他们相处时间长嘛，朋友家的奶奶是因为我经常找朋友玩，所以就会更熟悉一些。（访谈资料 F－S06 跃跃）

对于跃跃来说，幼时的记忆并没有随着时间的流逝而消散，在一次次的返乡中这些记忆得到了强化，他不仅记得来上海之前朝夕相处的爷爷奶奶，还记得经常一起玩的两个好朋友以及朋友的奶奶。

在妈妈眼中有些叛逆的飞飞表示，陪自己一起度过六年留守生活的爷爷奶奶和一个好朋友最让自己难以忘怀。

爷爷奶奶非常宠我，做什么事情都把我放在第一位，他们对我很好。我在家乡还有一个好朋友，那时我们天天一起玩，无论我去干吗，他都跟在我后面。（访谈资料 F－S07 飞飞）

爷爷奶奶的无限宠爱、朋友如影随形的陪伴给飞飞的留守岁月增添了无限斑斓的色彩。但不可否认的是，爷爷奶奶的宠爱或者说溺爱在飞飞妈妈眼中也给飞飞的成长带来了一定的困扰，飞飞在留守期间开始的对网络游戏的沉迷让飞飞妈妈束手无策，并由此产生了诸多亲子之间的矛盾。

同样有过留守经历的云哥、涵涵也表示出对老家陪伴过自己的长辈的深刻印象。无论是云哥的爷爷、姑姑，还是涵涵的外公外婆、爷爷奶奶，他们都在父母照料缺位的背景下行使了部分代理职能。虽然并不能完全代理父母职能，但他们还是给留守时期的云哥、涵涵带来了无限的温暖，一定程度上弥补了父母亲情的缺失。

我对爷爷印象深刻是因为平时都是爷爷照顾我的。我对姑姑印象深刻是因为我在老家的时候时不时会到姑姑家里玩，姑姑对我也很好。

（访谈资料 F－S10 云哥）

我没来上海之前一直住在外公外婆家，上学也在他们那里的学校就读；虽然我住在外婆家，但爷爷奶奶经常过去看我。（访谈资料 F－S12 涵涵）

对于部分流动儿童来说，记忆中的家乡的人除了生活上照料、关爱自己的长辈，还有一些印象深刻的年龄相仿的小伙伴。每年寒假回家乡过年的依依表示，自己印象最深的家乡人是一个邻居家的姐姐，这位“姐姐”比依依大 2 岁。

过年我去邻居家串门，邻家姐姐会分享给我们各种吃食。她从不嫌弃我们会把她家弄脏，她人很大方的。她还让我们在她家看电视，并且可以换自己喜欢的频道。我们吃东西掉地上的话，她还会帮我们打扫一下。我对家乡邻家姐姐的印象最是深刻。（访谈资料 F－S04 依依）

依依用“姐姐”招待自己的行动和态度生动地说明了“姐姐”的友善和大方，仿佛在自己家一样放松使依依对姐姐印象深刻，好感倍增。因此，邻家姐姐成功取代了家乡的祖辈和其他亲朋，成为依依印象最为深刻的人。

曾经留守并在老家读过书的好妹表示，自己对幼时一起读书的邻居家的同龄小伙伴印象最为深刻。

我小时候跟邻居家的女儿一起念过书，我们两个年龄一样大。每天放学我们一起回家，一起写作业，一起玩。所以，家乡的人中我对邻居家的女儿印象最为深刻。（访谈资料 F－S18 好妹）

龙哥则表示，自己印象最深的家乡人是一起玩的堂弟、表兄弟们。杰弟也表示印象最深的家乡人是陪自己一起玩耍的舅舅家表弟。

我回老家就会找堂弟、表兄弟们放烟花，我们一起玩得可开心啦。（访谈资料 F－S09 龙哥）

我每次回老家，都是表弟（舅舅家儿子）陪着我玩，我们一起玩各种游戏。（访谈资料 F－S16 杰弟）

不管是一起学习的邻家同伴，还是一起游戏玩耍的“兄弟”同伴，朋辈交往带给流动（留守）儿童的成长和快乐远超成人们的想象。

第二，记忆中家乡的物。

秋天是一个丰收的季节。虽然我待在上海，但也时不时能感受到家乡秋天的气息。这不，姥姥又从老家捎来了橘子，打开行李箱，熟悉的果子味瞬间沁人心脾，满屋飘香。今年，姥姥家的橘子长得特别好，不仅色泽金黄，还又大又圆。姥姥递过来一个蜜橘说：“妮子，馋了吧？吃！”我兴奋地接住了，剥开皮后就狼吞虎咽地吃了起来。我真怀念老家那忙碌充实而又硕果累累的秋天啊！（实物资料 SH－022 流动儿童作文）

每一次我回到老家的第一顿饭就是凉皮，因为我实在太喜欢吃家乡的凉皮了。凉皮只能买来就吃，放不了多久，所以每一次我带凉皮来上海的想法总会破灭。（实物资料 SH－015 流动儿童作文）

当谈到记忆中的家乡的人的时候，生于斯、长于斯又不怎么回家乡的流动儿童们可能会忍不住面露难色，或者需要思考一下才能找出那个印象最为深刻的人，但说到记忆中的家乡的物的时候，田野对象们描述起来却非常轻松，其中对家乡“吃”的东西是谈到最多的。浩浩印象最为深刻的家乡的物品就是一个比较“小众”的食物——炸虫子。

知了知道不，夏天不停叫的那个，它小时候没长出翅膀的时候很好吃。夏天老家那边的人会逮住它炸了吃，这个小东西蛋白质含量蛮高的，刚开始我不怎么敢吃，现在很喜欢吃。现在我对吃虫子特别感兴趣，比如前面老家亲戚请我吃饭的时候就点了炸蟋蟀，我吃了好多，很好吃。（访谈资料 F－S01 浩浩）

浩浩眉飞色舞、不厌其烦地讲着炸虫子的好吃和营养，一点也看不出他内向、不善言辞的一面，完全是一个小小美食评论员。初见面时，浩浩曾自称在不熟悉的人面前他胆子很小，容易拘谨，现在看来，那也许是因为没有找到他喜欢的话题。从甘肃流动来上海的君君也表达了对家乡食物的极大兴趣，家乡特色的水果、干货、肉类和面食等都让君君印象深刻。

老家的杏、李子跟上海的完全不一样，老家的个头大，很甜；我们老家的西瓜、香瓜、番茄、枣和比瓜子还小的麻子等都很好吃，老家那边的亲戚会给我们邮寄杏肉、麻子过来；老家的面、羊肉泡饼子也都特别好吃，我们老家那里的羊肉特别新鲜，特别香，特别实惠，10 块钱就可以买一大碗羊肉泡饼子，可惜我好久没有吃到了。我这几年都没有回老家，我爷爷奶奶现在都在上海，我们过年也不用回去了，老家那边冬天太冷。（访谈资料 F－S22 君君）

虽然现在连过年也不回家乡，但家乡美食对君君的诱惑丝毫未减。君君用三个“特别”形容家乡的羊肉，用“完全不一样”“很好吃”“特别好吃”形容家乡的水果、面食等各色食物，叙说起来如数家珍，滔滔不绝。在君君眼中，同样一种东西，虽然在流入地上海也能买得到，但色香味与产自家乡的东西完全不一样，因此，家乡亲戚寄来的干货成为其解馋的最好途径。

说起家乡难忘的东西，来自湖北的卫哥和来自江西的云哥都对家乡山上的野果赞不绝口，尤其是卫哥，讲起来画面感十足。俗语说，“靠山吃山，靠水吃水”，大山不仅给山脚下的人们提供了繁衍生息的天然保护屏障，还给人们生产了种类繁多的野果野菜等人间美味。

我记得与老家的小朋友一起去山上玩耍时，我第一次看到树上黑红黑红的桑葚，当时还不知道它叫什么，摘下来吃到嘴巴里很甜很甜，牙齿瞬间就变红了。我们边摘边吃，回家后问奶奶那是什么果子，奶奶告诉我们那果子叫桑葚。（访谈资料 F－S03 卫哥）

老家山上的野果儿让我印象深刻。我们小时候经常爬到山上找野果儿吃，漫山遍野都是好吃的（开心地笑着）。（访谈资料 F－S10 云哥）

在家乡特产及美食之外，老家的山和水、房子、土地等不动产也最让流动儿童们无法忘怀。来自江西的淇淇表示家乡的山和水留给自己的印象最为深刻。

我老家的水特别清澈，老家人都直接在里面洗衣服，很方便；回老家的时候我还会去爬山，通常是大人带着我们爬，我们可以一路爬到山顶上去。（访谈资料 F－S13 淇淇）

家乡清澈的山水、巍巍的大山给予漂泊在外的流动儿童们美好回忆和无限牵挂。同样来自江西的恩哥也对家乡的山和水表达了由衷的赞美。恩哥讲道：

我印象最深刻的是老家的山，山上面有好多树，山上山下的水也很漂亮，很清澈。（访谈资料 F－S14 恩哥）

对于恩哥来说，恐怕没有什么能比回家乡爬爬山、喝喝家乡水更惬意的事情了。来自云南的琪弟则对家乡山上的古树印象最为深刻：

我对老家山上神像旁边的两棵三百多年(树龄)的古树印象深刻,老家声势浩大的火把节每年都会在神像那里举办。(访谈资料 F－S23 琪弟)

琪弟生活在少数民族聚集的云南山区,家乡山上神像旁边三百多年树龄的古树本身就是一个吸引人的景致所在,再加上在其旁边每年举办的火把节,仅是简单描述就让人印象深刻,更不要说亲自参加,想必是终生难忘。

不管是先辈留下来的祖屋,还是后来翻造(或购买)的新居,家乡自有的房子总能给流动儿童们带来家乡的归属感和家乡熟悉的气息。来自江苏的涵涵表示,印象最深刻的家乡的物品是自家的屋子。

每次回老家,我一进到屋里就能闻到一股熟悉的味道。那些味道也许是爷爷奶奶自己种的辣椒、胡椒之类的东西发出来的,也许是原本就有的味道。我伤心的时候或者跟同学提起的时候就会很怀念那种味道。(访谈资料 F－S12 涵涵)

对于涵涵来说,家乡的屋子和屋子里的熟悉味道已不仅仅是一份自己对家乡的美好回忆,屋子里的熟悉味道还带有一定的疗伤功能,不开心的时候想起家乡那种萦绕不去的特有气息,多少能够抚平身在异乡的忧伤和哀愁。

来自重庆的江弟对家乡自家造的房子颇为自豪,来自安徽的杰弟则对在家乡县城买的新房子印象深刻。

老家的房子是我爸爸请人造的,那可是我们自己造的房子啊(不自觉地抬高了声调)。(访谈资料 F－S19 江弟)

我爸在老家县城买了房子,房子和房子旁边的大花园让我印象深刻。(访谈资料 F－S16 杰弟)

其实，无论是宅基地上自行建造的房屋，还是在家乡县城购买的商品房，这些固定资产都给在大城市以租房为主的流动儿童们一定的安全感和归属感。对他们来说，故乡的“家”是他们的大后方，因各种原因不能在流入地继续读书的流动儿童，随时可以转回家乡完成学业。当然，由流动变留守或再次变留守通常并不是他们主观愿意的，但却提供了一种选择和可能。

老家房子中的某个特殊物件也可能让流动儿童们印象深刻，来自江苏的雨弟就表示：

> 给我印象最深刻的是家乡屋里烧饭用的灶，灶上放的是大铁锅。我回老家最喜欢做的事情就是烧饭加柴，大人在上面烧饭，我在下面加柴，并控制火候。（访谈资料 F－S20 雨弟）

虽然烧饭用的灶在农村很普遍，但在城市是基本看不到的。一直生活在上海、偶尔回家乡的雨弟并没有把传统的烧火加柴看成是又脏又累的家务活，反而认为这新鲜有趣。因此，灶台成了雨弟记忆中印象最深刻的家乡物品。

记忆中家乡的物除了特产、美食及不动产外，还有人类的好朋友——狗狗——也让部分流动儿童久久不能忘怀。

> 姥姥家养的一只狗让我印象最深刻，我一出生，那只狗就陪伴着我。我在老家那几年，狗狗一直陪着我。（访谈资料 F－S11 峰哥）

与城市中人们仅仅把狗当宠物养不同，农村养狗更多时候是要发挥其看家护院的功能，农村中狗的个头通常要比城市里的宠物狗大一些。虽然农村家养狗个头大、性情也更凶猛些，但这些有灵性的动物通常是能够自行区分“自家人”和“外人”的，对于“自家人”，它们非常温顺可亲，极少有攻击性行为。不仅是峰哥对陪伴自己度过了孤单留守岁月的狗狗念念不忘，飞飞和依依也表示老家的狗让自己记忆深刻。

我印象最深刻的家乡的物是一只狗，它是白色的，我们都叫它大白，它很可爱(笑)。(访谈资料 F－S04 依依)

人之外，我印象深刻的物就是老家的狗狗吧。(访谈资料 F－S07 飞飞)

狗狗作为人类忠诚的朋友，它们与“自家人”的友好相处带给曾经留守或短暂回乡探亲的流动儿童以无限的欢乐和真情的陪伴。

综上所述，受多方面因素影响，部分流动儿童既听不懂也不会说家乡话；部分流动儿童仅能听得懂家乡话；还有少部分流动儿童既听得懂也会说家乡话。对于流动儿童来讲，记忆中家乡的人主要是曾经照料过自己的长辈及年龄相仿的小伙伴；记忆中家乡的物则主要有家乡特产、美食、不动产及曾经陪伴过自己的家乡小动物，等等。

第二节　城市生活的吸引力

他们(流动儿童)中大部分人是安徽来沪务工人员子女，少部分来自四川、江西等地，参加助学活动的流动儿童大多生活在多子女家庭(以 2—3 个孩子为主)，也有个别儿童是独生子女；虽然理由五花八门，但流动儿童们均表示与老家相比，更喜欢也更熟悉上海，对家乡的记忆仅限于过年回老家的那几天，甚至父母忙时，过年也不回老家；部分流动儿童出生在上海，一直在上海生活；绝大部分流动儿童在上海有着完整的幼儿园尤其是小学学习经历。流动儿童表现出的对上海学校的普遍喜欢让笔者印象深刻，在被问到为什么喜欢上海的学校时，一位有过留守学习经历的儿童给出了毋庸置疑的理由：“我更喜欢上海的学校，因为这里的老师教得好，不像老家的老师那样随便，这里的老师讲课很认真，讲得也有趣一些。”还有一位流动儿童明确地表示：“当然在上海（读书）好了，上海这边校内校外都有好朋友，老家长年不回去，没有好朋友，春节偶尔回去，年龄大的孩子还总是教我们抽烟、说脏话。我很喜欢现在（在上海）的生活，虽然学校和班级里有一些本地学生，但我并没有感到‘他们’和‘我们’有什么区别。”（田野笔记 T－012）

田野初始阶段，流动儿童们一边倒的态度引起了笔者的沉思，上海这座超大城市对流动儿童们来说真的是异地他乡吗，与幼年甚至出生相伴随的城市生活对于流动儿童来说意味着什么，流动儿童们自己如何看待每天的城市生活？

城市的产生一方面与人类文明的进步密不可分；城市的繁荣另一方面也促进了人类文明的发展和传承，现代意义上的大学正是孕育于欧洲中世纪的城市。城市也为人们生活质量的提高提供了基础和保障，“城市让生活更美好”不仅仅是人类的美好愿景，更是人们孜孜不倦的追求。依据不同的标准，快速发展的现代城市可以区分出多种类型，其中按照规模划分，有大（超大、特大）、中、小城市之分，不同规模的城市在人口吸纳、产业聚集等方面显示出不同的特点。35 个中国城市生活质量的调查研究报告显示，北、上、广、深四大城市连续 7 年位列生活水平客观指数前 10 位（郎丽华等，2017），但研究报告也显示，虽然超大、特大城市在生活水平客观指数、生活质量客观指数方面处于明显优势，但在生活成本满意度、生活质量主观满意度方面却处于明显劣势，甚至倒数。那么，对于流动儿童来说，来沪后的城市生活有没有吸引力，或者哪些方面有吸引力，哪些方面没有吸引力呢？

一、城乡生活品质差距的认知与体验

随着中国经济的持续高速发展，人们对日常生活的要求也不再仅仅止步于吃饱穿暖，宜居、休闲和舒适等多样化的生活要求越来越高。在家乡与流入地两处的比较中，流动儿童眼中的城市生活又是什么样子呢？

第一，地标性建筑的魅力。东方明珠电视塔作为上海的经典地标，通常是来上海的人们的必到之处。不少流动儿童表示，自己对上海的东方明珠电视塔印象深刻。

上海的建筑物对我来说很有吸引力。我去过东方明珠（电视塔）参观，真的好漂亮。四川老家没有这么时尚的建筑。（访谈资料 F－S18 好妹）

好妹被东方明珠电视塔的时尚深深吸引着，虽然实际的探访可能只有短短的一天或半天，但却给好妹留下了不可磨灭的印象。在君君眼中，上海生活的吸引力也主要来自其时尚与传统的交相辉映。

我刚来上海的时候，爸爸妈妈带我去参观过东方明珠电视塔、城隍庙等地方，上海的建筑明显比老家要好很多。爸妈公司组织他们去市里的景点旅游，他们回来就会给我和妹妹讲一讲，拍些照片给我和妹妹看一看，我感到在上海生活很有吸引力。（访谈资料 F－S22 君君）

通过自己的参观、父母的介绍，君君感受到了魔都无处不在的魅力，虽然自己平时只能跟随父母生活在城郊的出租屋内，但并不影响君君对上海这座魅力之城的深深喜爱。

依依眼中的东方明珠电视塔很神奇，无论是身处高空向下俯视的眩晕感，还是目睹地面甲壳虫般车辆的新奇感，都让依依体会到了无以言表的神奇。“玻璃为什么能承受那么大的重力”成为一个萦绕在依依心头的疑问，也许在未来的某个时间节点能引导她展开一段对材料力学的科学探究。

我喜欢上海的东方明珠（电视塔）。东方明珠（电视塔）观光层不是很多玻璃（地砖）吗，也不知道地面用的是什么玻璃，很多人站在上面，玻璃居然没事儿，真的好神奇啊！（访谈资料 F－S04 依依）

虽然东方明珠电视塔早已不是上海之巅，但极佳的位置和独特的造型总能让人过目不忘，在东方明珠电视塔上向四周望去，富有传统色彩的万国建筑群和充满现代元素的金茂大厦、环球金融中心、上海中心大厦，以及蜿蜒流动的黄浦江等勾勒出一张张魔幻时尚地图。对于流动儿童来说，无论是生于斯、长于斯，还是先在家乡留守，后流动至上海，当初次目睹魔都最繁华的一面时，总是无比的震撼。

第二，发达的交通和科技。家乡在山区的淇淇对上海四通八达的交通赞不绝口。在淇淇看来，交通发达是上海生活环境的最大吸引力，恩哥也表达了类似的看法。对于不发达地区来说，交通不便、基础设施缺乏不仅严重影响着当地的经济发展，还深深影响着生活在那里的人们的出行。虽然流动儿童们主要是每年寒假期间才会回家乡，但两地交通状况的差距无疑是惊人的。“下了火车（飞机）坐大巴，大巴转中巴，中巴转牛车（或步行）”的两地迁徙模式经常在返乡途中真实地发生着。

上海的交通很方便，我对上海生活环境很满意。（访谈资料 F－S13 淇淇）

上海有吸引力，因为上海有很多公路和（公共）交通工具，到哪里都很便捷，而老家走很远还坐不上车。（访谈资料 F－S14 恩哥）

上海作为中国的超大城市之一，便捷的交通是不发达或欠发达地区所无法比拟的。上海市交通发展研究中心发布的《上海市交通行业发展报告（2022）》数据显示，截至 2021 年年底，上海市公路总里程为 13 082.5 公里；轨道交通运营线路 20 条（含磁悬浮），运营里程 830.78 公里；公交专用道建设里程累计达到 522.1 公里；全市公共汽（电）车站点（含枢纽站、首末站和中途站)300 米半径的服务覆盖率为 40%。2021 年,上海公共交通客运总量 51.05 亿人次,日均客运量 1 398.8 万人次;在公共交通客运总量中,轨道交通所占比重为 70%。围绕上海交通领域精细化管理相关工作要求,2021 年上海大力推进 50 个道路拥堵点改善,打通区区对接道路 6 条和省界断头路 2 条,完成 400 公里农村公路改造。因此,流动儿童中虽然相当一部分日常学习生活主要局限在远、近郊区或城郊接合部,但上海全覆盖的交通网络还是让他们体会到了家乡所没有的便捷。

除了便捷的交通,上海发达的科学技术也成为吸引雨弟的重要原因,震哥也有同样的看法。两位同学虽然没有明确上海哪方面的科技更发达,但从他们叙述时闪闪发光的眼睛和肯定的语气中可以看出,他们真实地感受到了上海科技的先进,科技创新在不知不觉中渗透到了老百姓生活的方方面面。

(上海)有吸引力,我蛮喜欢上海的,因为上海的科技更发达,发展更好。(访谈资料 F-S20 雨弟)

上海科技很发达,日常我总能看到或听到新鲜东西,我喜欢上海。(访谈资料 F-S08 震哥)

2018 年 6 月,《中共上海市委关于面向全球面向未来提升上海城市能级和核心竞争力的意见》审议通过,明确了上海"五个中心"建设目标,即在国际经济中心、国际金融中心、国际贸易中心、国际航运中心"四个中心"的基础上增加了"国际科技创新中心",科技创新现已成为上海高质量发展的新引擎。上海城市发展规划已明确,上海将努力增强创新策源能力,争取成为全球科学新发现、技术新发明等方面的重要策源地。

第三,"好玩的地方多"。除了交通、基础设施及科技等硬实力,"服务"水准及"好玩的地方多"也正在成为上海的一张软实力名片。含含眼中上海的吸引力在于:

上海作为国际性城市，相比较之下，城市各方面的服务精神、服务态度要好很多。我感到(服务)这方面对我来说很有吸引力。(访谈资料 F－S02 含含)

“海纳百川、追求卓越、开明睿智、大气谦和”的城市精神全方位打造着上海的开放与包容，而城市精神正是通过生活在其中的人们的一言一行体现出来的。上海的包容与服务意识已深深渗透到日常生活的方方面面，从全国范围内来看，上海的整体服务品质无疑是名列前茅的。

随着生活水平的不断提高，文化休闲和舒适度日益成为人们对生活品质追求的重要指标。部分流动儿童认为上海生活环境的吸引力正是来自休闲娱乐去处多。

上海好玩的(地方)很多，各种文化、体育及游乐景点对我来说都很有吸引力。(访谈资料 F－S23 琪弟)

(上海)这边供人们游乐的地方多，我很喜欢各种公园及公园里面的游乐场。(访谈资料 F－S17 逸逸)

近年来，上海高度重视城市休闲品质的提升，包括知名、特色旅游景点的打造，图书馆、书店、公园等文化休闲场所的政策支持倾斜等，“城市让生活更美好”的理念越来越深入人心。上海市文化和旅游局网站“公众服务”栏目显示，2023 年，上海市内 3A 级及以上景区达到 139 个(其中 5A 级景区 5 个，4A 级景区 72 个，3A 级景区 62 个)。调查数据显示，常住居民对市内公共文化服务场所的评价较好，满意度较高。此外，流动儿童对所在区域的文化休闲场所——图书馆——也是赞不绝口。

上海的很多方面我都感觉挺满意的，比如我对××图书馆就非常满意，里面很安静，书很多。我周末有空的时候就到××图书馆看书或

借书。(访谈资料F-S05康弟)

对于流动儿童来说,向未成年人开放的公共图书馆对其扩大知识面的意义非常重大。田野阶段的研究表明,普通流动家庭的藏书很少,相当一部分流动家庭的藏书甚至为零。因此,公共图书馆及学校的图书室成为流动儿童扩充知识的主要渠道,后者因为各种原因藏书比较有限,在如此背景下,公共图书馆的意义就显得更为重要。

二、优质学习环境的认知与体验

健谈的×校长滔滔不绝地介绍起学校的基本情况来,"我们学校先后获评上海市安全文明校园、上海市花园单位、上海市书法实验校、上海市无烟单位、区行为规范示范校、区未成年人思想道德建设示范校、区科技创新实验校等称号,目前是区里招收农民工子女较多的一所公办学校,一个年级中平行班有5个,在校生中百分之八十以上的学生是流动儿童……"(田野笔记T-003)

从×校长那里了解到,该学校是以招收流动儿童为主的民办学校,全校近350名学生中有2名是住在附近的户籍学生,一名在三年级就读,一名在四年级就读。学校的师资以安徽××师范学院的毕业生为主,另由本地退休教师及部分有教师资格证的流动就业教师共同组成。"我要求学校教师不能给学生冠以差生、落后生等负面评价的标签,要尽可能正面引导每一名学生。"接着校长以自己为例说明了这样做的原因,他表示自己上小学时因为调皮、打架等行为,没有戴过红领巾,但他到初二时突然反应过来要读书(引起转变的关键点在于他参加学校举办的数学比赛,得了一等奖,由此他对学习突然有了兴趣)。因此他认为教师不能把学生"一棍子打死",要多给学生正面引导。"我经常跟全校的教师讲,现在条件好了,孩子们可能懂事更晚些。学校和老师们要尽可能给学生和风细雨、潜移默化、润物无声的教育,不要老是拍桌子。

当教师把教鞭高高举起的时候，就是他最无能的时候。”（田野笔记 T-005）

对于义务教育阶段的流动儿童来说，周一至周五的白天主要在学校里学习，因此学校是影响儿童们流动体验的最主要场域之一，流动儿童们怎么看待自己在流入地学校的学习环境？如果说流动儿童们眼中上海的生活环境大部分方面很有吸引力，但个别方面可以有所提高的话，那么他们对上海的学习环境却是一致地交口称赞，几乎找不到不满。流动儿童对学校学习环境的普遍满意是如何达成的？流动儿童眼中流入地学校学习环境最吸引他们的地方又分别是哪些方面呢？

一是学习条件相对优越。无论是就读公办学校还是民办学校，流动儿童普遍认为上海的学习条件更优越一些，这可能与他们的参照对象有关系，因为他们通常是以家乡的学习条件为参照进行对比的。比如就读于郊区民办学校、家乡在甘肃的君君就表示上海的学习条件非常好。

我表弟表妹他们上学坐的椅子，都是凉冰冰的瓷砖椅（用砖垒的固定在地上的椅子），教室还很小；他们每天都背着布袋子去上学，书也很少；他们的校服只有一套。相比较之下，我们在上海这边的学习条件要好很多很多。（访谈资料 F-S22 君君）

毋庸置疑，哪怕目前最简陋的上海远郊民办学校也远比没有可移动课桌椅、没有明亮教室的家乡学校条件好很多，更何况君君就读的民办学校在郊区并不算差，两地对比的差距就更明显了。君君妈妈也从侧面进一步证实了君君现在的学习条件跟家乡比是非常不错的。

跟老家比的话，上海这边的学习条件要好很多，孩子增长的见识也多很多。当然，跟本地的孩子比，我们给孩子学的东西太少，见过的世面也不够宽。我们家的孩子基本上算是穷养的，没法跟富养的(孩子)比；但跟老家孩子受教育条件对比的话，我们君君受教育条件还是好很多的。我们现在读的这所学校先是跟××的一所公办学校合并，后来又分开，我们一直上的这个学校。(访谈资料F-P22君君妈)

君君妈妈非常客观地分析了孩子现在的学习条件是“比上不足，比下有余”，对于流动家庭来说，尤其是对孩子就读于以招收流动儿童为主的民办学校的家庭来说，他们通常是以家乡孩子的学习条件为参照进行对比，因此大部分时候优越感更明显些。

来自江西的跃跃也认为上海的学习条件比家乡好太多。与家乡小学的简陋不堪形成鲜明对比的是，跃跃在上海就读的学校有三栋红白相间的崭新教学楼，教学楼用连廊连在一起，宽阔明亮，共有几十个班级，且教学区与办公区相对独立。学校不仅有红色塑胶跑道与绿色草坪相映成趣的标准化室外操场，还有一个小型的室内运动场。让跃跃感到更骄傲的是，学校还有两间很大的音乐教室，这在家乡的学校是想都不敢想的事情，而自己还曾是学校鼓号队的成员，他感到非常自豪。

我去过老家的小学，很破旧。学校外面一堆黄土，整个学校就一栋房子，还没有上海这边我就读的小学的一栋教学楼大。听说老家的这个小学一个年级也没有几个小朋友，学校条件很差，教室里没有(电子)屏幕，就只有一块黑板。(访谈资料F-S06跃跃)

同样来自江西的云哥认为两地学习条件的差距是全方位的，不仅仅体现在硬件方面，还体现在课程的开设方面。

上海的学习条件比老家好太多，老家那边学校中午是没有饭吃的，学生要么自己带饭到学校，要么回家去吃；老家学校教室里没有显示

屏，只有黑板；老家学校开设的课程也比上海这边少，像自然、探究这些课他们都不怎么开设的。（访谈资料 F－S10 云哥）

每年的返乡迁徙，流动儿童家长们也自觉或不自觉地将自家孩子与亲朋好友家的留守儿童进行对比，其中对比的很重要一个方面就是各自的学习生活及发展情况。云哥妈妈就对学习生活在两地的孩子们的差距印象非常深刻。

我觉得跟着父母到城里上学的孩子的素质要比老家小孩强太多。说实话，孩子仅在讲礼貌方面就比老家那边强太多。老家那边的小孩太调皮了，上海这边(读书)的小孩回老家之后表现得要文明很多，老家那边的小朋友动不动就是打架什么的。他大伯家的孩子在老家上学，我经常听他(大伯)说小孩儿鞋子不见了，小孩又打架了，小孩东西没有了，小孩作业没写什么的。在上海这边读书的孩子则完全不一样，所以我就想着孩子能在上海这边读(书)就在这边读，在(上海)这边读(书)还是要好太多。（访谈资料 F－P10 云哥妈）

在云哥妈妈看来，孩子在上海就读学校的教师认真负责，哪怕中午时间班主任也会在教室里陪着学生一起吃饭，做家长的很放心。上海积极打造均衡优质基础教育的努力显示出明显成效，整体良好的教育教学环境让流动儿童家长们感到放心和满意。

二是英语学习优势明显。从全国范围内看，英语教学的起始要求为小学三年级，部分边远地区可能还要晚些。2001 年《教育部关于积极推进小学开设英语课程的指导意见》发布，明确小学开设英语课程是 21 世纪中国基础教育课程改革的重要内容。该文件要求 2001 年秋季全国城市和县城小学逐步开设英语课程，2002 年秋季乡镇所在地小学逐步开设英语课程。开设英语课程的起始年级一般为小学三年级。地方教育行政部门可结合本地区实际，确定小学开设英语课程的工作目标和步骤。也就意味着，全国小学英语教学的起始点并不同步，比如上海作为沿海发达城市，全市小学一年级全部正式开设英语课程，相当多的幼儿园早就以游戏或唱游的方式引导幼儿接触英语，英语学习开始早正是许多流动儿童感到上海英语学习优势明显的重要原因之一。比如，淇淇就自豪地表示：

我感觉在上海（读书）英语有优势，上海这边幼儿园就开始教学生学英语了，老家那边是（小学）三年级才开始学英语。（访谈资料 F－S13 淇淇）

当然，上海学生的英语学习其实不仅仅是起步早。英语作为一门语言的学习，对听、说、读、写均有要求，上海学生的英语听、说、读、写能力，尤其是听和说能力的训练培养非常扎实。

对于英语学习两地之间的差距，曾在重庆老家留守的江弟更有发言权：

我在老家读到二年级结束也没有学英语，平时我们只学语文和数学，但我一来到上海就学英语了。上海的老师教书教得很认真。（访谈资料 F－S19 江弟）

江弟虽在老家读了两年小学，但转学上海后因各种原因并没有跟班进入小学三年级就读，而是又从小学一年级重新开始，所以他对两地学习的差距感触颇深。来自四川的好妹也表示：

我在老家上过学嘛，相比较之下我感觉上海这边的老师更细心些；并且上海这边学校的英语学习跟老家的学校比学得早，英语学习内容也多很多，我现在的英语水平比老家（同年级）的小朋友高很多呢。（访谈资料 F－S18 好妹）

没有在家乡留守过的恩哥也从家人那里知晓了老家与上海英语学习的明显差距。由于语言学习的独有特点，英语学习的优势也许会伴随流动儿童终身，并给他们带来意想不到的收获。已有转学到上海以外地区的流动儿童发现，英语的优势使自己在新的学习环境里迅速找到了学习和交往的自信。

奶奶说我小学如果在老家读的话，(一、二年级)是学不了英语的。我在上海读书，一年级就开始正式学英语了。(访谈资料 F－S14 恩哥)

除了英语学习的优势，丰富的活动及宽广的知识面也是流动儿童及其家长感到上海有吸引力的地方。家乡在安徽现就读于上海公办小学的震哥表示：

我对现在就读学校的学习环境非常满意，没有不满意的地方。我感觉上海这边校内学习的东西更多一些，老家那边学校很多科目开都不开的，更不要说搞活动了。(访谈资料 F－S08 震哥)

震哥妈妈也从侧面印证了上海的教育环境对震哥的吸引力，她表示震哥非常希望能继续在上海读书。

他之前很正式地跟我说：“妈妈，我初中高中也要在上海读书，你赶快去报考个成人大专班(攒积分)，你们可千万别安排我回老家去(上学)啊。”他们现在这个学校的学生学得很广的，学习之余校内活动也很丰富，这个学校培养出来的学生各方面都很好。像我们家这个(孩子)性格老好的，他人际交往方面的能力培养得很不错，他走到哪里都有好朋友(开心地笑着)。(访谈资料 F－P08 震哥妈)

从震哥与其妈妈的表述中不难看出，丰富的学习及活动内容不仅拓宽了学生的知识面，还培养了学生的良好性格和多方面能力。对于震哥来说，跟在父母身边读书不仅能够避免亲子分离带来的各种留守弊病，还能实现更全面的发展，那么继续留在上海读书肯定更有吸引力。

三是学习成绩显著提高。“分分分，学生的命根。”其实无论是对学生还是对家长来说，在校学习成绩的变化往往牵动着每一个人的神经。来自云南的琪弟至今仍对自己在老家的学习表现心有余悸。

我原先在老家读书，我的成绩总是不及格，各门功课只能考二十几分，这样的成绩我都不好意思告诉爸妈。我转到上海读书后，语文、数学、英语都能考七十几分。老家那边的学校没有教英语，只开设了语文、数学和品社，我到上海之后才开始学英语，但我照样能考七十多分。（访谈资料 F－S23 琪弟）

看得出来，琪弟并不是没有自我约束力的小朋友，那为什么他在家乡读书时的成绩如此狼狈，其在两地的学习差距又如此之大呢？琪弟妈妈从侧面回答了笔者的疑问。

老家整体学习环境没法跟上海比，那边很多孩子初中没有读完就外出打工了，上海这边的学习环境要好太多了。他转到上海读书后，虽然没有报课外辅导班，但学习成绩提高不少。老家那边的学校怎么说呢，公办学校，学生很少，老师（教学）积极性不高，对学生要求也不严。但听老家亲戚说，现在学校也有所改变了，如果某个老师不好好教，整个班级的成绩都上不去的话，教育局就把这个老师往外调，而且调出去就很难调回来，所以他们也不敢像原来那样混日子了。（访谈资料 F－P23 琪弟妈）

由此可见，琪弟家乡公办学校教师教学态度消极、学风不正等多方面因素共同导致学生整体学习效果差。如果满分一百分的试卷考十几分、二十几分的学生普遍存在的话，那么无论从哪个角度看，都只能说学校教育是非常失败的。琪弟流动到上海就读后，在没有任何补习、两地教材及科目不一致(家乡没有开设英语)的情况下把分数提高到七十几分确实是进步惊人，学生本人的努力及上海学校的教育教学都非常值得肯定。

关于学习成绩的提高，目前教师、同学眼中的“好学生”卫哥说出了一段鲜为人知的过往：

以前我在老家学校读书，各门功课成绩都是倒数。上海这边学校的学习环境对我来讲太有吸引力了，这里的学习环境方方面面比老家都要好很多。(访谈资料 F－S03 卫哥)

难以想象自信、有主见的卫哥也曾经有过灰暗的学习经历。当然，对于流动儿童来说，学习成绩的大幅提高除了与流入地整体教育质量偏高、学习环境一流、教师积极关注及学生自身的努力密切相关外，父母每天的监督和陪伴也起着一定的作用，比如卫哥爸爸对卫哥的学习就非常上心。在卫哥爸爸看来，上海的教育质量比家乡高很多，卫哥爸爸认为卫哥来上海读书后，不仅在学习成绩上有了很大提高，视野也开阔了好多。

他在老家学校读书的时候成绩很差，来上海后没多长时间(成绩)就从原来的倒数变成了正数，现在他的学习成绩已稳定在班级前几名了(开心地笑着)。上海的学校不光学习搞得好，活动也很多，孩子的视野十分开阔。假如说我们家的积分够的话，我肯定选择让孩子继续在上海读书。我就这一个孩子，我工作就是为了他，哪怕放下工作，我也肯定让他接受最好的、最适合他的教育。(访谈资料 F－P03 卫哥爸)

很明显，卫哥爸爸对卫哥的学习非常关心，望子成龙心切，他对孩子能在上海接受基础教育感到非常满意，同时也迫切希望流动儿童中学就读及升学的政策能够进一步放宽。

综上所述，对于流动儿童来说，城市生活的吸引力不仅仅体现在城市的生活品质上，更体现在城市的优质学习环境上。生活品质方面，流动儿童们普遍感到上海的地标性建筑、发达的交通网络、先进的科学技术、一流的服务及休闲等非常有吸引力。学习环境方面，流动儿童们对上海的学习环境一致交口称赞，几乎找不到不满意的地方。他们认为，上海学校的教师对教育教学认真负责，公平待人；跟家乡比，上海的学习条件相对优越；上海的学校英语学习优势明显、活动丰富；曾经留守并在家乡读过书的流动儿童转学到上海后学习成绩提高显著等。因此，上海的学习环境对于流动家庭来说有着无比巨大的吸引力。

第三节　流动中的身份认同

虽然以家庭为单位的流动符合“儿童利益最大化原则”，但父母身份的代际传承，与出生相伴随的上一辈身份的世袭使得无论是“生于乡、长于斯”还是“生于斯、长于斯”的非户籍儿童都面临一个身份认同问题。户籍控制体系一定程度上构成了他们（流动人口）到其他市民之间的认同边界（郑杭生，1997：333）。“外来人不是今天来明天去的流浪者，而是今天来明天留下来的人，虽然没有继续游移，但尚未完全克服来和去的脱离。”（齐美尔，2002：341）“外来人”未来虽然可能会因为某种原因离开，但在离开之前必然存在着一个自我身份认同问题。身份认同是关于“我是谁”的问题，国内外社会学者、心理学者从不同的角度给出了身份认同的界定：“身份认同是主体同一性和客体差异性的认知，在此基础上划分‘我们’和‘他们’”（Jenkins，2000）；“身份认同是人们对自己在社会中的地位、位置、形象角色和与他人关系性质的接受程度”（王宁，2001）；“身份认同是个体认识到其属于某个特定社会群体，也认识到作为该群体成员带给其的情感和价值意义”（张莹瑞、佐斌，2006）。由此可见，身份认同的核心在于群体中自我身份的认定及价值、情感的认同。流动儿童如何能动地看待学习、生活在超大城市中的自己，如何在与外界的互动中产生对自己主体身份的认知、情感价值的共鸣呢？

一、对“新上海人”身份的认同

部分流动儿童认同自己是“新上海人”。含含是独生女，出生在上海，后回老家安徽留守了一段时间，读幼儿园的时候又回到上海，现就读于户籍儿童与流动儿童同招的近郊公办学校。每年寒假，含含爸爸妈妈都会带她回老家过年，暑假有时回有时不回，回去的话也就待几天，其他时间都在上海。她自称对安徽老家和常住地上海都很喜欢，虽然对两地均有比较深的情感归属，但她毫不犹豫地表示自己是“新上海人”。

> 我喜欢老家是因为在老家可以尽情玩啊，会比较开心一些；上海的话资源比较多一些，兴趣班尤其艺术类的兴趣班比老家多很多，再说我的学校在上海。我认为自己是“新上海人”，我会讲一点上海话。我能听得懂上海话，但讲得少。我家在上海已经买房子了，小区里的老爷爷老奶奶都是讲上海话，我从他们那里可以学到（上海话）。（访谈资料 F－S02 含含）

因为生活社区及学校同伴的共同影响（社区影响可能更大一些，中小学在校生通常要求讲普通话），含含不仅能听懂本地话，还能开口讲一些，社区融入的语言障碍已基本消除。此外，含含家已在本地拥有自购商品住房。房屋固定资产的拥有更进一步增强了含含对上海的归属感，非户籍儿童的制度身份已不再成为含含对自己“新上海人”身份的认同障碍。

江弟在田野研究对象中留守时间最长，他是在家乡重庆读完小学二年级之后才来的上海，其转到上海后就读的民办学校以招收流动儿童为主，只是刚转来时他没能顺利插班进入三年级，而是从一年级重新跟班就读。江弟明确表示，跟家乡比较起来，他更喜欢上海，并认为自己是一名“新上海人”，这与“流动儿童在乡村生活时间越长，就越不会因随迁进城而对农村人的身份发生转变或产生困惑”（刘红升、靳小怡，2018）、“在乡村有较长生活经历的流动儿童通常更加认同乡村身份”（熊易寒，2009）等已有研究结论明显不同，那么江弟为什么在身份认同上放弃了从父母那里传承而来的制度性身份，能动性地建构了自己“新上海人”的身份呢？

上海的老师教书教得很认真。我在老家学习成绩很差很差，读到二年级结束也没有学英语，我一来到上海就学英语了，我的学习成绩也进步了很多，所以我更喜欢上海。我感觉自己是一个新上海人。我会讲一点点上海话，学校老师会在午会课上教我们上海话，我基本上听得懂的。（笔者注：接着他开口说了“今早几号”，上海话的腔调明显。）（访谈资料 F－S19 江弟）

很明显，江弟虽相对“生于斯、长于斯”的流动儿童而言在家乡生活、学习多年，但却对家乡表现出一定的心理排斥和距离感，而这种心理排斥和距离感与江弟在老家求学过程中的失败体验不无关系。相比之下，在流入地求学过程中的成功感带给江弟极大的自信，激发了其积极融入当地的能动性，比如对当地方言的努力学习和掌握等。

聪聪虽出生在老家，但几个月大的时候就被父母带到上海，后来一直在上海生活、学习，现就读于以招收流动儿童为主的民办小学五年级。聪聪认为自己是新上海人：

因为上海更有前途，老家各方面跟上海相比差距都很大。上海的

建筑、交通、学校等都比老家要好。（访谈资料 F－S21 聪聪）

聪聪言语中给出自己“新上海人”的身份认同，主要是因为城乡之间的巨大差距。逸逸也表达了类似的观点：

我认为自己是一名新上海人，因为上海很发达，整体（比老家）好很多（笑）。（跟老家学习条件比）我在上海读书要好很多。（访谈资料 F－S17 逸逸）

流入地提供的与老家相比更优越的学习、生活环境及发展机会导致了流动儿童对制度性身份安排的质疑和重构。制度性身份在成年人眼里往往是后天无法逾越的结构性藩篱，但对流动儿童来说，他们往往会根据个人认知形成自己的身份认同。比如杰弟表示父母跟他讲他是安徽寿县人，但他心里却认为自己是“新上海人”，小朋友之间交往过程中以普通话为主的交流习惯使杰弟在没有掌握本地方言的情况下，也并没有感到语言上的障碍。

我生活学习都在上海，老家一年我才回去一次，没住几天就又回上海了，所以我感觉自己是新上海人。我更喜欢上海，因为上海有很多好玩的地方，有各种游乐场、游乐园。我不会讲上海话，但能听懂一点点。上海本地的那些小朋友跟我玩的时候也都是讲普通话，不讲上海话。（访谈资料 F－S16 杰弟）

与杰弟不同的是，来自江苏启东的雨弟正是通过本地好朋友，潜移默化地学习了上海方言。有意思的是，虽然生于斯、长于斯的雨弟表示自己更喜欢上海，并认为自己是新上海人，但他在对比中发现上海也有比不上老家的地方，那就是学校里教的数学的学习难度。这可能与上海使用的沪版教材的某些特点有关，沪版数学教材强调知识点的螺旋式上升，但给人的直观感觉是知识点的推进要慢一些。

上海话我会讲一点点，是我的一个好朋友(本地同学)教我的。他不是有意教我的，他讲话的时候总是会带一些上海方言，我无意中就学会一些。我觉得上海的信息更发达一些，我更喜欢上海。说实话，我觉得我是新上海人。不过，上海有一点比不上老家，那就是老家学生数学学得比较难，比较深。我知道这个情况是通过我在启东读书的哥哥讲的，我通过对比两地的教材也证实了这个问题。(访谈资料 F－S20 雨弟)

部分流动儿童虽然没有就自己是“哪里人”明确表态，但言语中带出的情感倾斜已很清楚地说明了其身份认同归属，比如浩浩回忆说：

我上一次回老家住了十多天。到后来，我实在受不了啦，我哭着要回(上海)家，然后妈妈就接我回(上海)来了。(访谈资料 F－S01 浩浩)

很明显，浩浩已然把上海视为了自己的“家”，匆匆过客般的偶尔小住使“老家”逐渐存在于记忆中。

也有个别同学虽然认同自己是新上海人，但却表示更喜欢老家。生于斯、长于斯的思弟现就读于以招收流动儿童为主的某民办小学五年级，思弟说：

我感觉自己算是新上海人吧。上海话我会讲一些，我是在学校学的上海话，有两个老师是上海人。但我更喜欢老家，因为老家亲切一些，环境也更好一些，没有什么污染。(访谈资料 F－S15 思弟)

思弟认为，跟上海相比，家乡四川巴中亲切、环境好，因此出现了身份认同上的情感不一致。

二、对户籍制度身份的认同

部分流动儿童认同自己的户籍制度身份。表面上看来这似乎与“陌生的家乡”相背离，但事实上“陌生感”与“身份认同”并不矛盾，流动儿童可能因为各种各样的原因（既有主观原因，也有客观原因）产生对自己并不熟悉的户籍制度身份的认同。此外，还有部分流动儿童同样出现了身份认同与情感倾斜的不一致，即虽然认同户籍制度身份，但却更喜欢上海。

有过三年留守经历的跃跃毫不犹豫地脱口而出：“我认为我是江西南昌人。”家乡过年时节的热闹喜庆给跃跃留下了无数的美好体验和回忆。同时，流入地租住场所的频繁变动使跃跃没能形成稳定的朋友圈，在多方面因素的共同作用下，流入地长年的学习和生活并没有使跃跃产生真正的认同感。

> 我认为我是江西南昌人，我更喜欢老家。老家好玩啊，上海这边过年的时候不能放烟花爆竹，我们老家那个村子随便放，随便玩。另外我们是最近才搬家的，也就是四年级第二学期才刚搬过来，所以（目前的居住地）这里的好多小朋友我都不认识。我到老家就不一样，反正都是一个村的人，我乱转都能碰到（熟悉的小朋友）。（访谈资料 F－S06 跃跃）

进一步的了解发现，跃跃家随着学校地址变化多次搬迁。跃跃称，父母认为反正是租房子，为了上学方便一些，父母就带着跃跃一路搬家。小学一年级、三年级和四年级各搬了一次家，频繁的辗转使跃跃一直面临陌生的生活环境，因此跃跃较难对流入地上海产生归属感和认同感。

颇有主见的卫哥在身份认同上也明确表示，其认同自己的户籍制度身份。在卫哥眼中，自己与老家一起玩耍的小伙伴们的情谊远超上海的同学，此外自家的土地、土地上的劳作及优良的自然环境等均让他产生了深深的依恋。卫哥在认同户籍制度身份的同时也表达了对上海学习环境的认可。

> 我认为自己是湖北麻城人，如果说我最喜欢哪里的话，还是老家吧。在上海读书还是可以的，但是我在老家跟小伙伴们玩得更亲切些，上海这边只是同学嘛，老家那边的朋友虽然（跟我）不在一个学校（读书），但我们一起玩得特别开心。并且老家还有我们自己种的地及地上长出的各种作物，我放假回老家后就可以帮奶奶翻地、拔草，蛮开心的。老家特别闲适，空气也比（上海）这边好，上海这边总有些闷闷的感觉。（访谈资料 F－S03 卫哥）

喜欢、依恋老家的闲适和放松的不只有卫哥，生于斯、长于斯的依依也表示：

> 我觉得我还是一个四川资中小姑娘。因为我在上海毕竟有些拘束，在老家的话，我就可以像野马一样到处疯着玩儿，所以我还是更喜欢老家一些。（访谈资料 F－S04 依依）

此外，涵涵与康弟则是因为老家的熟人社会而产生心理上的认同。老家几乎一成不变的人和环境给长年生活在大城市的流动儿童一种前所未有的安全和自由感，“在一个熟悉的社会中，我们会得到从心所欲而不逾规矩的自由”（费孝通，2008：6）。因此，在熟人社会的自由安逸氛围中，每年回老家的短短数日已足以让部分流动儿童产生对家乡身份的认同和情感上的共鸣。

> 江苏老家那边周边的人我几乎都认识，但上海这边，外面的人通常很陌生。我认为自己是江苏人。我更喜欢（江苏）老家。（访谈资料 F－

S12 涵涵）

我认为自己是安徽怀远人。我喜欢老家，因为老家有很多我熟悉的亲戚和邻居。（访谈资料 F－S05 康弟）

与前面所述自发产生的身份认同不一样，五岁就流动到上海的君君是在父母持续不断的灌输和强化过程中逐渐产生的户籍身份认同。君君父母用心良苦，每次回老家的时候总会拍一些君君同龄人劳作、日常艰苦生活的照片，以激励君君好好学习。父母告诫君君，只有通过考大学才能彻底改变其农村户籍身份，不然只能要么重返艰苦的家乡，要么像父母一样漂在大城市。但对家乡户籍身份的认同并没有影响君君对流入地上海的感情倾斜，相比之下，君君明显更喜欢上海的生活环境。

我感觉我是甘肃庆阳人。我爸爸妈妈总是告诉我说，不要想着自己生活在上海就是新上海人，考上大学之前，你都是来自甘肃农村的人。爸爸妈妈说老家的学生学习都很刻苦，为的是能够改变自己的（农村人）身份。但其实我更喜欢上海，因为老家到处都是土，空气也不好，上海空气好，到处都是鸟语花香。（访谈资料 F－S22 君君）

生于斯、长于斯且活泼健谈的龙哥也是在家人的有意灌输下实现了户籍身份认同，龙哥说：

我觉得（我）还是安徽人吧，因为我爷爷经常告诉我说我们是安徽人。虽然我们全家人都长年在上海（生活），但我们都不是上海人。（访谈资料 F－S09 龙哥）

龙哥表示，自己其实更喜欢上海，因为上海对龙哥来说是熟人社会，爷爷奶奶爸爸妈妈及一些主要亲戚都在上海，自己也会讲一点点上海话；平时基本上不回老家走动,仅过年的时候回去一下,总共也就几天的时间。随着田野研究的不断深入,笔者了解到,龙哥爷爷奶奶在二十世纪九十年代已常居上海,龙哥是典型的流动三代,因此,虽然没有本地户籍,但上海俨然已成为龙哥最熟悉的"家"。

与君君、龙哥一样,相当一部分流动儿童虽因各种原因认同自己的户籍身份,但在情感偏向上却更喜欢上海。喜欢上海的理由有很多种,比如就读于公办学校的震哥、就读于民办学校的好妹、有过留守经历的琪弟分别给出了不同的理由。

> (我认为自己是)安徽凤阳人(很果断地回答),但我更喜欢上海,因为上海环境很好。(访谈资料 F－S08 震哥)
>
> 我认为自己是四川人吧。但我更喜欢上海,因为上海的朋友很多,老家的朋友没有这么多,而且我在老家上幼儿园的时候总被人欺负,上海这边的学校从没人欺负我,所以我更喜欢上海一些。(访谈资料 F－S18 好妹)
>
> 我感觉自己是云南洱源县人。但我更喜欢上海,因为上海这边的学校老师讲课更细一些,老家那边学校老师课讲得很粗,很多时候学生都没有听懂。(访谈资料 F－S23 琪弟)

很明显,环境好、朋友多、不受人欺负以及教学质量高等方面均成为流动儿童更喜欢上海的理由。

综上所述,每个流动儿童在流入地都面临一个身份认同的问题。本研究表明,部分流动儿童认同自己"新上海人"的身份,对流入地方言的掌握、房屋固定资产的拥有、学习过程中的成功感,以及流入地更优越的学习、生活环境及发展机会等均能够促使流动儿童能动性地建构自己"新上海人"的身份;部分流动儿童认同自己的户籍制度身份,家乡过节时的热闹喜庆、小伙伴之间的深厚情谊、家乡的闲适和放松、熟人社会的安全和自由感,以及长辈有意的灌输和强化等都有助于流动儿童形成对户籍制度身份的接受和认同。此外，不管是前者还是后者，都有部分流动儿童出现了身份认同与情感倾斜的不一致。

第四节 流动儿童的升学策略

无论流动儿童认同自己的“新上海人”身份，还是户籍制度身份，在面对升学选择时，他们都得切实回到自己的户籍制度身份。因为目前的中考和高考政策明确区分了户籍和非户籍考生，两类考生的可选择性差异明显。其实，为保证流动儿童的平等受教育权，国家和地方政府出台了多项政策和措施，比如“两为主”政策、异地中考和异地高考政策等。政策环境的变化为部分符合条件的流动儿童提供了升学方面实现同城化待遇的可能，但同时也对不符合条件的流动儿童施加了某种意义上的限制，使他们不得不早做打算。

“小升初”作为流动儿童接受义务教育的过程性环节，无论是从国家意志层面，还是个体学习层面，本来并不具有严格意义上的分流功能，各个地方普遍采用符合入学条件者免试就近入学原则。但对于流动儿童来说，虽然义务教育阶段“两为主”政策保障了他们就地接受义务教育的学习权利，可义务教育结束后的异地中考、异地高考的种种限制，以及教材与考试内容的地区差异等使他们不得不将原本义务教育后的分流节点提前，即小学毕业时就必须根据各自家庭的“社会想象”和期望来对未来的学习路径做出选择。加拿大哲学家查尔斯·泰勒(Charles Taylor)提出并界定了“社会想象”概念，在泰勒看来，社会想象包含了“我们对他人的一种正常的相互期待感，是那种可以让我们履行构建社会生活的集体实践的共识”(泰勒，2014：18－19)；国内学者对“社会想象”这一概念的嬗变进行了辨识，并提出社会想象是观察理解中国四十年改革开放的全新切入点(肖莉娜、何雪松，2019)。在本研究中,“社会想象”是指社会变迁背景下流动家庭期待子女未来接受普通高等教育,改变个人和家庭命运的共识及愿景。“小升初”阶段,流动儿童是继续留在熟悉的流入地还是及早返回陌生的家乡读书,成为摆在每个流动家庭面前的选择题。当然,情况迥异的流动家庭所采取的升学策略各不相同。

一、政策的红利:流入地中学就读

政策红利通常是指政府推行的某项政策给一定人群带来的利益和好处。“两为主”政策及义务教育后的升学政策均为符合入学或升学条件的流动儿童提供了就地读书及升学的便利。初级中学是我国九年义务教育的一部分,而义务教育属于基本公共服务范畴,因此理论上讲,只要流动儿童父母(或其中一人)居住证申领成功,流动儿童就可以通过小升初免试就近入学,那么是否所有符合条件的流动儿童都会选择在沪完成初中阶段的教育呢,答案显然是否定的。田野阶段的研究表明,选择享受政策红利,在流入地初中就读者主要有以下四类流动儿童。

一是未来中考、高考预期可享受同城化待遇的流动儿童。含含在被问到小学毕业后的升学打算时,以非常肯定的语气讲:

> 我当然是继续在上海读书呀。我感觉自己已是(新)上海人了,学校的老师都很和善,对我们每个小朋友都很好。我爸爸有积分,且积分已达到要求(120 标准分),我家正在办相关手续。(访谈资料 F - S02 含含)

从含含自信的叙述中不难看出,她不仅对未来的异地升学信心满满,还对学习生活上的完全融入非常有把握。含含爸爸妈妈均为外省市大学毕业,拥有本科学历、学士学位,在沪工作稳定,因此积到 120 标准分从现行政策看是没有太大难度的,含含妈妈的叙述也从侧面印证了含含的这一说法。

她爸爸的积分是够的，已经有那个通知单了。我的积分没有办(理)，政策上，爸爸妈妈中一个人的积分达到就可以了，所以我就没有去办手续。她爸爸回头准备办理居转户(要7年时间)，时间应该来得及，(他爸爸)评上高工可能会更快些。上海的学校到底是不一样，像她们学校的老师，我觉得都挺负责的。对于很小的事情，老师们都会很关心，老师会让成绩差的孩子放学后留下来免费补课，老师们都是义务劳动。学校还有帮扶小组(成绩好的同学帮助成绩差的同学)，成绩好的同学帮助检查背书、听写等等。老师就是想把全体同学的成绩都提高，从而把班级平均分提高，他们对班级内的每一个同学都非常负责任。我们能在上海读书、升学还是很幸运的。(访谈资料 F－S02 含含妈)

不难看出，含含爸爸的学历及专业技术职称足以确保积到标准分值，且有希望办理居转户。因此，依目前政策来看，含含的中考、高考是可以实现同城化待遇的。无论是含含，还是含含妈妈，都对在上海继续读书、升学表达了足够的自信，同时她们也对上海的整体教育水平表示了充分的肯定。田野跟踪研究显示，综合素质整体优秀的含含在“小升初”这场看似波澜不惊实则硝烟弥漫的激烈竞争中脱颖而出，凭实力成功进入了上海民间排名非常靠前的A＋类民办初中[①]。这所初中对于户籍儿童来说能进者也是凤毛麟角，更不要说是拿居住证、毕业于普通得不能再普通的公办小学的流动儿童了，其难度之大可想而知。

二是准备接受中职、高职教育的流动儿童。依依对于小升初的就读打算更多地体现出了家长的意志，依依说：

① 上海教育管理部门对义务教育阶段的学校是不予以任何排名的，但较长一段时间以来，上海的初中优质资源被少数民办学校垄断。因此，民间出现了依据中考成绩给初中学校排名的情况(分为A＋、A、B＋、B等类别)，此排名虽然没有得到官方认可，但在民间影响力巨大，每年小升初进入排名靠前的民办初中的竞争不亚于中考和高考。当然，随着上海幼升小、小升初“公(办)、民(办)同招”等系列措施的推出，小升初的种种乱象有所缓解。

> 我爸爸说，让我先在(上海)这里读预初和初一，初二到时再看情况，如果还能在这里读书的话，我应该还会在这边读下去的。老师说读完初中是没有问题的，我们不是有居住证吗，另外我成绩还不错，听说小升初是按成绩分学校的。(访谈资料 F-S04 依依)

依依似乎并没有考虑在上海接着读初中对她的未来发展意味着什么。她目前主要关心的是能否与父母在一起，但依依爸爸其实已对孩子后面的学习有了较为明确的打算。

> 我们家的积分(120 标准分)肯定不够的，积分不够的情况下，上海目前不允许高考嘛，我也不准备去折腾这个事情，我们买不起房，毕竟不能因为他们姐弟俩上学拖垮我们两个大人啊。我对他们的要求是有一技之长，能独立思考就行。我准备让他们在上海参加中考后读技校，因为上海技校是放开的。当然，我很希望能完全放开异地高考，因为那样会给他们多一些选择，他们出生在上海，让他们回去(老家)读书是不现实的。(访谈资料 F-P04 依依爸)

依依爸爸的态度很明确，两个孩子只要能在上海读书，哪怕是初中毕业后读职业技术学校也比回老家留守好。虽然依依爸爸前面说对孩子的要求是“有一技之长，能独立思考”即可，但依依爸爸转头又表达了“希望能完全放开异地高考”，以给孩子接受职业教育之外更多的选择。

另外，依依爸爸在居住证积分的计算上还存在一个认识上的误区，居住证积分其实与在沪有无房产并没有直接关系，在上海目前的居住证积分体系中并没有房产的赋分项。依依爸爸妈妈均为初中毕业的学历水平、没有专业技术职称等才是其家庭无法达到积分要求的最主要因素。含含妈妈的叙述也从侧面印证了这一事实：

住在我们一个小区的好多人家的孩子可能接下来上学会面临很大的挑战，因为他们虽然很早在上海买了房子，但积分达不到。好多孩子五年级上完就需考虑要不要回去（回老家读书），现实蛮残酷的。（访谈资料 F－S02 含含妈）

因此，部分流动儿童父母在对积分政策没有充分了解的情况下，凭经验误以为是因为在上海买不起房子才导致达不到积分要求。在流入地拥有房产确实是部分地区落户、享受市民待遇的必要条件，但目前的上海居住证积分制度并没有此相关规定。

来自江西的云哥也选择继续在上海读初中，云哥表示：

我家有居住证，我在上海读初中是没有问题的，我初中已经报好名了。（访谈资料 F－S10 云哥）

云哥的妈妈初中学历，爸爸只有小学学历（自述家中有八个兄弟姊妹，早年上不起学），但云哥父母在上海已工作多年，且较为稳定，爸爸一直是工厂电焊工，因此社保等条件没有问题，也属于有居住证没有积分的情况。

我们现在已经报好名了，证件已经交上去了。他们老师说，证件齐全的话，教育局审批好就可以继续上（初中），估计问题不大。我是想让他一直在上海读书的，听老师说，有居住证没有积分的话不影响孩子在上海读初中，但普通高中我们上不了，只能读职业学校。他现在学习也就中等吧，不是很优秀的那种，让他转回老家读初中我毕竟有些舍不得。我们在上海这边待了这么多年，回农村真的不适应了。老家那边的话，如果想在县城学校读书也必须在县城买了房子才可以，我们买不起，所以说他初中能在上海这边上就在这边上吧。我和他爸爸很希望他能读大学，但学习不好考不上（大学）的话读个职业学校也不错的。

中职、高职我们会考虑上的，我们是坚持能在（上海）这边上学就肯定不转回（老家）去。（访谈资料 F－P10 云哥妈）

云哥妈妈在话语间表达的意思很明白，虽然很希望孩子能够上大学，但现实的情况是：一方面云哥目前的成绩中等，并不拔尖，将来读普通高中考大学的希望比较渺茫；另一方面，家乡县城的公办初中读不了（没有房产），农村的学校及生活条件又没法跟上海比。因此，继续在上海读初中是最好的选择，虽然初中毕业后只能读职业学校，但也要比回老家留守好。

涵涵的情况与云哥有些类似，涵涵妈妈中专学历，爸爸初中学历，二人都在玻璃厂上班，有居住证但没有积分，涵涵初中在上海就读是符合政策要求的。

妈妈说尽一切可能也要让我继续在（上海）这边读书，不考虑转回老家（读初中）。（访谈资料 F－S12 涵涵）

涵涵妈妈为何向孩子传达了如此绝对的选择呢？原来涵涵也面临着“回不去的家乡”的问题。

老家没有人（照顾），她奶奶不在了，爷爷六七十岁了，毕竟男同志嘛，小姑娘（回去）也不方便，所以她继续在上海读（书）是最好的选择。如果上海的中职、高职学校完全放开的话，我是会考虑让他们姐弟俩去读的，因为他们转回老家读书的话，一方面大人得陪着回去，另一方面，他们回老家参加中考高考也不见得一定能考上好学校、好大学。我们是这样打算的，让他们初中先在这里读读看，如果他们学习成绩很好，那我们就下定决心转回老家去接着读（参加中考、高考）；如果他们学习成绩一般的话，只要政策允许，我们就在上海这边接着读个技校也不错，家长心再高，也得看实际情况，得根据孩子的学习成绩来。再说真回老家的话，我们大人的就业机会会大大减少，即使是找到了工作，我们付出同样的劳动，可能只能获得（上海）这边三分之一的报酬，但全国的消费水平其实是差不多的（笑）。现在看，读初中的条件我们都符合的，（初中报名）材料我们已经交上去了，具体哪个学校接收还没有确定。（访谈资料 F－P12 涵涵妈）

虽然说“回不去的家乡”的问题可以通过父母（或其中一人）返乡陪读的方式来解决，但涵涵妈妈算了一笔账，孩子转回老家父母陪读的代价很大。因此，除非涵涵初中的成绩特别优秀，否则父母是不会选择返乡陪读的。另外，涵涵妈妈对上海中职、高职的升学要求似乎还存在一定的误解，其实从目前的政策来看，符合在上海接受义务教育的条件（父母有居住证、社保）且有连续学籍的应届初三学生均可报考全日制中等职业学校，没有另外的附加条件，因此可以说，全日制普通中等职业学校对在沪完成义务教育、有连续学籍的应届初三流动儿童是完全放开的，目前来看都是可以报考的。

就小学毕业后选择在哪里继续读书方面，思弟的关注点也主要在于能否与家人在一起，并没有谈起其他方面的考虑。

我初中准备继续在上海就读，可能的话我会一直在上海这边读书，我不喜欢一个人转回老家去（上学）。（访谈资料 F－S15 思弟）

思弟妈妈从侧面讲出了为什么选择让孩子继续在上海读初中：

他的学习呢（学校）老师跟我说了，成绩就是一般般，所以我也不指望他一定能考上大学。如果他初中学习成绩还是上不去的话，我们就准备在上海找一家职业技术学校上，就像他二姐那样，学个技术，毕竟我们一家人都在上海。（访谈资料 F－P15 思弟妈）

深入了解下来，原来思弟妈妈不想让思弟重蹈其二姐的覆辙。思弟二姐也曾经为了考普通高中而在小学毕业后返乡就读，但她在老家读到初中毕业时并没有如愿考上普通高中，中考成绩也只够上职业高中。后来家里人付出很大努力才将她重新转到上海继续读书，读的还是原本就可以报考的中等职业技术学校。思弟二姐流动变留守并没有改变出路的教训应该不会在这个家庭再次上演。

江弟也对自己小升初后初中阶段接着在上海读书的打算表示肯定。江弟爸爸表示，也是两方面的原因导致他们在明知上海这边不能报考普通高中的情况下，仍然选择继续在上海读初中：一方面，他认为江弟学习成绩一般；另一方面，江弟爸爸认为江弟转回老家去读初中行不通。

我至少初中是要在上海这边学校读的，爸爸说初中我是可以继续读的。（访谈资料 F－S19 江弟）

他（江弟）读书不太好。学校里星期二的文娱课，舞蹈什么的，每次老师都会选到他，他文娱方面的奖状得了不少，但他文化课的学习成绩真的不太行。现在把他转回老家去读书不现实，他一个人在老家，没有人照看是行不通的。（访谈资料 F－P19 江弟爸）

因此，江弟爸爸准备尽可能让江弟在上海读书，初中毕业后报考中等职业技术学校，学一门技术，目前来看，这对于他们家庭来说是最优的选择。

三是根据未来成绩再做决定的流动儿童。逸逸表示初中也准备在上海接着读，暂时不考虑转回老家去。逸逸说：

我应该是符合（初中就读）条件的，再说爸爸妈妈很不希望我转回老家去（上学），他们不放心。爸爸妈妈说我初中成绩好的话才考虑下一步（是否转回老家读书）的事情。（访谈资料 F－S17 逸逸）

逸逸爸爸妈妈均为高中毕业，是工厂流水线上的操作工。一方面，他们不准备让逸逸由流动变留守；另一方面，他们又无法确定上海的中考安排。因此，他们对逸逸未来的学习还处在犹豫和观望阶段。

我们初中还在上海读，因为（老家）家里几乎没有什么人了，小女孩一个人转回老家去读书我实在不放心。我们会尽全力让她继续在上海这边读书，如果到时候实在没办法（在这边读书的话），我可能就会放弃上海的工作，陪她回老家去（读书）。如果她是小男孩，我可能会放心一些，但小姑娘我是绝对不放心的。我问过老师了，她老师说，这边初中应该能读，只是可能中考有问题。我想初中让她先读读看，如果成绩好我们再作打算。（访谈资料 F－P17 逸逸妈）

很明显，如果逸逸初中成绩优秀，有希望考取普通高中的话，逸逸妈妈宁可放弃上海的工作，也要回老家陪读；如果逸逸初中成绩平平，那就在上海报考中等职业技术学校。逸逸妈妈对未来的安排和打算代表了相当一部分流动儿童家长的态度，比如琪弟妈妈也表示：

我们准备先让琪弟在上海读初中，只是具体哪所初中还没有定下来。我们是这样打算的，接下来主要看他初中的学习成绩如何，如果成绩能上去的话，哪怕全家转回老家去我们也肯定要给他一个高考机会；如果他初中成绩一般般的话，就只能在上海这边读个职业技术学校了。（访谈资料 F－P23 琪弟妈）

琪弟爸爸妈妈都在工厂上班。虽然他们都只有初中学历，但对琪弟考大学的期望却很高，他们表示，只要琪弟初中阶段学习成绩好，放弃上海的工作全家转回老家也在所不惜。

四是尚在争取留沪接受初中义务教育的流动儿童。康弟原本从没有考虑过小学毕业后转回老家读书的事，但一次搬家打乱了康弟及其家人的计划。

> 我原本是打算一直在上海读书的，但现在我爸妈的居住证因为搬家还没有搞好，爸妈说很快就能好，不知道能不能来得及。（访谈资料 F-S05 康弟）

康弟说到的居住证没有办好是怎么回事儿呢？康弟妈妈的叙述解开了笔者心中的疑惑：

> 年前我们重新搬（租）了房子，那房子要（住）半年以上才能办（居住证），大概 1 个多月以后居住证就能办了。不知道来不来得及，如果不耽误孩子 9 月份上学就最好了。只要居住证办下来，孩子初中应该就可以读的。说实话，老家那边，不到万不得已是不会让他回去（读书）的，回去我不放心啊。别看他现在偶尔回（老家）一次仿佛还挺开心的，实际上的苦他是想象不到的。（访谈资料 F-P05 康弟妈）

很显然，一方面，居住证能否及时办下来成为康弟能否就地读初中的关键；另一方面，康弟一家人迫切希望康弟能够在上海接受初中阶段的教育，尤其康弟妈妈表示，能不转回老家读书就尽量不回去，因此一家人在居住证的办理上显得非常焦虑。

二、身份的变化：周边中小城市中学就读

在严格控制超大城市人口规模的大政策背景下，对于部分流动儿童来说，一方面是回不去的家乡，另一方面是流入地同城化待遇的触不可及。那么如果此种情况下流动儿童又不甘愿接受义务教育后报考中等职业学校的唯一路径，有没有中间道路可以选择呢？答案是肯定的。部分流动家庭另

辟蹊径，在超大城市周边的条件不算差的中小城市找到了相对折中的道路——谋求“落户”以实现身份的变化。

相对折中的“谋求中小城市落户”选择的出现也再一次说明了政策环境无处不在的双重功能：一方面，严控超大城市人口规模政策的出台增加了流动儿童在上海实现升学方面同城化待遇的难度；另一方面，同期出台的放开中小城市落户限制的政策却又为流动儿童在超大城市周边寻求市民待遇提供了可能。

2014 年《国务院关于进一步推进户籍制度改革的意见》明确提出，坚持因地制宜、区别对待的户籍制度改革原则，充分考虑地方经济社会发展水平、城市综合承载能力和提供基本公共服务的能力，实施差别化落户政策，全面放开建制镇和小城市落户限制。此后各地纷纷出台相关政策予以落实，比如浙江省 2015 年年底出台的《浙江省人民政府关于进一步推进户籍制度改革的实施意见》明确提出：全面放开县(市)落户限制，在县级市市区、县人民政府驻地镇(街道)和其他建制镇(街道)有合法稳定住所(含租赁)的人员，本人及其共同居住生活的配偶、未成年子女、父母，可以在当地申请登记常住户口；有序放开大中城市落户限制，城市综合承载能力压力小的设区市城区，可以参照实行县(市)的具体落户标准。很明显，与上海相比，浙江省的落户门槛，尤其是其所辖中小城市的落户要求相对低很多。

嘉兴市作为紧邻上海的浙江省的一个地级市，2016 年上半年公布的《嘉兴市人民政府关于进一步推进户籍制度改革的实施意见》规定，全面放开县(市)落户限制。嘉善县、平湖市(含乍浦镇)、海盐县、海宁市、桐乡市全面放开落户限制，即在县级市市区、县人民政府驻地街道和其他建制镇(街道)有合法稳定住所(含租赁)的人员，本人及其共同居住生活的配偶、未成年子女、父母等，可以在当地申请登记常住户口，同时有序放开嘉兴市城区落户条件。毋庸置疑，对于长年工作、学习、生活在上海但无望享受同城化待遇的流动家庭来说，紧邻上海、房价相对低廉、就业机会相对较多的嘉善、平湖等地区的落户吸引力非常大，部分努力寻找迂回解决孩子上学问题方法的流动家庭遂将目光转向了与上海毗邻的这些中小城市，一旦户口解决，流动儿童的身份将发生质的变化，而附着在户籍上的义务教育后的中考、高考等教育问题也将迎刃而解。

老家在江西的跃跃周末时经常随爸爸妈妈往返于嘉兴和上海之间。跃跃表示，等自己小学毕业去嘉兴上学的时候爸爸妈妈也会同步把工作换到嘉兴去，这样一家人既可以继续生活在一起，又能在浙江参加中考和高考。

> 我们家已在嘉兴买好房子了，我马上要到那边去读书了。爸爸说让我在上海读完小学就到嘉兴那里去读初中，因为那里我能读(普通)高中、考大学，我们家现在每个月都会去3—4次嘉兴，到新房子那边过周末。(访谈资料F-S06跃跃)

跃跃爸爸进一步说明了做如此打算和安排的缘由：

> 对于我们这些积分达不到的(流动)家庭来说，按现在的政策，孩子继续留在上海读初中的话未来只能接受职业教育。这样的安排对于那些学习不太好、预计考不上好大学的学生才有吸引力，对于学习好且想考名牌大学的学生来说就没有什么吸引力了，所以我们早做打算，前几年就在嘉兴买了房子，我们准备让孩子小学一毕业就转学到嘉兴去。(访谈资料F-S06跃跃爸)

如此看来，嘉兴下辖县(市)落户限制的全面放开、义务教育后升学方面的市民待遇是最吸引跃跃家庭的，上海针对流动儿童义务教育后的职业教育放开对他们来说没有吸引力。

与跃跃情况相似，老家在甘肃的君君也准备小学一毕业就转学到嘉兴，因为他们家也在嘉兴买了房子。

我们家的房子买在了浙江嘉兴,我(小学)五年级读好就转(学)到嘉兴去。我妈妈准备去嘉兴开个店,我奶奶也会跟着到浙江去。我爸爸和爷爷留在上海上班,因为我爸爸在××(空调公司)的工作比较稳定,收入也比较高,他去浙江的话可能一下子找不到这么好的工作。××(空调公司)的福利也很好,元旦春节总有东西发给员工,春节的时候公司还有抽奖,奖品很好,端午节、中秋节员工也都有礼品拿。我爸爸说了,让我和妈妈、奶奶先过去,他和爷爷在上海这边再干几年也去浙江。至于我的户口,爸爸说会尽快办到浙江去,这样我就可以在浙江参加中考高考了。(访谈资料 F－S22 君君)

上海的工作及其待遇虽然使得君君的转学计划不能真正做到全家总动员,但能够转变身份的“落户”政策对于他们这种有学龄儿童的流动家庭来说显然更有吸引力。对于君君爸爸妈妈来说,只要孩子能够实现市民待遇下的中考和高考,夫妻二人重新找工作、两地分居等困难都不是问题,都可以克服。

我和她爸爸的居住证积分达不到(120 标准分)要求,在上海这边的话,我家孩子不能考(普通)高中,所以早些年我们家就在嘉兴买了商品房。现在我们嘉兴的房子准备装修,装好后我就到那边去工作,交社保,满一年就可以申请落户,到时她们姐妹俩就可以在浙江参加中考高考了。(访谈资料 F－P22 君君妈)

君君妈妈的叙述表明,君君他们一家的家庭危机意识非常强烈,孩子刚上小学就在浙江嘉兴购置了房产,他们想通过彻底转变身份来寻求市民待遇的意愿明显。

三、返乡的选择:户籍地中学就读

对于生活在超大城市的流动儿童来说,户籍地无论多么陌生、多么遥远，那里永远是法律意义上最能保障他们义务教育后平等升学权利的地方。由于全国各地教材及考试内容的不统一，不甘心放弃高考、不甘心未来只能在流入地接受职业教育且没有落户流入地周边中小城市规划的流动儿童只能早早做起返乡就读的准备。当然，小学毕业后选择返乡就读的流动儿童有一部分是被迫无奈返乡，同时还有相当一部分却是理性选择返乡。前者是随着入学条件的变化，流动儿童已不符合在流入地继续接受义务教育的要求；后者则是虽然符合在流入地继续接受义务教育的条件，但流动家庭主动放弃了继续在流入地接受义务教育的权利。

首先，无奈的返乡就读。浩浩父母均是自由职业者，常年在路边卖家禽，且他们的住处是与其他人家合租的简易隔断房，因此，在没有社保、没有合法稳定住所、没有合法稳定就业的情况下，居住证的办理对浩浩家庭来说是一件非常困难的事情，浩浩表示已做好了小学毕业回老家上学的准备。

> 初中我要转回老家学校读书，对，回老家上六年级。我在上海上学不是要很多证吗，居住证啊什么的，我们都没有办到，所以我只能转回老家上学了。积分的问题对我们家来说更是想都不要想了。本来五年级下学期老妈就准备让我转回老家上学，但后来爸妈又改变主意了，决定还是让我把五年级上完(再回去)。我初中在上海(上学)几乎是不可能的，我们家什么证都没办到。我有可能和我姐一起回去，也有可能自己回去，到时我在外婆家那边的学校上初中，但我其实是很不想回去的。(访谈资料 F－S01 浩浩)

返乡就读对浩浩来说是非常无奈的选择，父母什么证都申请不到，继续留在上海就面临初中没得上的窘境。浩浩妈妈也表达了同样的无奈及无奈之外的担心。

> 我家孩子在上海读不了初中啦，想让他读，但(上海)这边卡太紧

了，这证那证的我们都没有，我和他爸爸没有社保，没有居住证，九月份他可能就要回老家(读书)了。到时他一个人回他外婆家那边的学校去(读书)，还不知道怎么样呢。他上学后就没有离开过我，从上小学来上海后就没有离开过。我和他爸爸也做过努力，问过很多人，但都说不好办，所以老家的学校已联系好了。由于没人接送，所以他这次转学回去只能在镇上读书，住在学校里面，一周回家一次，这样老师看着，我们家长放心些，可能会好一点。如果不寄宿，外公外婆年龄都大了，外婆一个字都不认识，再说万一老人生病了，他上学就不能保证了。其实我们也还在努力，看能不能找找其他办法，如果能上的话尽量在(上海)这边上。因为我知道他(孩子)的心理，他心里不想回去。他们这个小学的对口初中是××二中，我们这个学校的好多毕业生都去了那里。我们还是再努力争取争取吧，如果这边学校实在上不了，老家那边的学校我也已做好安排了，户籍就在老家，怎么说老家那边也能安排(上学)的。(访谈资料 F - P01 浩浩妈)

浩浩妈妈的叙述表明，浩浩父母首先是不会选择回老家陪读的，但同时他们又对浩浩一人返回陌生的家乡读书表示了极大的忧虑。因此，为了浩浩能继续在身边就读，浩浩妈妈似乎还在努力，尽一切可能谋求浩浩继续在上海读初中的可能性。田野追踪研究表明，在经过一番努力后，浩浩还是因为不符合在沪就读初中的入学条件，最终极不愿意地返回了户籍地中学就读。

其次，理性的返乡就读。与浩浩无奈返回陌生的户籍地中学就读不同，爸爸与人合伙开小型加工厂、妈妈在公司上班、家乡在湖北麻城的卫哥是主动放弃继续在沪读初中的机会和权利的。

我家有居住证，但我不会在上海这边接着读初中。我六年级就准备回去，因为我家积分可能不够，上海这边不能考大学。我爸爸说在老家开通网络，我平时有不会的题目通过QQ问他，跟他沟通。爸爸强调开通网络不能玩游戏，当然我也不是一点不能玩，周末的时候可以玩两个小时，平时不能玩。（访谈资料F－S03卫哥）

前文已经提到，卫哥来沪读书后学习成绩优秀，学习目标定得非常高，因此上海初中毕业后的中等职业技术教育对他没有任何吸引力。望子成龙的卫哥爸爸更是早已把卫哥转学回老家后的种种细节都安排妥当。

（孩子）接下来初中高中都回老家读。我平时经常和孩子学校的××老师沟通，她家孩子在上7年级，就在上海这边读。我们也可以到她们就读的这所初中继续上学，但我担心到时我家积分达不到要求，孩子不能参加普通高中入学考试，所以还是转回老家读初中保险些。接下来他转回老家读书，说实话，我是十分不放心的。他现在的学习成绩已经到了这样一个高度，我很担心接下来他万一管不住自己，随波逐流怎么办。我想我会通过加强遥控，加强与孩子班主任、老师沟通的方式来努力保证他的学习状态。我准备8月30日跟他一起回去，在老家待上一个星期，跟他们每一位老师熟悉后我再回上海。（访谈资料F－P03卫哥爸）

虽然说卫哥总体上讲是一个自觉、上进的孩子，但只身重返陌生的家乡后，祖辈的陪伴毕竟无法和父母的陪伴相比，至少学习上不可能提供任何的帮助，因此卫哥爸爸的担心不无道理。卫哥爸爸所说的“加强遥控”“加强与教师沟通”的方式能否奏效尚不可知，毕竟学习这件事情说到底还是学习者自身起着决定性作用。

爸爸经营二手车买卖、妈妈在连锁酒店上班、老家在安徽的震哥也准备小学毕业后就转回老家读书。

我们家积分达不到(120标准分)，我小学毕业后就准备转回老家学校上初中了。(访谈资料F-S08震哥)

震哥妈妈表示，震哥本可以接着在上海读初中的，但由于居住证积分达不到标准分，将来无法考取普通高中，所以必须另做打算。

学校有一次让家长到学校去，讲过积分上学的那个事情了。我后来还专门去(相关部门)问过这个事情，像我们这个(家庭)情况如果想在上海达到120标准分要求，还需要缴多少社保，(父母)报考什么样的学校等问题。我问过后，感觉我们家达到要求蛮困难的，因为我们(达到积分要求)需要5年时间，我们基础分太低了，(自考)大专之后再升本至少要5年的时间，从时间上看来不及。现在倒是与有没有房子关系不大，他们学校有些家庭有房子有车子，但积分照样达不到要求。我们接下来就要考虑积分不够转回老家学校上学的事情了，我们问过了，如果想回老家考高中的话，就必须小学一毕业就转回去，两地教材不一样，转学晚了孩子学习容易跟不上。(访谈资料F-P08震哥妈)

震哥爸爸妈妈偏低的原始学历限制了他们家庭短时间内达到积分要求的可能。因此他们在确认有效时间内不可能积到标准分后，果断做出了让震哥尽早返乡就读的决定，因为他们担心由于两地教材的不一致，转学晚了会影响震哥在老家的学习成绩。

生于斯、长于斯，祖孙三代人及主要的亲戚均长年生活在上海的龙哥也表示，小学毕业就转回老家蚌埠读初中，只不过他家已在市区买了学区房，因此不用返回农村中学就读。

我家有居住证，但爷爷奶奶说我们在上海的积分不够，上不了高中。所以我们家就在老家(市区)买了学区房，到时我奶奶带我回去上

（学），爸爸妈妈爷爷都不回去，还在这边（打工）。我其实很舍不得上海的，我在这边认识了那么多好朋友，我跟他们相处得很好，回去的话太陌生了，但是我也只能转回老家去啊，否则后面没有学上了。（访谈资料 F－S09 龙哥）

龙哥对上海的留恋是不无道理的，对他来说，上海才是真正的“故乡”，他的朋友、同学、长辈及儿时的记忆都在上海，但积分不够无法考普通高中的事实不符合龙哥家庭对龙哥未来接受普通高等教育的社会想象和期望。因此，龙哥家人在户籍地与流入地之间做出了理性的自愿选择。

我和他妈妈学历太低了，我家积分达不到，孩子未来不能考大学，所以我们只能送他回老家读初中了。5 月份的时候，我就回老家帮他把上学的事情办好了。他小学毕业后就让他转回老家去读书，主要是考虑两边教材不一样，怕他转回去晚了（学习）跟不上。他转回老家去读书的话暂时由我妈妈照顾，他从小就是爷爷奶奶照看的，应该没有问题。（访谈资料 F－P09 龙哥爸）

前文已提到，龙哥家庭有一个比较奇怪的现象，那就是龙哥虽然与爸爸妈妈、爷爷奶奶共同生活，但龙哥与爸爸妈妈之间的互动很少，平时主要是爷爷奶奶在照顾龙哥的学习和生活。因此，龙哥爸爸似乎对龙哥的“返乡”就读并没有表现出如其他家长那样的忧心和不舍。

同样生于斯、长于斯的雨弟也表示小学毕业就转回老家启东读初中。雨弟说：

我爸爸妈妈都是初中毕业，我们家的积分不够，我小学毕业就准备转回老家启东那边的学校读初中了，爸爸妈妈已经联系好老家那边的学校了。（访谈资料 F－S20 雨弟）

雨弟虽然没有直接提到因为不能上普通高中、考大学才转回老家读书，但雨弟的妈妈给出了非常明确的缘由：

上海不给我们孩子上普通高中的话，我们一点都不会考虑让他继续在上海读（初中）的。一个男孩子长大后读不了本科的话，出来找工作真的找不着啊。现在拿一个差一点的大学文凭的小青年出来找工作都有困难，更不要说没有大学文凭的小青年啦，才没有地方要呢。（访谈资料F－P20雨弟妈）

雨弟妈妈的话语虽然有些夸张和偏激，却也代表了部分家长的想法。在就业形势越来越严峻的社会大环境中，良好的教育背景总能提高人们在就业市场上的竞争力。因此，家长对流动儿童未来接受普通高等教育及职业发展的社会想象也促成了部分流动家庭在城市与返乡就读之间做出了“忍痛割爱”的理性选择。

出生后几个月就来上海的聪聪也放弃了继续在沪读初中的机会。在父母不选择一同返乡陪读的情况下，寄宿学校虽然花费较高，但却是不少流动儿童家长为孩子返乡读书所做的选择。

我六年级就会转回安徽老家，爸爸妈妈已经帮我把初中学校联系好了。我不是转回农村学校读初中，而是在城里面的学校读，我到时候住校。（访谈资料F－S21聪聪）

聪聪爸爸表示，多花钱也要力保孩子在中考、高考方面的教育选择权。作为对自己当年在学习方面因经济条件不好而受限制的补偿，聪聪爸爸明确表示不会为了省钱而让孩子失去教育方面的选择权，宁可多花一些钱也要给孩子一个读高中、考大学的机会。

按现在的政策，我们家的积分不可能达到要求，因此孩子未来不能（在上海）读普通高中，再加上两地教材不一样，所以我们让孩子六年级就转回老家去（读初中）。我们准备让他上县城的寄宿学校，爷爷奶奶在老家陪他，我跟他妈妈尽量时不时抽空回去。作为家长来说，如果孩子学习成绩还可以的话，肯定是希望他们参加高考、读大学啦；如果学习成绩确实不好的话，才会考虑让他们读职业技术学校。对于我们这一代，很多时候是经济条件限制了我们在学习上的选择，但对于他们这一代来说，我们打工的目的就是要供他们好好上学，不会让他们再像我们以前那样，因经济方面的限制而放弃选择或放弃读书。（访谈资料 F－P21 聪聪爸）

在主动放弃继续在沪读初中并转回老家的流动儿童群体中，除了上面谈到的小学一毕业就转回老家的这部分儿童，还有部分流动儿童是选择在上海读完六年级后再转回老家读初中，即七年级转学回老家，这与不同地区之间学制的差异有很大关系。上海义务教育实行的是“五四”学制，即小学五年、初中四年，而我国相当一部分地区实行的是“六三”学制，即小学六年、初中三年。因此，在上海小学一毕业就转回老家读书的话可能会出现仍需在小学再读一年才能升入初中的尴尬。

老家在江西的淇淇就表示准备七年级再转回老家读初中。很明显，爸爸妈妈已经确定不回乡陪读，因此寄宿制学校也成为淇淇的最佳选择。

我六年级计划在上海读，六年级读好后我再转回老家学校读初一，到时我跟哥哥读一个学校，这个学校离外公外婆家里很近，是寄宿学校。（访谈资料 F－S13 淇淇）

由于搬家的原因，淇淇妈妈表达了对淇淇六年级能否在上海顺利入学的担心：

我们家积分肯定达不到，居住证本来没有问题的，但现在我们刚换了个地方住，房东不一定肯给我们办(证明)。如果我和他爸爸办不到居住证的话，她就要像哥哥一样六年级就转回老家去读书了。如果居住证办下来，一直在上海读初中的话她也只能读中职、高职，说实话我们还是不愿意的。居住证能办下来的话，我们还是考虑七年级让她转回老家学校读书，以后好考大学。(访谈资料 F－P13 淇淇妈)

淇淇妈妈的态度很明显，不管居住证最终办不办得下来，淇淇小学毕业后最多在上海再读一年初中，七年级肯定要转回老家去读，以为后面的普通高中入学考试做准备。

生于斯、长于斯的恩哥也表示准备六年级读完就转学回老家去，但同时他表达了强烈的不想离开上海的愿望。

我家没有积分，六年级读完我也要像我表哥一样转回老家(读书)。但我很不愿意转学回老家去，老家对我来说太陌生了。(访谈资料 F－S14 恩哥)

原来，恩哥也是比较典型的“流动三代”，爷爷奶奶已在上海工作二十几年了，恩哥爸爸小时候也是在上海读的书。因此，恩哥家庭出现了连祖辈都不愿意返乡陪读的现象。

他明年(六年级)读好估计要转学回老家了，(上海的)普通高中我们没得考，他只能提前转回老家去读初中，然后在老家读高中，考大学。他能继续在上海读书当然是最好的，不说上海的教育更发达一些，孩子能跟父母在一起就是最好的。实在没别的办法，他六年级上好后真要转回(老家)去读书的话，他奶奶会跟着回老家，他还是比较听奶奶话的，再说老家的初中也是住校的。说实话，让孩子转回老家读书我还是不太放心的，老家各方面条件没法跟上海比。再说孩子奶奶也不愿意回老家去，奶奶在上海已工作二十几年了，他爸爸小的时候就在上海读的书（苦笑），所以一家人都不愿意回去。没办法，我们还是想让孩子考大学嘛。（访谈资料 F－P14 恩哥妈）

恩哥爸爸妈妈都是初中毕业，均在工厂上班，居住证的办理对他们来说没有问题，但较低的学历限制了他们达到积分要求的可能性。也许正是由于他们感受到了学历对自己方方面面的限制，因此在孩子读书的问题上，虽然要面对恩哥哀怨的眼神、饱受亲子离别的痛苦，但他们还是非常理性、坚决地选择让恩哥返乡就读。当然，如此背景下的返乡就读能否达到目的还是个未知数，但恩哥一家还是愿意尝试一下，对于他们来说，不尝试就放弃普通中考、高考的权利是无法接受的，因为这不符合他们期望孩子接受普通高等教育的社会想象。

杰弟也计划七年级转回老家读书，杰弟有一个大自己两岁、已在读初中的姐姐，两人准备一同返乡就读。

明年我就准备转回老家学校读书了，姐姐也同时转回去（读书），我们两个人都转回老家学校读初中，因为爸爸妈妈说如果我们继续在上海这边读书的话就不能考大学。（访谈资料 F－S16 杰弟）

对子女学习要求非常严格、期望非常高的杰弟爸爸早早给一双儿女联系好了家乡市里面的一所私立学校。

我准备让他（杰弟）读好六年级就和姐姐一起转回老家去（上学），他们继续在这边读初中的话是无法考普通高中的。到时候我先让孩子奶奶陪着（两个孩子）回去读书，主要是如果他们妈妈把工作辞掉回去陪读的话，我的经济压力太大了，既要供孩子读书，又要还房贷。我是想着先让奶奶回去照料一学期，如果他们两个人不听话、学习成绩有所下滑的话就让孩子妈妈也回去。但其实两个孩子是不愿意转学回老家去的，他们已经在上海这边生活习惯了，老家那边过年才会回去。我给他们联系的是市里面的私立学校，条件好，可学费高啊，我前面带他们回去看过了，学费都交了。他们住在学校里面我还是不放心，回去上学的话我还得在学校旁边租个房子给他们住。我肯定想让他们一直在上海读书，关键是他们参加不了中考和高考啊。对于我们家长来说，肯定希望孩子在自己身边读书，让他们转回去（读书）的话，我真有些舍不得。前面我想着考个本科文凭攒积分，我网上查到一个消息说要一万两千块钱，两年半可以考个本科文凭，可是我女儿两年半后就要中考了呀，时间来不及。（访谈资料 F－P16 杰弟爸）

杰弟爸爸确实在孩子的教育上非常用心，他还曾经试图通过提高自己学历攒 120 标准积分。如果此条道路行得通，对于两个孩子来说确实是一个两全其美的办法，既不用返乡就读，又可以就地参加中考和高考，只是杰弟爸爸自己辛苦一些。但在得知时间上来不及之后，杰弟爸爸果断放弃了这条路。虽然杰弟爸爸对孩子的学习非常用心、期望也非常高，但迫于经济压力，他并没有决定亲自返乡陪读，仍是让祖辈暂时代管，然后视两个孩子的学习成绩变化再做出是否让孩子母亲返乡陪读的决定。

综上所述，对于流动儿童来说，虽然义务教育阶段“两为主”政策保障了他们就地接受小学及初中义务教育的学习权利，但义务教育后的异地中考、异地高考条件的种种限制、教材及考试内容的地区差异等使他们不得不将原本义务教育后的分流节点提前，即小学毕业时就必须根据家庭社会想象及期望对未来的学习路径做出策略性选择。相当一部分家庭果断放弃了在流入地继续接受义务教育的权利，他们中的一部分人或另辟蹊径在中小城市谋求“落户”来实现身份的变化，或通过提前返乡来保障子女参加普通中考和高考的权利。

第五节 本章小结

流动儿童的真实日常生活世界是在时空之中展开的，是立体和复杂的。“斯地”与“家乡”的同时存在也就意味着，每一个生活在超大城市的流动儿童都面临着身份认同问题。流动儿童自出生以来在流入地与家乡之间的往返迁徙带给他们的不仅仅是双重身份的体味，更是对两地生活的对比及对比之后的认可和融入。

大部分流动儿童在流入地与家乡之间的往返迁徙实际上是非常有限和短暂的，主要限于每年春节期间，甚至少部分流动儿童春节期间也不返回家乡，对于这部分流动儿童来说，家乡对他们而言是陌生的，陌生到听不懂家乡话、记不起家乡的人和物。

本研究表明，受多方面因素影响，部分流动儿童既听不懂也不会说家乡话；部分流动儿童仅能听得懂家乡话；还有少部分流动儿童既听得懂也会说家乡话。对于流动儿童来讲，记忆中的家乡的人主要是曾经照料过自己的长辈及年龄相仿的小伙伴；记忆中的家乡的物则主要有家乡特产、美食、不动产及曾经陪伴过自己的家乡小动物。

相比之下，城市生活对流动儿童来说无疑是富有吸引力的。在流动儿童们眼中，城市生活的吸引力不仅仅体现在城市生活品质上，更体现在城市优质的学习环境上。生活品质方面，流动儿童们普遍感到上海的地标性建筑、发达的交通网络、先进的科学技术、一流的服务及休闲等方面非常有吸引力。学习环境方面，流动儿童们对上海的学习环境一致交口称赞，几乎找不到不满意的地方。他们认为，上海学校的教师对教育教学认真负责，公平待人；跟家乡比，上海的学习条件相对优越；上海的学校英语学习优势明显；曾经留守并在家乡读过书的流动儿童转到上海后学习成绩提高显著。因此，上海的学习环境对于流动家庭来说有着无比巨大的吸引力。

对于流动儿童来说，无论是“生于乡、长于斯”还是“生于斯、长于斯”，他们都面临着一个身份认同问题。部分流动儿童认同自己“新上海人”的身份，对流入地方言的掌握、家庭房屋固定资产的拥有、学习过程中的成功感，以及流入地更优越的学习、生活环境及发展机会等均能够促使流动儿童能动性地建构自己“新上海人”的身份；同时部分流动儿童认同自己的户籍制度身份，家乡过节时的热闹喜庆、小伙伴之间的深厚情谊、家乡的闲适和放松、熟人社会的安全和自由感，以及长辈有意的灌输和强化等都有助于流动儿童形成对户籍制度身份的接受和认同。此外，无论是前者还是后者，均有部分流动儿童出现了身份认同与情感倾斜的不一致。

但无论流动儿童认同自己的“新上海人”身份，还是户籍制度身份，在面对升学选择时，他们都得切实回到自己的户籍制度身份。对于今天生活在超大城市的流动儿童群体来说，他们虽然带有明显的新形势下政策选择的痕迹，但绝大部分流动儿童依然面临着二元户籍制度下双重身份带来的升学障碍。政策环境的变化为部分符合条件的流动儿童提供了升学方面实现同城化待遇的可能，但同时也对不符合条件的流动儿童施加了某种意义上的限制，使他们不得不早做打算。

基础教育阶段教材及考试内容的地区差异，异地中考、异地高考条件的种种限制等使流动儿童们不得不将原本义务教育后的分流节点提前，即流动家庭在流动儿童小学毕业时就必须根据家庭社会想象及期望对流动儿童未来的学习路径做出策略性选择。未来中考高考预期可享受同城化待遇的流动儿童、义务教育后准备接受中职高职教育的流动儿童以及准备根据初中阶段的成绩再做留城或返乡决定的流动儿童会选择享受政策红利，在流入地继续完成初中阶段教育；部分流动家庭另辟蹊径，在超大城市周边的条件不算差的中小城市找到了相对折中的道路——谋求在中小城市“落户”，通过身份的变化实现中小城市中学阶段教育及升学的市民待遇；大部分不甘心放弃高考、不甘心未来只能在流入地接受职业技术教育的流动儿童在小学毕业后即选择返乡就读。

“学习权”强调学习者的能动性、自由性和选择性，流动儿童主动选择在哪里接受初中教育本身就是其争取学习权的一种表现。不同的升学策略选择一定意义上也是流动儿童及其家庭对二元户籍制度下双重身份带来的困境的突破。

第六章　发 现 与 讨 论

第一节　研 究 发 现

基于对流动儿童日常生活世界的研究分析，本研究获得了一些不同以往的发现，主要有以下三点(如图 6.1 所示)：

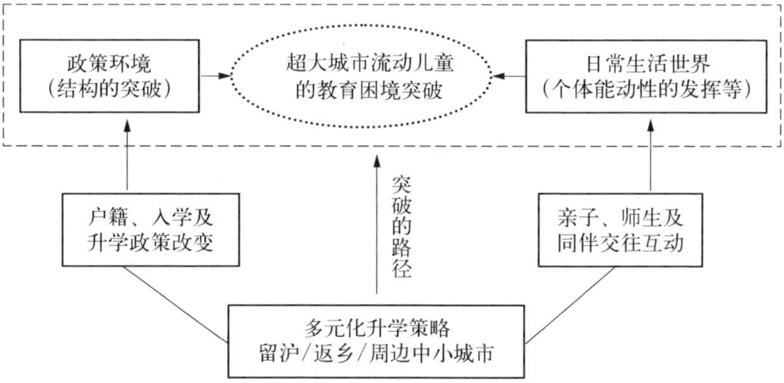

图 6.1　超大城市流动儿童教育困境突破的理论模型

其一，政策环境、日常生活世界的交往互动共同使流动儿童的教育困境突破有了可能。教育困境在本书中是指二元户籍制度下双重身份给流动儿童带来的学习及生活障碍，教育困境突破则主要体现为流动儿童有了更多的机会或替代性策略。本研究在考察跟随父母流动迁徙的11—13岁儿童的跨地域日常生活世界的基础上，发现多方合力共同使流动儿童的教育困境突破成为可能。

近年来政策环境不断变化，像上海这样的超大城市的流动儿童政策也一直处于调整之中。从义务教育“两为主”政策，到义务教育后的异地中考及异地高考政策等，都为符合入学及升学条件的流动儿童提供了机会。

流动儿童能动性得以充分发挥的日常生活世界中的交往互动，很大程度上突破了其双重身份带来的困境。亲子之间的交往互动和积极的亲情支持是流动儿童幸福的关键，为流动儿童教育困境突破奠定了坚实的基础；师生之间的交往互动使流动儿童感受到了一视同仁和特别的关爱，也使流动儿童教育困境突破成为可能；同伴之间的交往互动使流动儿童在“学”与“玩”中释放自我，也使流动儿童日常生活世界的边际性变得模糊乃至消失。

其二，流动儿童教育困境突破的路径，主要体现在其多元化的升学策略上。流动家庭关于子女未来接受普通高等教育的社会想象，不仅体现着改变命运的抗争，还包含着对子女未来职业发展、扎根超大城市的期望。这种社会想象不仅融入了他们对教育的理解，而且给予流动家庭突破困境的希望和信心。在政策环境的改变（中小城市放开落户等政策）与日常生活世界中个体能动性、家庭社会想象等的共同作用下，流动儿童小升初阶段的升学策略发生了与以往“返乡—留沪”二元就读模式不同的变化，部分流动儿童通过在超大城市周边中小城市落户来积极谋求身份的变化（流动儿童变户籍儿童），从而实现未来升学的市民待遇。

其三，从教育困境突破的程度来看，流动儿童中的部分人成功实现对“共时态”困境的突破，他们已然成为享受同城化待遇的“新上海人”；部分人实现了对双重身份的迂回突破，他们利用政策环境的改变在流入地周边实现了教育困境突破；还有一部分流动儿童虽然受限于双重身份返乡，但个体能动性的发挥及家庭的支持等给他们未来通过全国统一高考最终实现身份的转变带来了可能。

依托上述研究发现，本研究发展出了一个“政策环境—日常生活世界”共同对教育困境突破起作用的理论模型。在该理论模型中，某些情况下，政策环境的改变对教育困境突破起着关键作用，比如异地中考与异地高考的有条件放开、中小城市落户的放开等；某些情况下，日常生活世界中流动儿童的能动性对教育困境突破起着关键作用，比如校内及校外的学习及生活场域；某些情况下，日常生活世界中的家庭社会想象对教育困境突破起着关键作用，比如流动家庭在面对各种困难和挑战时（小升初阶段提前到来的分流、流动变留守的无奈等）依然对未来充满信心，并形成新的社会认同。

总之，在时间、空间与关系编织的流动儿童的日常生活世界中，多方合力使教育困境突破成为可能。当然，这种“突破”在当前社会发展阶段是有限度的。当下生活在超大城市的流动儿童群体虽然带有明显的新形势下政策选择的痕迹，但他们中的大部分人依然面临着二元户籍制度下双重身份带来的中考、高考升学障碍，未来出路方面的困境依然存在。

第二节　流动儿童日常生活世界的再讨论

本研究主要围绕流动儿童的日常生活世界展开，核心议题在于政策环境、日常生活世界中的交往互动如何合力使流动儿童在学习生活等方面的教育困境突破成为可能，基于此，本研究的讨论主要从以下四个方面展开。

一、“边际”的再探讨

首先，已有边际概念对流动儿童日常生活世界的适用性问题。从目前的研究来看，国外社会学领域中的“边际”的概念主要来自帕克的表述，即

“两种文化、两种社会的边缘，且从未完全渗入或紧密交融”(Park, 1928)。本研究通过对流动儿童日常生活世界的考察发现，帕克边际人理论中关于“边际”的表述对于中国流动儿童日常生活世界的研究存在一定程度的不适用性，流动儿童体验到的日常生活世界并没有明显的边缘化感觉。

第一，从流动儿童与父母的交往互动来看，流动儿童视角的亲子互动体验不仅包含了父母的“管”或“不管”，还包含了父母的“亲”或“不亲”，但无论是哪种体验和认知，流动儿童都是亲子交往互动的主体和中心。来自家庭的交往互动和亲情支持为流动儿童日常生活世界困境的突破奠定了坚实的基础。

第二，从流动儿童与教师的交往互动来看，流动儿童视角的学校教师对全体学生一视同仁、师生关系融洽，且相对弱势的身份还使他们成为学校教师特别关注的对象，这种关注可能是教师的主动关心，也可能是教师亲力亲为的义务辅导等。流动儿童在完全融入学校的教育环境方面不存在明显障碍。

第三，从流动儿童与同伴之间的交往互动来看，成人眼中的“外地人”身份标签并没有给流动儿童的同伴交往带来困惑或阻碍。无论是课堂、课间场域，还是校内、校外场域，各种边界在同伴之间的交往互动中变得模糊乃至消失。

很显然，西方社会学领域中关于“文化和社会的边缘，从未完全渗入或紧密交融”的“边际”界定并不适用于国内流动儿童的日常生活世界。

此外，中国学者叶南客在帕克边际人概念的基础上区分了“历时态边际人”和“共时态边际人”(叶南客，1996：22)。从某种意义上来说，流动儿童的“边际性”是由于同一时间段内跨越不同地区、不同生活方式而产生，但共时态边际人对于部分流动儿童来说也存在一定的不适用性。因为相当一部分流动儿童体验不同地区、不同生活方式的经历非常有限，在流入地出生并成长的研究对象并不少见。对于这部分儿童来说，户籍所在地的家乡通常仅仅是每年春节才会回去的旅居地，少部分流动儿童春节也不返回家乡。因此，本研究中的"边际"概念并没有可以完全匹配和等同的已有界定。

本研究在帕克、叶南客等学者的已有研究基础上，尝试提出了专门针对本土流动儿童的"边际"概念界定，即对于国内流动儿童来说，"边际"主要是指二元户籍制度下双重身份给流动儿童带来的学习及生活障碍，而教育困境突破则主要体现为流动儿童有了更多的机会或替代性策略。

其次，不同身份认同的流动儿童与其日常生活世界(亲子、师生及同伴交往互动)之间的关联。如前所述，对于流动儿童来说，无论是"生于乡、长于斯"还是"生于斯、长于斯"，二元户籍体制下他们都面临着身份认同问题。户籍控制体系一定程度上构成了流动人口到其他市民之间的认同边界(郑杭生，1997：333)。在多种因素的共同作用下，部分流动儿童认同自己是"新上海人"；部分流动儿童认同自己的户籍制度身份；部分流动儿童出现了身份认同与情感倾斜的不一致，比如虽然认同自己的户籍制度身份，但却更喜欢上海，反之亦然。那么不同的身份认同与日常生活世界存在什么样的关联呢？

第一，认同自己是"新上海人"的流动儿童。这部分流动儿童在流入地的亲子、师生及同伴之间的交往互动普遍比较好。比如"生于斯、长于斯"的含含与有着本科学历的父母沟通良好，且她是班级内唯一的一名大队委，师生、同伴之间互动良好，她毫不犹豫地表示自己是"新上海人"；"生于乡、长于斯"的江弟虽然有在家乡学习和生活的经历，且留守时间较长，但家乡求学过程中的失败体验(成绩很差)使江弟产生了深深的距离感，对比之下，流入地求学过程中的成功感带给江弟极大的自信，同时师生、亲子及同伴之间的良好互动使江弟快速找到了归属感，他在叙述自己的身份认同时果断放弃了制度性身份，能动地建构了自己"新上海人"身份。

第二，认同自己户籍制度身份的流动儿童。这部分流动儿童往往在流入地交往互动的某一个或几个方面遇到了障碍，或者受到父母等长辈对户籍制度身份的不断灌输和强化。比如，流入地居住场所的频繁变动使跃跃没能形成稳定的朋友圈，陌生的环境和同伴互动的缺乏使跃跃的身份认同明显倒向户籍制度身份；康弟也因为流入地陌生人较多，老家人人都相识、熟人社会而产生心理上的家乡身份认同；五岁就来上海的君君、“生于斯、长于斯”的龙哥等则是在长辈有意识、持续不断的灌输和强化过程中产生了户籍制度身份的认同。

第三，身份认同与情感倾斜不一致的流动儿童。这部分流动儿童之所以出现身份认同与情感倾斜的分裂，往往与两地在日常生活世界的某一方面的强烈对比有关系。比如好妹表示，她虽然从心里面认同自己的户籍制度身份，但却明显更喜欢上海，因为上海一起玩的朋友很多，而且上海的学校里没有人欺负她，但在家乡读幼儿园的时候总被人欺负；琪弟的情感倾斜与好妹类似，不同的是，他是因为上海的教师教得好而更喜欢上海；“生于斯、长于斯”的思弟虽然认同自己是“新上海人”，但他却表示自己更喜欢家乡，因为家乡的人更亲切、环境更好。

很显然，流动儿童的身份认同与日常生活世界的关系密切，除个别家长对流动儿童的身份认同进行有意识的灌输和强化以外，大部分流动儿童的身份认同或者产生于日常生活世界中的交往互动之中，或者产生于两地交往互动的对比之中。无论是流入地还是家乡，良好的交往互动都有助于流动儿童充满自信的身份认同的建立。

二、流动儿童能动性的再认识

对于国内流动儿童来说，二元户籍制度下的双重身份既是一种羁绊，也是激发其能动性的重要资源。户籍制度及与其附着在一起的教育升学等制度共同构成了影响流动儿童日常生活世界的主要规则和资源。这些制度构成的规则和资源一方面制约着流动儿童们的学习和生活，另一方面也激发了流动儿童，激发了他们发挥个体能动性去谋求生活和命运的改变。

第一，双重身份深深地影响着流动儿童的生活。虽然“两为主”政策基本解决了义务教育阶段流动儿童的异地求学问题，但在新的政策环境下，超大城市流动儿童在义务教育阶段之后的中考、高考等方面依然受到了一定程度上的限制和约束。人的社会生活，甚或社会动物的群体生活，之所以可能，乃是因为个体依照某些规则行事(哈耶克，1997：184)。包括规则在内的制度虽然不能“完全限定”生活(李友梅等，2011：12)，但却深深地影响着每一个人的生活。以超大城市上海为例，无论是异地中考还是异地高考，上海地区流动儿童的升学考试均是建立在居住证管理制度基础之上的。持有居住证并达到积分要求(现行标准分值为120分)者的流动人口子女在中考、高考升学考试方面基本实现同城化待遇；持有居住证，但积分达不到标准分值者的流动人口子女初中毕业后只能在沪参加全日制中等职业学校的招生考试。因此，双重身份对流动儿童学习和升学选择的影响明显。

第二，双重身份在带来羁绊的同时，也激发了流动儿童个体能动性的发挥。田野研究表明，流动儿童们纷纷通过个体能动性的发挥来谋求不利身份的转变。比如，部分“长大后不想走父母的老路”的流动儿童在很早的时候就明确了自己的人生奋斗理想和发展目标；部分流动儿童“相信未来的成功取决于今天的努力”，生活的艰辛推动了其自身的自觉成长；部分流动儿童不想像父母那样“漂”在大城市，立志一定要考上大学，努力实现扎根城市的梦想；部分流动儿童为了增加未来发展的可能性、为了对得起辛勤付出的父母而自觉努力学习。此外，为了增加接受普通高等教育的机会和可能，流动儿童中相当一部分人在小学毕业时即能动地选择返乡。在他们看来，只要未来能够实现不利身份的彻底改变，即使由流动变留守也是值得的。

第三，流动儿童的能动性在日常生活世界中展开。流动儿童在家庭中与长辈的能动交往是其幸福的关键，流动儿童视角的亲子互动体验或丰富多彩，或五味杂陈，但无论是哪种类型的亲子交往，流动儿童都不只是被动地接受，而是通过自身能动性的发挥共同参与了亲子关系的构建；流动儿童们无论是“喜欢”还是“不喜欢”学校里的师生互动，课堂课下师生之间的交往都使流动儿童成为学校学习真正的主体，能动性的充分发挥帮助流动儿童顺利融入学校的教育环境；同伴之间围绕“学”与“玩”的交往互动则使流动儿童的能动性得到最大程度的发挥。

三、社会融合与政策环境

首先，流动儿童的融合问题一直是社会学研究领域的重要内容之一，国内已有研究大多沿用西方传统社会融合理论，预设了流动儿童群体与户籍儿童群体的二元对立。现有的研究通常采用问卷调查或量表测量的方法，得出流动儿童很难融入城市社会（熊少严，2006）、歧视对流动儿童城市融入有负向预测作用（刘杨等，2012）、流动儿童没有与城市社区居民和学校融合在一起（白文飞、徐玲，2009）、流动儿童社会融合具有代际传承性（周皓，2012）、流动儿童社会融合质量不高（刘庆、冯兰，2014）、融合状况不乐观（刘红升、靳小怡，2018）等结论。但事实上，社会融合并不是流动群体面临的独特问题，不同阶层的非流动群体本身也是高度分化和区隔的（刘娜，2016），如果用量表来测量不同阶层的非流动群体的融合度，很可能也能得出融合不佳的结论。因此，虽然目前此方面的研究成果以定量测量为主，但事实上，流动儿童的融合状况研究并不太适合先入为主的量表框定下的测量。

质性研究较好地弥补了定量研究着重对流动儿童融合结果测量的不足，重视流动儿童“我群”融入的过程和体验。本研究以流动儿童的视角审视了其对自身学习、生活的融合体验，无论是就读于公办学校的流动儿童还是就读于民办学校的流动儿童，无论是课上课下、校内校外，流动儿童们均没有表示因为“流动”的身份而造成交往和沟通困扰。流动儿童家长们的补充描述也从侧面印证了流动儿童们的自我判断。流动儿童所在学校的教师在班干部的选拔、任务的分配、学习的要求等方面从没有因为流动儿童的身份而区别对待，教师主要看每个学生的在校表现，与学生有没有户籍身份没有任何关系；同学、伙伴之间的交往也不存在明显的身份歧视现象；社区中本地儿童与流动儿童之间的互动也非常普遍。流动儿童家长目前对流动儿童融合的担心普遍不是长年生活的流入地的融合问题，而是因升学原因选择返乡后的融合问题。

进一步分析不难发现，流动儿童在日常生活世界中的能动性较好地突破了其身份带来的或多或少的困境限制。流动儿童们师生、同伴之间的良性交往互动有助于困境的突破，有助于流动儿童群体的有效融合；流动儿童家庭对未来美好生活的社会想象也有助于其对生活中困难和限制的克服。同时流动儿童日常生活世界“我群”的形成也是自然选择的结果，正如一位流动儿童家长所述，虽然他们上的是公办学校，但本地儿童的数量并不是很多，本地儿童能择校的纷纷择校。这也就意味着，没有条件择校的本地儿童家庭与流动儿童家庭在“有学校上就行”的诉求上基本一致；居住社区与就读学校的自然选择结果有相似之处，有能力购买更高品质商品房的本地家庭早已搬离了原有社区，选择留下的本地家庭与流动儿童家庭在经济社会地位方面同样具有一定的相似性。

其次，与西方移民群体主要由文化差异带来的融合困难不同，国内流动儿童群体则主要是因为结构的限制而带来的融入障碍。作为社会融合理论发源地的欧美地区，他们所面临的融合挑战主要是不同文化带来的冲突（杨菊华、贺丹，2017）。有着不同宗教信仰、不同文化背景的他国移民的大量涌入给当地的社会融合带来了很大的挑战，因此，“熔炉论”“同化论”“多元文化论”等社会融合理论纷纷登场，以求解决不同族群的文化差异带来的对社会稳定的威胁。但很显然，国内的流动儿童群体与西方的移民群体有着截然不同的特点，中国是有着上下五千年连续历史的文明古国，我们有着一以贯之、代代传承的华夏文明，共同的文化背景使得国内包括流动儿童在内的流动群体有着自身独有的特点，并且我们是人民当家作主的社会主义国家。因此，西方社会融合理论在中国流动儿童融合问题的分析上不能直接套用，而应根据本土特点有所选择和改造。比如，已有研究中对流动儿童“外来者”身份的预设并不符合每个中国公民都是社会的主人的中国基本国情（丁宇、姜丹，2019）。

虽然伴随2014年《国务院关于进一步推进户籍制度改革的意见》发布，政策环境发生显著变化，“农业户口”与“非农业户口”二元户口登记制度已正式成为历史，但附着在户籍制度上的教育、住房等方面的制度安排尚没有及时跟进，再加上超大城市对常住人口规模的严格控制，流动儿童在超大城市的教育选择，尤其是义务教育后的升学选择方面仍受到诸多限制。但同时我们必须看到的是，对于符合义务教育后异地升学条件的流动儿童来说，结构的藩篱已经在被逐步打破。相信随着流动儿童在大中小城市义务教育后升学同城化待遇的不断深化和落实，流动儿童日常生活世界的结构性困境会逐步得到解决。

本研究基于对超大城市流动儿童日常生活世界的考察，发展出“政策环境—日常生活世界”共同对教育困境突破起作用的理论模型，着重探讨了超大城市流动儿童社会融合的过程和体验，一定程度上弥补了定量研究的缺憾和不足。就在本书写作接近尾声的时候，田野对象中的一位流动儿童发来了其与本地“爷爷”（共同生活在一个社区的退休老人）一起斩获××区“大手牵小手”趣味乒乓球比赛第五名的照片，其家长也在朋友圈同步晒出了九宫格的获奖照片，为我们提供了流动儿童社会融合的生动画面。

四、流动儿童们的“放弃”是否仅出于制度性原因

熊易寒在考察了北京向农民工子弟开放的公办学校的编班、招收农民工子弟的民办学校的文化后提出“就读于公办学校的农民工子女存在制度性自我放弃，打工子弟学校盛行反学校文化”的观点（熊易寒，2010）；周潇在调查某打工子弟学校的过程中，通过对威利斯笔下的“小子”与农民工“子弟”的比较，提出农民工子弟存在与“小子”形似而质异的反学校文化及制度性自我放弃（周潇，2011）；熊春文等通过对打工子弟学校各个年级的考察，提出农民工子弟经历了从“制度性自我选择”到“制度性自我放弃”的过程（熊春文、刘慧娟，2014）。以上学者对流动儿童学业表现背后的制度及文化因素进行了深入的剖析，有助于流动儿童研究理论的丰富和完善，但同时也存在一些值得进一步探讨的地方。

首先，以上研究都将研究对象界定为农民工子弟或打工子弟。虽然目前中国从农村向城市流动的农民工子弟或打工子弟构成了流动儿童的主

体，但其所涵盖的流动儿童人群明显与本研究的研究对象存在差异，因为除此之外，本研究中的流动儿童还包括户籍原本就在其他（大中小）城市的未成年群体。本研究中，“城-城”流动的部分流动儿童按照上海目前的义务教育后的升学政策，制度性障碍可能已不复存在，只要父母居住证达到 120 标准分，流动儿童在升学方面基本可享受同城化待遇。当然，能够享受同城化待遇的流动儿童父母一般接受过高等教育，且工作较为稳定。

另外，上述研究对研究对象家庭背景的介绍表明，“子弟”父母工作普遍缺乏稳定性，以临时性工作为主，且居无定所，生活无保障。但这在今天看来，“子弟”继续在超大城市接受义务教育的基本条件已不具备，因为 2013 年年底“严控特大城市人口规模”政策出台以后，北京、上海等超大城市不约而同加强了流动人口管理。以上海为例，上述研究中“子弟”父母明显不具备办理居住证的条件。因此，流动儿童的研究需要以动态的视角来看待，因政策的调整和变动，即使同是“子弟”，本研究中关注到的“子弟”群体已然不同于较早研究中的“子弟”群体。

其次，上述研究除了将流动儿童身份限定为“子弟”，熊易寒（2010）及周潇（2011）的研究还主要聚焦义务教育阶段九年级（初三）的孩子，“制度性放弃”结论的得出也正是基于九年级流动儿童的表现。但事实上，在流入地坚持读到九年级的流动儿童的数量并不多，两位研究者在文中也有所表述，但并没有展开对此种现象的深入分析。本研究的田野资料表明，绝大部分成绩优良、寄希望考取普通高中的流动儿童从小升初开始就已陆续转回户籍地或其他能够参加普通中考、高考的中小城市就读；同时初中阶段准备在流入地就读的流动儿童家长也明确表示，如果到了初二从孩子的成绩上仍看不到考取普通高中希望的话，就会果断放弃参加普通中考、高考这条路，就地读职业技术学校，学门技术也是不错的选择，否则孩子的成绩表现哪怕有一丝希望（考取普通高中），也一定会转回老家试一试。这也就意味着，选择留下来的这批孩子并不全是因为制度原因做出了“放弃”的选择，个体学业成绩的好坏起到了很关键的作用。毕竟无论是流动儿童还是户籍儿童，中考录取的“普职比”是一定的，任何地区都会出现一定比例的适龄儿童进不了普通高中的现象。

熊春文等对上述研究进行了拓展，注意到了流动儿童学业表现及选择的动态特点，提出流动儿童的学校文化经历了从“制度性自我选择”到“制度性自我放弃”的过程，初三的学校文化有着截然不同的特点等。其研究很明显在原有基础上进行了深化和拓展，注意到了流动儿童在低年级阶段学业表现及选择上的能动性，但可惜的是，此研究最后仍将高年级尤其是初三流动儿童的选择及表现仅归结为“制度性自我放弃”，这明显与流动儿童现实中的学习情况不符。

当然不可否认的是，制度性限制在某种程度上确实起着“共谋”的作用，这种限制有可能加速了学习成绩不突出的流动儿童的“放弃”步伐。因此从保障流动儿童权益的角度出发，我们需要做到“两手抓”：一方面通过进一步激发流动儿童学习的能动性和积极性，切实提高流动儿童的学业成绩；另一方面，通过不断优化政策，努力扩大结构性突破下的流动儿童受益者群体。

第三节　研究的局限性及展望

作为对流动儿童日常生活世界的一项质性研究，本研究通过对生活在上海的流动儿童的亲子、师生及同伴之间交往互动情况的田野调查及分析，构建了政策环境、日常生活世界共同对教育困境突破起作用的理论模型，有一定的理论和现实意义，但限于主客观条件限制，本研究尚存在一些不足之处。

第一，研究样本的局限性。受中央及地方政策调整影响，近五年上海流动儿童群体有着不同于其他中小城市及上海本地五年以前流动儿童群体的特点，因为上海目前符合“两为主”政策、能就地接受义务教育的流动儿童在家庭背景方面整体好于五年以前，这部分流动儿童的父母通常是有稳定工作和稳定住所的。因此，本研究中来自底层家庭的流动儿童样本比较少，笔者将努力在后续研究中将研究样本扩展至更多的来自底层家庭的流动儿童。

第二，实践层面的局限性。本研究从保障流动儿童权利的角度出发，提出实践层面“两手抓”的建议：一方面通过进一步激发流动儿童学习的能动性和积极性，切实提高流动儿童的学业成绩；另一方面，通过进一步优化政策，努力扩大结构性突破下的流动儿童受益者群体。但目前来看，在严控人口规模的宏观背景下，超大城市流动儿童群体实现升学方面同城化待遇的比例短期内不会有大的突破。笔者将持续关注并呼吁本领域政策的变化和调整，努力为流动儿童群体的机会争取尽一点绵薄之力。

第三，研究周期的局限性。流动儿童的日常生活世界是在时空之中展开的，无论是留沪、返乡还是到周边中小城市就读，18 岁之前，流动儿童们的日常生活世界都将充满着各种变数。但本研究只是关注了其中的一个小片段，因此并不能反映流动儿童较长一段时间内或者关键时间点（中考、高考）后日常生活世界的变化。借助当今社会发达的沟通渠道，笔者争取将这方面研究持续推进下去。

参考文献

[1] 菲力浦·阿利埃斯. 儿童的世纪：旧制度下的儿童和家庭生活[M]. 沈坚,朱晓罕,译. 北京：北京大学出版社,2013.

[2] 艾尔·巴比. 社会研究方法[M]. 11版. 邱泽奇,译. 北京：华夏出版社,2009.

[3] 陈向明. 在行动中学作质的研究[M]. 北京：教育科学出版社,2003.

[4] 陈向明. 质的研究方法与社会科学研究[M]. 北京：教育科学出版社,2000.

[5]《辞海》编辑委员会. 辞海：1989年版：缩印本[M]. 上海：上海辞书出版社,1990.

[6] 威廉·N. 邓恩. 公共政策分析导论[M]. 谢明,等译. 北京：中国人民大学出版社,2002.

[7] 杜威. 民主主义与教育[M]. 王承绪,译. 北京：人民教育出版社,1990.

[8] 费孝通. 生育制度[M]. 北京：商务印书馆,1999.

[9] 费孝通. 乡土中国[M]. 北京：人民出版社，2008.
[10] 高夫曼. 日常生活中的自我表演[M]. 徐江敏，李姚军，译. 台北：桂冠图书公司，1992.
[11] 尤尔根·哈贝马斯. 交往行动理论·第二卷：论功能主义理论批判[M]. 洪佩郁，蔺青，译. 重庆：重庆出版社，1994.
[12] 尤尔根·哈贝马斯. 交往行为理论·第一卷：行动的合理性和社会合理化[M]. 洪佩郁，蔺青，译. 重庆：重庆出版社，1994.
[13] 哈贝马斯. 交往与社会进化[M]. 张博树，译. 重庆：重庆出版社，1989.
[14] 哈耶克. 自由秩序原理[M]. 邓正来，译. 北京：三联书店，1997.
[15] 侯静. 流动儿童学校教育、家庭教育和社区教育[M]. 北京：科学出版社，2016.
[16] 胡塞尔. 欧洲科学危机和超验现象学[M]. 张庆熊，译. 上海：上海译文出版社，1988.
[17] 吉登斯. 社会的构成：结构化理论纲要[M]. 李康，李猛，译. 北京：中国人民大学出版社，2016.
[18] 威廉·A. 科萨罗. 童年社会学[M]. 程福财，等译. 上海：上海社会科学院出版社，2014.
[19] 李友梅，黄晓春，张虎祥，等. 从弥散到秩序："制度与生活"视野下的中国社会变迁(1921—2011)[M]. 北京：中国大百科全书出版社，2011.
[20] 联合国教科文组织国际教育发展委员会. 学会生存：教育世界的今天和明天[M]. 华东师范大学比较教育研究所，译. 北京：教育科学出版社，1996.
[21] 刘杨，等. 流动儿童社会处境、发展状况及影响机制[M]. 北京：北京大学出版社，2013.
[22] 马克思. 资本论：节选本[M]. 北京：人民出版社，2018.
[23] 罗伯特·E. 帕克，等. 城市：有关城市环境中人类行为研究的建议

[M]. 杭苏红，译. 北京：商务印书馆，2016.
[24] 彭富国，匡跃辉，曹山河. 科技政策学[M]. 长沙：湖南人民出版社，2005.
[25] 齐美尔. 社会是如何可能的：齐美尔社会学文选[M]. 林荣远，编译. 桂林：广西师范大学出版社，2002.
[26] 钱再见. 现代公共政策学[M]. 南京：南京师范大学出版社，2007.
[27] 施莱歇尔. 超越 PISA：如何建构 21 世纪学校体系[M]. 徐瑾劼，译. 上海：上海教育出版社，2018.
[28] 阿尔弗雷德·许茨. 社会实在问题[M]. 霍桂桓，索昕，译. 北京：华夏出版社，2001.
[29] 阿尔弗雷德·舒茨. 社会世界的意义构成[M]. 游淙祺，译. 北京：商务印书馆，2012.
[30] 查尔斯·泰勒. 现代社会想象[M]. 林曼红，译. 南京：译林出版社，2014.
[31] 爱弥尔·涂尔干. 道德教育[M]. 陈光金，沈杰，朱谐，译. 上海：上海人民出版社，2006.
[32] 吴式颖，等. 马卡连柯教育文集—下卷[M]. 北京：人民教育出版社，2005.
[33] 夏宏. 面向生活世界的社会批判理论[M]. 北京：中国社会科学出版社，2011.
[34] 谢明. 公共政策概论[M]. 北京：中国人民大学出版社，2010.
[35] 雅斯贝尔斯. 什么是教育[M]. 邹进，译. 北京：生活·读书·新知三联书店，1991.
[36] 杨东平. 中国流动儿童教育发展报告—2016[M]. 北京：社会科学文献出版社，2017.
[37] 叶南客. 边际人：大过渡时代的转型人格[M]. 上海：上海人民出版社，1996.

[38] 曾守锤. 流动儿童的社会适应：研究与实务[M]. 上海：华东理工大学出版社，2012.

[39] 郑杭生. 社会学概论新修[M]. 2版. 北京：中国人民大学出版社，1998.

[40] 周皓. 流动儿童发展的跟踪研究[M]. 北京：北京大学出版社，2014.

[41] 佐藤学. 学校的挑战：创建学习共同体[M]. 钟启泉，译. 上海：华东师范大学出版社，2010.

[42] 佐藤学. 静悄悄的革命：创造活动、合作、反思的综合学习课程[M]. 李季湄，译. 长春：长春出版社，2003.

[43] 白文飞，徐玲. 流动儿童社会融合的身份认同问题研究：以北京市为例[J]. 中国社会科学院研究生院学报，2009，29(2)：18－25.

[44] 曾守锤. 流动儿童的社会适应状况及其风险因素的研究[J]. 心理科学，2010，33(2)：456－458.

[45] 曾守锤. 流动儿童的心理弹性和积极发展：研究、干预与反思[J]. 华东师范大学学报(教育科学版)，2011，29(1)：62－67.

[46] 陈宝国，彭聃龄. 语言习得的关键期及其对教育的启示[J]. 心理发展与教育，2001，17(1)：52－57.

[47] 陈蓓丽，何雪松. 移民的陌生人意象：三个社会学传统[J]. 华东理工大学学报(社会科学版)，2012，27(3)：40－44.

[48] 陈德中. 能动性、反思性与政治：威廉斯与韦伯[J]. 现代哲学，2018(5)：75－85.

[49] 陈钢. 文化资本视角下城市流动儿童的教育困境及对策[J]. 教育发展研究，2011，31(23)：8－13.

[50] 陈云云，张玉，胡娟. 新时代习近平体育思想探析[J]. 武汉体育学院学报，2018，52(5)：5－10，49.

[51] 程燕，张蕾. 重视我国流动儿童少年的教育[J]. 西北人口，2005，26(2)：8－9，13.

[52] 邓小晴,师保国. 流动儿童歧视知觉与自尊：社会支持与流动时间的作用[J]. 中国特殊教育,2013(8)：48－54.

[53] 丁百仁. 教育再生产的双重逻辑：以流动儿童与城市儿童假期活动安排为例[J]. 教育与经济,2019，35(1)：87－96.

[54] 丁宇,姜丹. 社会融合的理论类型和政策实践原则[J]. 学习与实践,2019(3)：73－83.

[55] 段成荣,梁宏. 关于流动儿童义务教育问题的调查研究[J]. 人口与经济,2005(1)：11－17.

[56] 段飞艳,李静. 近十年国内外隔代教养研究综述[J]. 上海教育科研,2012(4)：13－16.

[57] 范兴华,方晓义,刘杨,等. 流动儿童歧视知觉与社会文化适应：社会支持和社会认同的作用[J]. 心理学报,2012，44(5)：647－663.

[58] 伏干. 社会认同对流动儿童学业求助的影响[J]. 心理与行为研究,2017，15(3)：411－416.

[59] 富晓星,冯文猛,王源,等. “教育权利”vs.“大城市病”：流动儿童教育获得的困境探究[J]. 社会学评论,2017，5(6)：40－55.

[60] 高丽茹. 流动儿童义务教育社会排斥研究：以南京市 H 外来务工子弟学校个案研究为例[J]. 西北人口,2015，36(2)：123－128.

[61] 龚继红,钟涨宝. 融合与差异：城市化背景下家庭教育与流动儿童学业表现[J]. 学习与实践,2016(6)：100－108.

[62] 谷树莹,吕立杰. 儿童道德教育中“故事”的合理性探讨：基于道德认知发展理论的视角[J]. 教育理论与实践,2018，38(7)：44－48.

[63] 何玲,李兵. 中国流动儿童政策分析[J]. 人口研究,2007，31(2)：71－80.

[64] 何玲. 流动儿童社会融合现状与辨析[J]. 中国青年研究,2013(7)：36－39.

[65] 何雪松,巫俏冰,黄富强,等. 学校环境、社会支持与流动儿童的精神健

康[J]. 当代青年研究,2008(9): 1 - 5.

[66] 侯舒艨,袁晓娇,刘杨,等. 社会支持和歧视知觉对流动儿童孤独感的影响: 一项追踪研究[J]. 心理发展与教育,2011, 27(4): 401 - 411.

[67] 胡恒钊. 新型城镇化进程中农民工随迁子女教育的现实困境与理性选择[J]. 农业经济,2019(1): 69 - 71.

[68] 胡全柱,葛蓓蓓. 儿童社会学研究范式: 兼论中国经验与反思[J]. 甘肃社会科学,2011(3): 150 - 153.

[69] 蒋玉燕. 让"基础德育"班会深入学生的心灵: 由一堂主题班会课引出的思考[J]. 思想理论教育,2012(18): 79 - 84.

[70] 金灿灿,屈智勇,王晓华. 留守与流动儿童的网络成瘾现状及其心理健康与人际关系[J]. 中国特殊教育,2010(7): 59 - 64.

[71] 中国经济实验研究院城市生活质量研究中心. 生活质量指数稳定　健康指数好于预期: 2017 年中国 35 个城市生活质量报告[J]. 经济学动态,2017(9): 4 - 19.

[72] 李怀玉. 城市化进程中流动儿童心理健康问题探讨: 来自河南省郑州市的调查与思考[J]. 中州学刊,2009(5): 127 - 130.

[73] 李洁,罗柳芬,黄仁辉,等. 社会支持对流动儿童社会退缩的影响: 心理弹性的中介作用[J]. 心理学探新,2018, 38(2): 159 - 163.

[74] 李玲. 论质性研究伦理审查的文化适应性[J]. 比较教育研究,2009, 31(6): 7 - 11.

[75] 李敏. 论城市非正式教育制度对流动儿童教育发展的负面影响[J]. 教育学报,2006, 2(2): 75 - 79.

[76] 李晓巍,邹泓,金灿灿,等. 流动儿童的问题行为与人格、家庭功能的关系[J]. 心理发展与教育,2008, 24(2): 54 - 59.

[77] 李晓巍,邹泓,王莉. 北京市公立学校与打工子弟学校流动儿童学校适应的比较研究[J]. 中国特殊教育,2009(9): 81 - 86.

[78] 梁丽婵,边玉芳. 流动儿童的信任知觉与情绪适应的关系及自尊的中

介作用[J]. 中国临床心理学杂志,2013, 21(1): 122 - 125.

[79] 刘红升,靳小怡. 流动儿童的资本禀赋与社会融合研究: 基于双向测度数据的多视角分析[J]. 北京社会科学,2018(5): 117 - 128.

[80] 刘红升,靳小怡. 农村流动儿童的身份认同及其影响因素研究: 基于深圳市流动儿童调查数据的分析[J]. 华中农业大学学报(社会科学版),2018(6): 112 - 122,157.

[81] 刘鸿渊. 多元利益格局下的城市流动儿童教育问题研究[J]. 社会科学研究,2007(6): 191 - 195.

[82] 刘济榕,王泉泉. 日常压力对流动儿童诚信感的影响: 社会支持与逆境信念的调节作用[J]. 心理发展与教育,2018, 34(5): 548 - 557.

[83] 刘丽红,刘璐. 歧视知觉对流动儿童心理适应的影响研究[J]. 教育理论与实践,2018, 38(4): 48 - 51.

[84] 刘娜. 对传统社会融合理论的批判与重构[J]. 青海社会科学,2016(1): 131 - 136.

[85] 刘庆,冯兰. 流动儿童社会融合的结构、现状与影响因素[J]. 中国青年政治学院学报,2014, 33(6): 55 - 60.

[86] 刘善槐,张源源. 谈进城务工人员随迁子女义务教育后的升学困境与破解思路[J]. 教育探索,2010(11): 20 - 21.

[87] 刘霞,赵景欣,申继亮. 歧视知觉对城市流动儿童幸福感的影响: 中介机制及归属需要的调节作用[J]. 心理学报,2013, 45(5): 568 - 584.

[88] 刘杨,方晓义,戴哲茹,等. 流动儿童歧视、社会身份冲突与城市适应的关系[J]. 人口与发展,2012, 18(1): 19 - 27,57.

[89] 刘玉兰. 流动儿童精神健康状况分析[J]. 人口学刊,2012, 34(3): 78 - 86.

[90] 刘愿. 弥补那逝去的青春: 知青对子女教育的代际补偿研究[J]. 世界经济,2016, 39(5): 168 - 192.

[91] 龙丁江,陶印华. 日常休闲对流动儿童社会融合的影响[J]. 当代青年

研究,2016(6):71－76.

[92] 卢晖临,梁艳,侯郁聪. 流动儿童的教育与阶级再生产[J]. 山东社会科学,2015(3):79－87.

[93] 卢伟. 入学不易升学更难:农民工随迁子女之教育困境及对策探讨[J]. 中小学管理,2020(12):13－16.

[94] 吕利丹,程梦瑶,谭雁潇,等. 我国流动儿童人口发展与挑战(2000—2015)[J]. 青年研究,2018(4):1－12,94.

[95] 马向真,刘瑞京,王漫漫,等. 留守儿童、流动儿童自我发展与社会支持的比较研究[J]. 教育研究与实验,2015(3):49－53.

[96] 马向真. 流动儿童自尊、自我意识与社会支持的关系研究[J]. 南京师大学报(社会科学版),2014(5):103－110.

[97] 彭拥军. 嵌入性难题与化解:优化流动儿童教育处境的可能视角[J]. 教育研究与实验,2018(2):67－71.

[98] 秦晨. "边际人"及其"中国式相亲":转型期中国青年的婚恋观与择偶行为[J]. 中国青年研究,2017(7):5－10, 47.

[99] 邱剑,安芹. 初中流动儿童疏离感与亲社会行为的关系:社会支持的中介作用[J]. 中国特殊教育,2012(1):64－68.

[100] 曲可佳,邹泓,李晓巍. 北京市流动儿童的学校满意度及其与师生关系、学业行为的关系[J]. 中国特殊教育,2008(7):50－55.

[101] 孙晓红,韩布新. 国内外流动儿童青少年心理健康状况研究:基于CiteSpace的可视化分析[J]. 中国青年研究,2018(12):67－73.

[102] 孙兴东. 毛泽东与邓小平体育思想的当下意义[J]. 学校党建与思想教育,2011(26):84－85.

[103] 孙玉杰. 当代青年"边际人"心态初探[J]. 青年研究,1994(4):13－15.

[104] 王东. "两为主"政策背景下流动儿童家长"择校"行为分析:基于对北京市的相关调查[J]. 教育发展研究,2010, 30(12):82－85.

[105] 王晖，熊昱可，刘霞．亲子关系和朋友支持对流动儿童情绪和行为适应的保护作用[J]．心理发展与教育，2018，34(5)：614－624．

[106] 王宁．消费与认同：对消费社会学的一个分析框架的探索[J]．社会学研究，2001，16(1)：4－14．

[107] 王瑞敏，邹泓．流动儿童的人格特点对主观幸福感的影响[J]．心理学探新，2008，28(3)：82－87．

[108] 王熙．质性研究中的多重研究关系和伦理“雷区”：一位行动研究者的自反性思考[J]．教育学报，2009，5(4)：69－76．

[109] 王晓梅．流动儿童心理行为问题研究[J]．社会心理科学，2011，(Z2)：209－213．

[110] 王毅杰，史秋霞．流动儿童社会认同的策略性选择[J]．社会科学研究，2010(1)：90－96．

[111] 王玉辉．构建和谐社会视阈中的流动儿童义务教育问题探析[J]．社会科学战线，2010(9)：272－273．

[112] 王远．论吉登斯结构化理论建构的创新综合模式：对传统社会学理论二元对立的超越[J]．社会科学战线，2012(5)：255－257．

[113] 王中会，童辉杰，程萌．流动儿童社会认同对学校适应的影响[J]．中国特殊教育，2016(3)：52－57．

[114] 文喆．北京市流动儿童教育问题决策的伦理困境和出路[J]．教育科学研究，2012(5)：10－13，19．

[115] 邬志辉，李静美．农民工随迁子女在城市接受义务教育的现实困境与政策选择[J]．教育研究，2016，37(9)：19－31．

[116] 吴帆，杨伟伟．留守儿童和流动儿童成长环境的缺失与重构：基于抗逆力理论视角的分析[J]．人口研究，2011，35(6)：90－99．

[117] 吴炜．流动儿童的课外体育活动与社会融合[J]．体育与科学，2017，38(5)：37－43，75．

[118] 吴新慧．流动儿童城市文化认同分析：基于杭州、上海等地公办学校

的调查[J]. 浙江学刊,2012(5): 203 - 209.

[119] 武向荣. 流动儿童教育的不连续性与治理[J]. 中国特殊教育,2006(10): 10 - 14.

[120] 肖莉娜,何雪松. 社会想象的嬗变: 理解中国社会转型的认知社会学视角[J]. 浙江学刊,2019(1): 38 - 41.

[121] 肖莉娜,梁淑雯,何雪松. 青少年学业压力、父母支持与精神健康[J]. 当代青年研究,2014(5): 29 - 34.

[122] 肖莉娜,袁园. 儿童的能动性: 一个整合的解释框架[J]. 学海,2019(2): 72 - 78.

[123] 谢尹安,邹泓,李小青. 北京市公立学校与打工子弟学校流动儿童师生关系特点的比较研究[J]. 中国教育学刊,2007(6): 9 - 12.

[124] 熊春文,刘慧娟. 制度性自我选择与自我放弃的历程: 对农民工子弟学校文化的个案研究[J]. 北京大学教育评论,2014, 12(4): 48 - 71,184.

[125] 熊少严. 城市流动儿童的社会整合与学校教育的指导策略[J]. 广东社会科学,2006(1): 165 - 169.

[126] 熊易寒. 城市化的孩子: 农民工子女的城乡认知与身份意识[J]. 中国农村观察,2009(2): 2 - 11,45,95.

[127] 熊易寒. 底层、学校与阶级再生产[J]. 开放时代,2010(1): 94 - 110.

[128] 徐丽敏. 农民工随迁子女社会融入中的教育困境及对策研究[J]. 郑州大学学报(哲学社会科学版),2015, 48(6): 42 - 45.

[129] 燕学敏. 北京市流动儿童不同学习需要的调查研究[J]. 中国特殊教育,2010(10): 84 - 89.

[130] 杨东平,陶红,李阳. “围堵”和创新: 解决流动儿童义务教育的地方政府行为研究[J]. 清华大学教育研究,2011, 32(6): 15 - 21.

[131] 杨会芹,刘晖,周宁. 社会支持在城市流动儿童生活事件与心理健康关系中的调节效应[J]. 中国临床心理学杂志,2016, 24(6): 1120 -

1122.

[132] 杨菊华,贺丹. 分异与融通：欧美移民社会融合理论及对中国的启示[J]. 江苏行政学院学报,2017(5)：72－80.

[133] 杨芷英,郭鹏举. 家庭因素对流动儿童心理健康状况的影响研究：基于对北京市流动儿童的调查[J]. 中国青年社会科学,2017, 36(3)：54－60.

[134] 叶南客. 边际人：现代青年生活形态的典型特征[J]. 青年研究,1990(2)：37－41.

[135] 叶枝,柴晓运,郭海英,等. 流动性、教育安置方式和心理弹性对流动儿童孤独感的影响：一项追踪研究[J]. 心理发展与教育,2017, 33(5)：595－604.

[136] 袁晓娇,方晓义,刘杨,等. 流动儿童社会认同的特点、影响因素及其作用[J]. 教育研究,2010, 31(3)：37－45.

[137] 袁晓娇,方晓义,刘杨,等. 流动儿童压力应对方式与抑郁感、社交焦虑的关系：一项追踪研究[J]. 心理发展与教育,2012, 28(3)：283－291.

[138] 翟进. 从失范到紧张：青少年越轨行为研究的衍变及本土化视角[J]. 社会科学研究,2012(3)：115－119.

[139] 张丹. 教育公平视角下流动儿童受教育质量的性别差异研究：以上海市小学为例[J]. 华东师范大学学报(教育科学版),2016, 34(1)：62－68,117.

[140] 张丹. 随迁子女教育政策的地方实施与困境：以 A 市随迁子女小学阶段为例[J]. 教育发展研究,2018, 38(20)：8－16.

[141] 张绘. 义务教育阶段提高流动儿童学业成绩所面临的障碍：基于北京市的调查研究[J]. 教育科学研究,2017(9)：34－39.

[142] 张敏,韩楠楠. 外来务工人员子女的城市适应：社会认同与他人接纳感的影响：基于杭州市的调查与分析[J]. 教育研究,2018, 39(2)：

147－153.

[143] 张庆鹏,孙元. 居住稳定性对流动儿童积极社会适应的影响：感知重要他人关注的调节作用[J]. 中国特殊教育,2018(5)：46－53.

[144] 张琼,郑倚天. 父亲角色对家庭教育影响的实证分析[J]. 青年探索,2017(6)：62－70.

[145] 张岩,杜岸政,谭顶良,等. 歧视知觉与流动儿童社会疏离感的关系：一个有调节的中介模型[J]. 心理发展与教育,2017, 33(6)：719－726.

[146] 张莹瑞,佐斌. 社会认同理论及其发展[J]. 心理科学进展,2006(3)：475－480.

[147] 赵芳. 需求与资源：一项关于流动儿童适应的研究[J]. 社会科学,2011(3)：80－86.

[148] 赵敏,辜刘建,朱芷滢. 流动儿童家庭教育环境与学习投入的关系模型建构及验证：基于广州大学城的实地调研[J]. 教育发展研究,2018, 38(4)：8－15.

[149] 郑友富,俞国良. 流动儿童身份认同与人格特征研究[J]. 教育研究,2009, 30(5)：99－102.

[150] 周皓. 流动儿童社会融合的代际传承[J]. 中国人口科学,2012(1)：70－81,112.

[151] 周皓,巫锡炜. 流动儿童的教育绩效及其影响因素：多层线性模型分析[J]. 人口研究,2008(4)：22－32.

[152] 周皓,章宁. 流动儿童与社会的整合[J]. 中国人口科学,2003(4)：73－77.

[153] 周潇. 反学校文化与阶级再生产:“小子”与“子弟”之比较[J]. 社会,2011, 31(5)：70－92.

[154] 朱倩,郭海英,潘瑾,等. 流动儿童歧视知觉与问题行为：心理弹性的调节作用[J]. 中国临床心理学杂志,2015, 23(3)：529－533.

[155] 朱伟强，黄山，盛慧晓. 教学中的人际关系与师生课堂互动、学习结果的相关性研究[J]. 全球教育展望，2017，46(12)：24－34.

[156] 韩娟. “生活世界”视域下的城市儿童和流动儿童[D]. 金华：浙江师范大学，2010.

[157] 刘广东. 从生活世界看流动儿童的教育问题：以 K 市 F 社区为例[D]. 昆明：云南大学，2010.

[158] BLUMER H. Symbolic interactionism：perspective and method [M]. Englewood Cliffs，NJ：Prentice-Hall，1969.

[159] CORSARO W A. The sociology of childhood[M]. 3rd ed. California：Pine Forge Press. 2011.

[160] JAMES A，JENKS C，PROUT A. Theorizing childhood[M]. Cambridge：Polity Press，1998.

[161] JAMES A，PROUT A. Constructing and reconstructing childhood：contemporary issues in the sociological study of childhood[M]. London：Falmer Press，1997.

[162] LIETEN，G K. Children，structure and agency[M]. New York：Routledge，2008.

[163] PELC S. Marginality and marginalization[M]//CHAND R，NEL E，PELC S. Societies，social inequalities and marginalization[M]. eds. Cham：Springer International Publishing，2017：13－28.

[164] PETERS R S. Ethics and education[M]. London：Allen and Unwin，1966.

[165] TAJFEL H. Differentiation between social groups：studies in the social psychology of intergroup relations[M]. London：Published in cooperation with European Association of Experimental Social Psychology by Academic Press，1978.

[166] VYGOTSKY L. Readings on the development of children[M].

Cambridge MA: Harvard University Press, 1978.

[167] WYNESS M. Childhood and society: an introduction to the sociology of childhood [M]. Basingstoke; New York: Palgrave Macmillan Press, 2006.

[168] ANTONOVSKY A. Toward a refinement of the "marginal man" concept[J]. Social Forces, 1956, 35(1): 57 - 62.

[169] BAK M, VON BRÖMSSEN K. Interrogating childhood and diaspora through the voices of children in Sweden[J]. Childhood, 2010,17(1): 113 - 128.

[170] BARBAN N, WHITE M J. Immigrants' children's transition to secondary school in Italy[J]. International Migration Review, 2011, 45(3): 702 - 726.

[171] BELL J S. Narrative inquiry: more than just telling stories[J]. TESOL Quarterly, 2002, 36(2): 207 - 213.

[172] BEY M. The Mexican child: from work with the family to paid employment[J]. Childhood, 2003, 10(3): 287 - 299.

[173] BLANCHET-COHEN N, REILLY R C. Immigrant children promoting environmental care: enhancing learning, agency and integration through culturally-responsive environmental education [J]. Environmental Education Research, 2017,23(4): 553 - 572.

[174] BÖHLMARK A. Integration of childhood immigrants in the short and long run: Swedish evidence [J]. International Migration Review, 2009,43(2): 387 - 409.

[175] Chen X Y, Li D, Xu X P, et al. School adjustment of children from rural migrant families in urban China [J]. Journal of School Psychology, 2019, 72: 14 - 28.

[176] CHENG S, LIVELY K J. Multiracial self-identification and

adolescent outcomes: a social psychological approach to the marginal man theory[J]. Social Forces, 2009,88(1): 61-98.

[177] CULLEN B T, PRETES M. The meaning of marginality: interpretations and perceptions in social science[J]. Social Science Journal, 2000,37(2): 215-229.

[178] DAVIDSON T, BURSON K. Keep those kids out: nativism and attitudes toward access to public education for the children of undocumented immigrants[J]. Journal of Latinos and Education, 2017,16(1): 41-50.

[179] DEN BESTEN O. Local belonging and 'geographies of emotions': immigrant children's experience of their neighbourhoods in Paris and Berlin[J]. Childhood, 2010,17(2): 181-195.

[180] DE VALK H A G. Children of immigrants in the Netherlands: growing up in diversity[J]. Child Indicators Research, 2010,3(4): 503-524.

[181] DOYLE T, PROUT S. Indigenous student mobility, performance and achievement: issues of positioning and traceability [J]. International Journal of Educational Research, 2012,54: 41-49.

[182] EMERSON S D, MÂSSE L C, ARK T K, et al. A population-based analysis of life satisfaction and social support among children of diverse backgrounds in British Columbia, Canada[J]. Quality of Life Research, 2018,27(10): 2595-2607.

[183] FREEMAN M. The sociology of childhood and children's rights[J]. The International Journal of Children's Rights, 1998, 6(4): 433-444.

[184] GOLDBERG M M. A qualification of the marginal man theory[J]. American Sociological Review, 1941, 6(1): 52-58.

[185] GOLOVENSKY D I. The marginal man concept: an analysis and critique[J]. Social Forces, 1952,30(3): 333 - 339.

[186] GOODWIN A L. Who is in the classroom now? Teacher preparation and the education of immigrant children[J]. Educational Studies, 2017,53(5): 433 - 449.

[187] GREEN A W. A re-examination of the marginal man concept[J]. Social Forces, 1947,26(2): 167 - 171.

[188] GUO K. Immigrant children in the context of multicultural early childhood education[J]. Journal of Cultural Diversity, 2017,24(1): 13 - 19.

[189] GUO K, DALLI C. Belonging as a force of agency: an exploration of immigrant children's everyday life in early childhood settings[J]. Global Studies of Childhood, 2016,6(3): 254 - 267.

[190] HATFIELD M E. Children moving "home"? Everyday experiences of return migration in highly skilled households[J]. Childhood, 2010, 17(2): 243 - 257.

[191] JENKINS R. Categorization: identity, social process and epistemology[J]. Current sociology, 2000,48(3): 7 - 25.

[192] KEAT J B, STRICKLAND M J, MARINAK B A. Child voice: how immigrant children enlightened their teachers with a camera[J]. Early Childhood Education Journal, 2009,37(1): 13 - 21.

[193] LANDALE N S, OROPESA R S, GORMAN B K. Migration and infant death: assimilation or selective migration among Puerto Ricans? [J]. American Sociological Review, 2000,65(6): 888 - 909.

[194] LAOIRE C N, CARPENA-MENDEZ F, TYRRELL N, et al. Introduction: childhood and migration—mobilities, homes and

belongings[J]. Childhood, 2010,17(2): 155 - 162.

[195] LEE S H, FRENCH R, DILLON S R, et al. Advocacy for immigrant parents of children with disabilities[J]. Palaestra, 2018, 32(2): 23 - 28.

[196] LIU S Y, ZHAO X. How far is educational equality for China? Analysing the policy implementation of education for migrant children[J]. Educational Research for Policy and Practice, 2019,18(1): 59 - 74.

[197] MÁLIKOVÁ L, FARRELL M, MCDONAGH J. Perception of marginality and peripherality in an Irish rural context [J]. Quaestiones Geographicae, 2016, 35(4): 93 - 105.

[198] MAYALL B. The sociology of childhood in relation to children's rights[J]. The International Journal of Children's Rights, 2000, 8(3): 243 - 259.

[199] MCKENZIE D, RAPOPORT H. Can migration reduce educational attainment? Evidence from Mexico [J]. Journal of Population Economics, 2011, 24(4): 1331 - 1358.

[200] MEDVEDEVA M. Negotiating languages in immigrant families[J]. International Migration Review, 2012, 46(2): 517 - 545.

[201] MOTTI-STEFANIDI F, PAVLOPOULOS V, ASENDORPF J B. Immigrant youth acculturation and perceived discrimination: longitudinal mediation by immigrant peers' acceptance rejection[J]. Journal of Applied Developmental Psychology, 2018, 59: 36 - 45.

[202] O'NEIL K, TIENDA M. A tale of two counties: natives' opinions toward immigration in North Carolina[J]. International Migration Review, 2010, 44(3): 728 - 761.

[203] OSTROM E. A general framework for analyzing sustainability of

social-ecological systems[J]. Science, 2009, 325(5939): 419 - 422.

[204] PARK R E. Human migration and the marginal man[J]. American Journal of Sociology, 1928, 33(6): 881 - 893.

[205] PENG Y N. Getting rural migrant children into school in South China: migrant agency and parenting[J]. Asian Population Studies, 2019, 15(2): 172 - 189.

[206] PERSSON L, SVENSSON M. Classmate characteristics, class composition and children's perceived classroom climate[J]. Journal of Public Health, 2017, 25(5): 473 - 480.

[207] PICHLER F. Success on European labor markets: a cross-national comparison of attainment between immigrant and majority populations[J]. International Migration Review, 2011, 45(4): 938 - 978.

[208] PORTES A. Conclusion: Theoretical convergencies and empirical evidence in the study of immigrant transnationalism [J]. International Migration Review, 2003, 37(3): 874 - 892.

[209] PORTES A, APARICIO R, HALLER W, et al. Moving ahead in Madrid: aspirations and expectations in the Spanish second generation[J]. International Migration Review, 2010, 44(4): 767 - 801.

[210] PROUT S, YAP M. "No-one's really aware of where they are": a case study of indigenous student mobilities in Australia's Northwest [J]. International Journal of Educational Research, 2012, 54: 9 - 20.

[211] RENDALL M S, TORR B M. Emigration and schooling among second-generation Mexican-American children [J]. International Migration Review, 2008, 42(3): 729 - 739.

[212] SIME D, FOX R. Migrant children, social capital and access to services post-migration: transitions, negotiations and complex agencies[J]. Children and Society, 2015, 29(6): 524 - 534.

[213] SIRARD J R, BRUENING M, WALL M M, et al. Physical activity and screen time in adolescents and their friends [J]. American Journal of Preventive Medicine, 2013, 44(1): 48 - 55.

[214] SONG Q F, KOH J B K, WANG Q. Children's narrative representations of peer experiences in cultural contexts: the relations to psychological adjustment [J]. Journal of Child and Family Studies, 2018, 27(6): 2037 - 2048.

[215] STEVENS G, ISHIZAWA H, ESCANDELL X. Marrying into the American population: pathways into cross-nativity marriages[J]. International Migration Review, 2012, 46(3): 740 - 759.

[216] STONEQUIST E V. The problem of the marginal man [J]. American Journal of Sociology, 1935, 41(1): 1 - 12.

[217] THOMAS K J A. Race and school enrollment among the children of African immigrants in the United States[J]. International Migration Review, 2012, 46(1): 37 - 60.

[218] THOMPSON A, TORRES R M, SWANSON K, et al. Re-conceptualising agency in migrant children from Central America and Mexico[J]. Journal of Ethnic and Migration Studies, 2019, 45(2): 235 - 252.

[219] TOLNAY S E, CROWDER K D. Regional origin and family stability in northern cities: the role of context [J]. American Sociological Review, 1999, 64(1): 97 - 112.

[220] DE MARTINI UGOLOTTI N, MOYER E. "If I climb a wall of ten meters": capoeira, parkour and the politics of public space among

(post) migrant youth in Turin, Italy[J]. Patterns of Prejudice, 2016, 50(2): 188-206.

[221] UNGRUHE C. Symbols of success: youth, peer pressure and the role of adulthood among juvenile male return migrants in Ghana[J]. Childhood, 2010,17(2): 259-271.

[222] URBAN S. University education as a compensation strategy among second-generation immigrants[J]. International Migration Review, 2012, 46(4): 919-940.

[223] VIDAL DE HAYMES M, AVRUSHIN A, COLEMAN D. Educating unaccompanied immigrant children in Chicago, Illinois: a case study[J]. Children and Youth Services Review, 2018, 92: 77-88.

[224] VOGEL A, KORINEK K. Passing by the girls? Remittance allocation for educational expenditures and social inequality in Nepal's households 2003 - 2004 [J]. International Migration Review, 2012, 46(1): 61-100.

[225] WEATHERS A C, NOVAK S P, SASTRY N, et al. Parental nativity affects children's health and access to care[J]. Journal of Immigrant and Minority Health, 2008, 10(2): 155-165.

[226] WEISS M R, SMITH A L. Quality of youth sport friendships: measurement development and validation[J]. Journal of Sport and Exercise Psychology, 1999, 21(2): 145-166.

[227] WONG F K D, CHANG Y L, HE X S. Correlates of psychological wellbeing of children of migrant workers in Shanghai, China[J]. Social Psychiatry and Psychiatric Epidemiology, 2009, 44(10): 815-824.

[228] WONG D F K, CHANG Y L, HE X S, et al. The protective

functions of relationships, social support and self-esteem in the life satisfaction of children of migrant workers in Shanghai, China[J]. International Journal of Social Psychiatry, 2010, 56(2): 143 - 157.

[229] WU Q B, PALINKAS L A, HE X S. An ecological examination of social capital effects on the academic achievement of Chinese migrant children[J]. The British Journal of Social Work, 2010, 40(8): 2578 - 2597.

内容提要

本书以生活在上海的 11—13 岁"乡-城"及"城-城"流动儿童为研究对象，采用质性研究方法对流动儿童的日常生活世界做了深入研究，通过走进流动儿童的日常生活世界，倾听流动儿童声音，展现了超大城市流动儿童亲子之间"管"与"亲"、师生之间"喜欢"与"不喜欢"及同伴之间"学"与"玩"的动态且丰富的交往互动；并在深入探讨流动儿童不同层面交往互动的基础上，搭建起一个"政策环境-日常生活世界"共同对教育困境突破起作用的理论模型。在该模型中，不同情况下政策环境的改变、日常生活世界中个体能动性及家庭社会想象等分别对流动儿童教育困境突破起关键作用。